艺术体育
高校学术研究论著丛刊

现代时尚运动理论与实践研究

薛英俊 著

图书在版编目(CIP)数据

现代时尚运动理论与实践研究 / 薛英俊著. -- 北京：中国书籍出版社，2019.11

ISBN 978-7-5068-7607-0

Ⅰ.①现… Ⅱ.①薛… Ⅲ.①体育运动一研究 Ⅳ.①G8

中国版本图书馆 CIP 数据核字(2019)第 282390 号

现代时尚运动理论与实践研究

薛英俊 著

丛书策划 谭 鹏 武 斌
责任编辑 于 震
责任印制 孙马飞 马 芝
封面设计 东方美迪
出版发行 中国书籍出版社
地　　址 北京市丰台区三路居路 97 号(邮编：100073)
电　　话 (010)52257143(总编室) (010)52257140(发行部)
电子邮箱 eo@chinabp.com.cn
经　　销 全国新华书店
印　　刷 三河市铭浩彩色印装有限公司
开　　本 710 毫米×1000 毫米 1/16
印　　张 16
字　　数 245 千字
版　　次 2021 年 1 月第 1 版 2021 年 1 月第 1 次印刷
书　　号 ISBN 978-7-5068-7607-0
定　　价 76.00 元

目　录

第一章　时尚运动概述

在 21 世纪的今天，人们越发想通过参加多种形式的时尚运动来提升自身的生活质量。而时尚运动也如雨后春笋般萌生出来，它们或是从国外传播进来，或是被我们创新出来。选择一项时尚运动参与已经成为时下人们的一种生活方式，参与其中不仅可以使自身的身心素质得到提升，还是自身个性和品味的展现。为此，本章重点对时尚运动的相关理论进行阐述，以便使人们对这类运动有基本的了解。

第一节　时尚运动的概念

过往对“时尚运动”一词的定义并不只有一个。时尚运动的理念最早出现在体育运动较为发达的欧美国家，那时人们对时尚运动的普遍叫法包括大众体育、休闲体育、群众体育、娱乐体育等。我国学者则认为将时尚运动理解为流行运动更为妥当。但无论人们怎么理解这个事物，事实上在人们的生活当中，这种行为早已来到人们身边，并且普遍开展，只是对一些理论尚未有一个统一的认定而已。

国家体育总局社会体育指导中心在 2003 年 8 月举办的“时尚运动与全民健身研讨会”上对时尚体育的相关理论问题进行了研讨。最终，会议确定了时尚体育的定义，即认为其是在历史一段时期后被人们普遍认可和采用，用流行运动样式达到健身、健心、健智、娱乐、休闲、社交等目的的社会体育活动。定义的内涵决定了时尚运动既包括竞技体育运动，也包括健身娱乐活动。

21世纪是一个科技日新月异、经济快速发展、物质文明高度发达的社会，我们只需坐在电脑桌前，轻点鼠标就能知道天下事，就能遨游于知识的海洋。可是紧张的学习工作之余，依旧需要离开办公桌，走进公园跳体育舞蹈、跳健身秧歌；走近江河湖海去潜水、冲浪、滑水、赛龙舟；去高山攀岩、蹦极、探险、野外生存，享受挑战后的满足与快乐；走进田野去赛车，去感受大自然的浪漫、新奇；飞上高空去驾驭热气球、滑翔伞，体验身心的极限；走进健身房去跳健身操、跳街舞；去高尔夫球场享受高雅与休闲……而这些极富时代特征、创新的健身项目，也是“时尚运动”。

第二节　时尚运动的特点

时尚运动不是精英体育，在人文哲学上更注重融合，而不是对立，更注重参与，注重交流，注重健身、健心、健智、娱乐、休闲和表演的效果。其往往表现出来的是时尚、随意、动感、优美、激情和个性展现。因此就具备如下诸多特点。

一、流行性

目前，社会上流行的时尚运动都是走在时尚前沿的、流行的和新潮的。这些运动对广大人群都有较大的吸引力，这种吸引力让人产生了想参与其中的动机，逐渐地就出现了一种风靡浪潮，相关产业发展了时尚运动的影响力后也在开拓它的市场价值，并愿意为其的开展提供商业服务或运动场馆。

二、新颖性

新颖性这一特点首先给人的印象就是某件事物出现的时间较晚，更加与当时的社会背景相融合。但这里需要强调的是，时尚运动的新颖性并不完全以时间作为新旧程度的唯一依据，有些项目出现的时间较早，如高尔夫球、网球、钓鱼等，有些甚至在千年之前就已经存在，如风筝、围棋等，但是经过长时间的考验至今仍长盛不衰、深受大家喜爱，因此仍旧可以将这些项目列为时尚体育运动的范畴。尽管如此，大众更加认同的新颖的时尚运动确实也以近年新诞生的运动为主。因为现代人的确更加崇尚新颖、追求时髦、引领潮流、力争前卫，这些同时也是人们正常价值观所趋向的。只有新颖独特的项目才能形成更大的号召力和冲击波，吸引人们去尝新，如此才更容易流行和传播开来，更容易形成规模和潮流。

三、趣味性

趣味性蕴含在每一项时尚运动之中，这是其能够吸引最广泛健身大众的特点。在众多时尚运动当中，有的项目令人如痴如醉，有的紧张激烈，有的让人回归大自然，有的斗智斗勇，有的清新高雅。总之，不论什么样的时尚运动，都各具特色，让人回味无穷，让不同年龄段、不同阶层的人群都能感到兴趣点，让人从中得到极大的乐趣，把一切压抑、委屈、烦恼、疲惫、愤懑都抛到了九霄云外，因而很容易让人对它产生兴趣。这也是时尚运动便于推广的重要原因之一。

四、多功能性

时尚运动的价值较为多样，它能够让人们不论在室内还是室外的运动中都能得到相应的快乐，进而体现出其调剂人们的生活、放松身心、陶冶情操、追求欢乐和刺激、促进人际交往等实效。例如，当人们在蓝天、白云、绿草、山峰、河流中尽情运动展现自我时，在节奏感十分强烈的音乐声中手舞足蹈忘我挥汗时，人们所做的不仅是身体上的锻炼与放松，也是对心灵的放飞和对灵魂的洗礼。

总之，除了时尚运动之外，很难再找出一项具有如此多重功能的运动形式能够使人变得强壮、健美、快乐、充实、坚强，以更好的体力和心情来迎接新的工作和生活。

五、竞技性

但凡是体育运动，不论其形态、特点、功能如何，都不会缺少竞技性的特点，这是体育运动的根本属性，时尚体育运动也不例外。既然如此，所有时尚运动都会有其完善的开展方法和比赛规则。这种借助人竞争本性的运动刚好是活跃气氛的方法。如此看来，竞技性就是时尚运动能够快速传播的重要驱动因素之一。不同于其他运动形式的是，时尚运动的竞技性特点为门槛较低，即不需要参与者有多么高超的运动技能就能参与其中，时尚运动本身带有竞技性，但其核心并不围绕竞技，时尚运动更关注的是人们参与其中的过程体验。这就是说，时尚运动竞技的自由度比较大，人们可以根据自己的需要和兴趣来自由掌握竞技和训练的度，甚至可以为了适合特定的人群和条件而临时修改规则。

六、文化性

时尚运动中的绝大多数都蕴含着丰富的文化内涵，这使得时尚运动绝不仅仅只有时尚的内涵，其还具有高雅和美的内涵。例如，有些运动项目对场地和气氛有很高的要求，即要求运动要在一个良好的环境下举行，有些运动对阵双方斗智斗勇，有些运动则凝聚着深厚的历史积淀，有些则需要音乐的伴奏，所有这些都能给参与时尚运动的人带来一种高尚的文化享受。

七、教育性

现代人生活的优越性和现代社会对人们意志品德方面的高

度要求，例如勇于竞争、富于创造、艰苦奋斗、百折不挠等等，这两者之间存在着很大的矛盾。如果在良好物质条件的前提下培养上述品质，仅凭重新找回艰苦的体力劳动形式显然是不恰当的，这不论是从实际形态上还是人的主观意识上都难以实现。而时尚运动却能在这方面有所建树，这是由于时尚运动所具有的诸多特点本身就包含了不同方面的教育意义，可以起到锻炼现代人所必备的某些意志和品德的作用。更为重要的是，这些特征还令时尚运动具有强大的吸引力，更能激励人们前来参加，潜移默化地接受时尚运动的教育功能。

八、休闲性

时尚运动中的休闲性是这类项目最重要的特点，时尚与休闲基本上是形影不离的。时尚运动是一种面向所有人的、功能齐全、富有情趣和魅力的休闲手段，这是其根本属性决定的特点，人们通过带有休闲特性的时尚运动，可以放松身心，缓解压力，宣泄不良情绪，这对终日处于高度紧张、身心高度疲劳的现代人来说无疑是非常被看重的特点。

九、开放性

对于大多数时尚运动来说，新近出现的才更称得上是时尚，这决定了其并非一成不变，因此就必然带有不稳定性和开放性的特点。所谓的不稳定性表现在有些今天我们还认为是时尚运动的项目，在一段时间过后就不再受人们的关注，或是有更新的时尚运动出现后，原来的就不能再称为时尚运动了。有一种例外就是，有些项目出现较早，甚至在人们的视野中消失了很长时间，但某一天又重新回到人们的运动选择中来，如此又成了一种时尚运动。就时尚运动项目来说，每项运动都有自身的发展历程和方向，如保龄球、垂钓、体育舞蹈、轮滑、冲浪等项目越发朝着竞技体育的方向发展；再如网球、沙滩排球等项目如今已经成为了奥运会比赛项目，竞技化和商业化程度大增。这种模糊性和交叉性，使得时尚运动左右逢源，更利于它自身的发展。正是基于时尚运动的开放性特点，使其总在不断创新，而这也正是时尚运动之所以受到人们的普遍欢迎，具有强大生命力和可持续发展力的原因。

十、商业性

时尚运动中的很多项目都有场地或器材要求，有些甚至需要更加专业的服务，如高尔夫运动等。这就使得时尚运动带有了一定的商业性色彩，一时间成为了区分社会阶层的事物。随着社会发展水平的不断提升，早期只有富人阶级才能消费起的时尚运动的门槛也在逐渐降低，开发时尚运动的商家也越来越多，市场越发红火。这一方面为这些新项目的普及推广创造了良好的客观条件，同时也为发展体育产业、增加就业人口和扩大内需做出了一定的贡献。然而大量出现的相关产业也暴露出了相关配套管理不到位的缺陷，一时间让时尚运动的商业性有些混乱。但总体来看，时尚运动的商业性是发展的必然，也是其进一步获得发展的基础。

第三节　时尚运动的分类

时尚运动的分类很多，通常我们按对身体的需求性来分类，可将其分为五类，即健身时尚运动、塑身时尚运动、休闲时尚运动、娱乐时尚运动、极限时尚运动。

一、健身时尚运动

健身时尚运动的开展宗旨为强健运动者的身心机能。为此，健身时尚运动通常为一些有氧运动项目，如健身走、健身跑、太极拳、养生气功和有氧操等。

具体来看，健身时尚运动对人身心方面的促进体现在以下几点：

(1)有利于体重被控制在合理范围。

(2)增强骨、关节、韧带和肌腱的功能。

(3)延缓疲劳以及快速恢复疲劳。

(4)增强循环系统、呼吸系统机能。

(5)降低应激水平、体脂和心脏病的危险性。

(6)稳定心理状态，保持良好情绪。

二、塑身时尚运动

塑身时尚运动的宗旨为塑造运动者的外在形态、气质。可供塑身作用实现的时尚运动方法有很多，如形体训练(形体健身操、形体器械操)、健美操运动、健美运动、舍宾形体运动、跆拳道、瑜伽运动等。这些项目有利于人体外在身体形态的均衡、对称、线条的完善和重塑，是一类综合性较强的时尚运动。

三、休闲时尚运动

休闲时尚运动更多是以满足人们的休闲娱乐需求而开展的运动。其主要作用在于缓解人们日常生活中的压力，因此形式上较为灵活和富有乐趣。常见的休闲时尚运动有野营、轮滑、台球、保龄球、高尔夫球等。

四、娱乐时尚运动

娱乐时尚运动是为了娱乐、交际需要而进行的娱乐身心的运动，包括钓鱼、观鸟、放风筝、体育舞蹈、麻将、斗地主、三打哈等。

五、极限时尚运动

从“极限”一词就可以看出，极限时尚运动充满了刺激与挑战，其主要是为了娱乐、挑战自我和培养意志力。这类运动有蹦极、攀岩、滑翔伞、冲浪和热气球等。现代社会许多青年人都非常热衷于各类极限时尚运动，以至于人们不仅将这类运动看作是简单的运动，更是人们获得群体认同和引领时尚精神文化领域的追求。

第四节 时尚运动的意义

确定时尚运动的理念十分重要，应该广泛征集、反复推敲，这里提出的一个观点认为，时尚在于运动。

对于时尚在于运动这一观点的提出，要得益于众多体育学者对相关运动行为的长期研究，从中积累了无数经验，最终对时尚在于运动的观点获得了一致认定。他们按照时间性和流行性的分类原则，将这些在新时代里诞生或改进的健身运动定名为“时尚体育”或“时尚运动”。他们认为对时尚运动进行理论、实践、产业意义上的研究对时尚运动的蓬勃发展具有重要意义。

一、为小康生活提供新视点

我国已经进一步确定未来国家的建设目标致力于全面建设小康社会。这一目标的确定标志着我国未来将走进近代以来最兴旺的发展阶段。社会的发展会带动社会文化的改变，作为社会文化中的一项，休闲体育活动越发受到人们的认可，成为很多人生活中不可或缺的组成部分，而这也反映出了大众的生活会以某种活动来作为全面建成小康社会目标的标志。

全面小康要实现的目标不光是经济层面的全体国民的共同富裕，从精神上、从生活上也要形成新的思维和新的方式。在研究了体育运动史后可以发现，现今很多体育项目都是发源于一种游戏，而从本质上讲，现代包括竞技运动在内的体育运动也还算是一种游戏。既然是游戏，就不是人们生存所必需的，要想参与这个游戏，就需要有必要的条件，即余暇时间，甚至是一定的经济实力。此外，人们对运动的兴趣也是不能缺少的。而在全面小康的社会形态中，这些条件除了人们对运动的兴趣外，都可能达成，这无疑就给时尚运动的开展提供了良好条件。

可以肯定的是，时尚运动必然会成为全面小康社会的组成部分，之所以这样肯定，主要在于它与全面小康社会的创建精神相吻合。具体来说，全面小康社会想达到的目的绝不是让人在毫无付出的情况下就坐享其成，良好的生活还是依靠劳动创造的，甚至在小康社会下，人们在劳动上的付出更多，竞争也更激烈，但同样也会获得丰厚的报酬。在此情况下，人们对于运动的参与也更讲究质量和满足自身的兴趣需要。汇总来说，“提倡创新、奋力开拓、张扬个性”就是新时代的要求，这从本质上讲与时尚体育的精神追求是一致的。时尚体育是要走在时代前沿的，总要以开拓的动力引领时尚，以个性的魅力吸纳新的群体。

构筑全面小康社会下的体育健身模式需要符合时代的潮流与需要。实际上，就是要确定时尚运动是否真的能够与时代的发展相匹配，为此就必须了解该运动中对人的各方面作用是否在适当的体育理论层次之中。现代国际上普遍认可的健身理论是“金字塔”理论，这一理论将健身等级分为四个，即基因—自然—保健—最佳运动状况。现代社会的发展要求人们拥有更强大的抗压能力和身体素质，那么人们所参加的时尚运动应该要能帮助他们建立这种能力。以“金字塔”理论来看，时尚运动应为最顶端的“最佳健康状态”层次。于是，时尚运动就更倾向于将人们的体质、心理等保持在最佳状态。只是从这点上也能看出，时尚运动模式与现代社会对健身的要求是吻合的。

综上所述，可以确定的是，时尚运动必将成为全面小康社会全民健身的主要活动内容。

二、为全民健身构建新平台

社会主义市场经济蓬勃发展使更多的家庭都享受到了发展红利，人民生活质量大幅提升，新的生活方式也在逐步形成。在此大环境下，大众对体育健身的意义有了新的认识，同时也认可了运动提升生活质量的观念。一时间，全民健身热情不断高涨，全民健身事业呈现出空前活跃的景象。但在实际全民健身发展过程中我们仍旧要清楚地认识到，这些实践创新至今还没有系统的理论作为指导，更不要谈相关理论的创新了，因此整体就显现出一种实践在先、理论滞后的局面。关于对时尚体育或时尚运动的理论探讨可以说是一种理论界的觉醒之举。

在健身体育领域中的诸多创新，蕴含着我国在新时代与时俱进、追求卓越的时代精神，而这种精神的产生也恰恰得益于时代发展的需求。纵观我国大众体育的发展历程，中华人民共和国成立伊始其就得到了党和政府的重视，认为大众体育事业不仅是社会主义精神文化建设的重要内容，更重要的是它是提升人民体质和民族自信心的重要形式。大众健身在创立之后也是处在发展之中的，是动态存在的事物。早期的大众体育较为简单，为篮球、跑步、广播体操等，改革开放之后体育事业全面复兴，大众体育健身内容不断丰富，形式更加多样，全民健身路径、趣味运动会不断出现，直到21世纪的今天，各种休闲体育、娱乐体育、极限运动形式不断涌现，呈百花齐放的态势展现出来。这些变化是每个关注健身体育事业的大众都能看到的，过来人也更清楚每个时代的群众体育留下的时代印记。

现代社会中的时尚运动融合了时代精神，也符合大众追求“求新、求变、求乐、求效”的精神文化需求，由此才能在全社会引发巨大反响，甚至成为一种流行时尚。今天的时尚体育一改过往保健体育给人的被动参与感觉，着重突出了人的主观参与性和自我塑造能力，这使人乐于其中，以获得与预期一致的最佳健康状态。

实际上，对时尚运动的理论总结也是一种创新。它的意义在于把这种被社会发展和全民健身行为呼唤出来的创新体育进行了有益总结，将其确定下来并纳入全民健身计划发展规划之中。而在实践层面上，它的意义在于为新时期推行全民健身计划构建了一个崭新的平台。时尚体育中“时尚”一词决定了这类运动总是需要被先行者所创造、喜爱和提倡。当这类运动被赋予理论与实践的意义之后，就被全民健身的平台所接纳，进而得到更广泛的青睐，把少数人的创造变成多数人的财富，最终使时尚运动为更广大的人群造福。

三、为持续发展创造新动力

体育理论—体育事业—体育产业，这三者自然形成了一个推动体育发展的“生物链”。它们之间的互动给体育发展提供着源源不断的新动力。有人把它们之间的关系形容成拉动体育前进的三驾马车，也不失为一种恰当的比喻。应该说，对一种新概念的总结，正是对体育事业发展中产生的新事物的发生、发展提供了理论基础，为出现的新问题提供了解决途径，必然会推动体育事业的发展。而体育事业的大发展又必然为体育产业的持续发展创造新的动力。这就是迄今为止我们看到的体育发展模式。

时尚体育自然也不会脱离这种模式。时尚体育的理论总结必然会为新时代群众体育的发展提供新动力，而这种发展也为体育产业的持续发展创造新的动力。

一个新项目的产生会带动与其相关的很多事物的出现，这就是所谓的周边产品，而为了生产这些周边产品就要建立相应的企业。美国体育产业是世界上最为发达的，对这一规律的理解可以以美国体育产业为例进行说明。20 世纪 60 年代，美国的体育专家和医学专家发现，在美国经济不断走高的带动下，美国出现了大批中产阶级，该阶级人群在生活富裕之后首先选择购买汽车作为出行工具。如此行为带来的后果便是美国出现了更多肥胖人群。为了缓解这一人群的新困扰，运动学家们提出了让他们多多参加慢跑运动。鉴于对自身健康问题的担忧，使得很多人加入了慢跑的队伍中，很多人甚至慢慢养成了慢跑的运动习惯。当这一群体不断壮大之后，有些人就对能够有更好的慢跑条件而不断追求，如想穿上更轻便、时尚、透气的跑步服和跑步鞋，想用一些小仪器统计跑步的数据等。为此，为了满足由慢跑带来的新需求，一批生产相关产品的公司建立起来，其中最为人们所熟知的就是耐克公司。运动概念的推行要追溯到20世纪80年代了，这个概念是美国体育专家基于“金字塔”健身理论提出的。运动概念的提出不同于单纯以减肥瘦身为任务的慢跑健身，而是企图将人们通过全面运动带入到身心的最佳健康状态。这一概念的传播和认可直接将人们“送入”了健身房，也有不少人将健身器械搬进了家门，而健身器材生产商也在这一时期蓬勃发展起来。

毋庸置疑，中国是世界上体育消费潜力最大的市场。在如此庞大的市场中，想获得体育产业的大发展需要创建一个新的、被人们广泛接受的理论。在如今的中国，这并非只是一种无根据的推测，而是绝对可以看到良好前景的事实。以极限运动的开展来说，目前的参与人群还尚未完全拓展出来，而生产运动所需器材的厂商已经从中赚到了时尚体育进入我国后的第一桶金，并且在体育用品市场上站稳了脚跟，获得了众多极限运动爱好者的认可。

对时尚体育或时尚运动进行理论探讨，从理论意义、实践意义和产业意义上，我们都可以收获到丰硕的成果。概括来看，时尚运动的意义归纳有如下四点：

(1)时尚体育丰富了全民健身运动，让人们的健身行为有了更多选择。

(2)时尚体育是满足人们日益增长的体育文化需求的主要方式,对促进两个文明的建设有深远意义。

(3)时尚体育对现代体育产业的发展带来极大的促进作用。

(4)时尚体育是对奥林匹克精神的拓展及大众化。

第二章　时尚休闲行为与时尚休闲体验

时尚休闲运动越发成为人们青睐的活动，有些人甚至对此非常迷恋和执着。为了进一步了解人们对这项运动的热爱从何而来，就必须要对人们的休闲性以及在休闲行为中获得的休闲体验两方面进行研究，这就是本章要研究的重点问题。

第一节　时尚休闲层次与时尚休闲动机理论解读

一、休闲层次理论解读

人们在日常生活中参与的休闲活动大多数为多数阶层都可参与的，只有少数活动的消费水平较高，一般大众无法承担参与所需的花费。著名学者纳什(Jay Bryan Nash)根据人们参与休闲活动所获得自我实现和发展的满足程度以及休闲活动本身对参与者自身的影响程度，提出了休闲层次理论。

这一理论首先根据人们的休闲价值向度将休闲活动分为六个层次，分别为创造性的休闲活动(文学与音乐创作、绘画、书法)、积极参与型的休闲活动(旅游、登山、划船、钓鱼)、投入感情欣赏型的休闲活动(观看马戏、比赛、戏剧、电影)、解闷型的休闲活动(打麻将、棋牌类、打电子游戏)、伤害自我的休闲活动(酗酒、赌博、吸毒)、反社会行为(打砸公物)。

其次，按照休闲活动对社会和个人发展的影响程度做出相应的价值评判，分别为负值、0、1、2、3、4 和无限。分值的提升依赖于人们对休闲活动的参与性和创造性程度的提升，最大可以到无限(图 2-1)。包括那些常见休闲体育活动在内的休闲活动的趣味性、创造性和体验性的向度值越高，也就能更多地带给参与者自由感和畅爽感。

总的来说，休闲放松的形式很多，但终归可分为两大类，一类是正面的、积极的、阳光的促进人身心健康发展的活动，另一类则是消极的、负面的影响社会或对自己造成伤害的休闲活动。当然本书研究的重点一定是第一类。

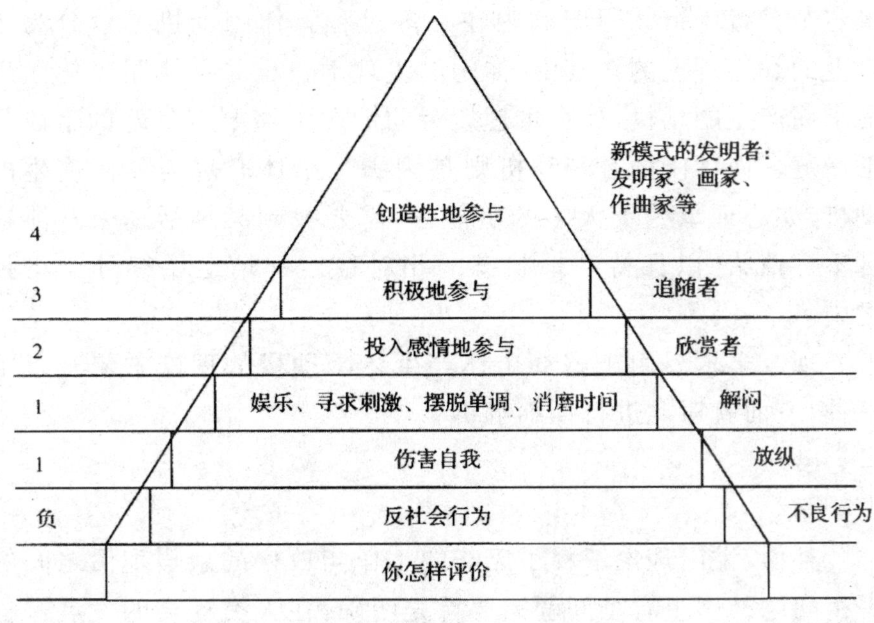

图 2-1

需要特别说明的是，有很多休闲活动本身具备的性质不止一个，而是存在多样化的属性，它也并不是只属于一个层次之上。如此一来使得对其进行分类的标准就不是单一化的了，需要根据一些不同的标准再度细化，这就是一种休闲活动属于不同范畴的情况。例如，曾经风靡一时的集邮活动，其收集的意义已经不仅仅体现于邮票在市场上的市值了，而在于人们越发看重它所承载的文化价值。如果能够理解到这一点，集邮爱好者除了关注市值的增长外，还会从美学的角度上欣赏邮票的色彩、设计、内容和所传达的情感等多方面元素，由此获得精神上的放松和愉悦。因此就能说，包括集邮在内的搜集类活动就同时兼具观赏性和参与性，进而这种行为也被列入到欣赏型休闲活动之中。

二、休闲动机理论解读

能够让人产生休闲行为的原因有很多，这其中最不可或缺的就是人意欲参与休闲活动的动机。人的动机是指引人的行为并决定某种行为持续程度的内在心理过程。休闲动机可以分为生理上的和心理上的。其中，休闲的生理动机就是以满足个体生理需求而产生的动机，如在生理疲劳的情况下需要有良好的手段帮助恢复。而休闲的心理动机则是为满足个体心理需要而产生的动机，如心理承受了太多的负能量，需要找到某种活动来宣泄这种不良情绪，以保持心理状态的相对稳定和情绪始终处于可控之中。

现今学术界用于解释个体产生休闲动机的理论主要有以下三种，下面就对此进行详细解析。

（一）补偿/溢出理论

补偿/溢出理论解释了乏味的工作与放松的余暇生活之间的平衡问题。这里有个问题需要首先明确，在人类社会的发展进程经历了轰轰烈烈的产业革命之后，人们过往的那种工作与休息混为一谈的生活方式已经悄然发生了变化，即人的工作与工作之外的时间有了明显区分。人们的生活形式从过去的任务引导型转变为时间引导型，时间引导型的特征是人是应该工作还是应该休息都由一个时间作为划分的标志。此后工业革命的完成使得更多的大型机器被引入生产当中，机器的存在大量取代了人工，因此尽管人们增加了余暇时间，但也有所顾虑，害怕某天生产完全被机器完成，自己失去谋生的根本。但不管怎样，获得了更多余暇时间的人在这段时间中开始寻找宣泄不良情绪的方法。补偿理论和溢出理论则对这样的情况做出了详尽的阐述。

补偿理论的最早提出者是马克思和恩格斯。该理论认为，休闲生活应是存在于工作生活之后，属于工作后的一种延伸和补偿式的生活，其用途在于调整一天劳累工作后在生理和心理上产生的疲劳和压力。早期的劳工经常会以酗酒和暴力行为等作为发泄情绪的方式。伟伦斯基（Wilensky）的观点也在一定程度上赞同马克思和恩格斯的理论，他认为工人们在高压、快节奏式的工作中容易积累身体疲劳和不良情绪，这就是他们在余暇时间更愿意以寻求烈性与爆炸性的方式进行补偿的动因。

认定补偿理论是合理的需要建立三点假设。第一个假设是，大众普遍认为工作是生活中必不可少的事物；第二个假设是，余暇时间被认为是工作时间的延续和补偿，而休闲则是工作无聊之余的补偿；第三个假设是，人们不能从工作中获得等同于从休闲中获得的乐趣，实际上，如果说所有工作都是无趣的并不严谨，所以才有补偿性理论的成立要建立在强调人们不能从工作中探寻到快乐。以上述三个假设为基础，就可以认为人们在工作之余偏爱发展的那些与工作基本没有关系的兴趣爱好，是以放松身心、陶冶情操，作为快节奏生活的补偿。

溢出理论是人们在工作中能够体会到快感和畅感，并且这种感觉可以延伸到休闲时段的生活中。溢出理论的建立也需要有一个理论假设，这个假设就是工作与休闲是可以平行发展的，两种生活可以相互重叠。当然这首先要确保人们从事的工作可以让人感到舒爽和心悦，在此情况下，工作就不会给人带来较大的压力和消极情绪，反而还会让人更加兴奋和期待，以致人们都不想结束工作，乐于继续开展工作，甚至在工作时间之外的余暇时间也愿意从事工作或是与工作相关的活动，如此得以将这种轻松愉悦之感带到休闲生活中来。例如，一位乒乓球教练员，他的工作就是指导学生学习乒乓球，这是他每天要从事的工作，而他本人是狂热的乒乓球运动爱好者，这使得他在工作之余也会约上三五好友共同切磋乒乓球技艺，并且晚上还会从网络上找寻好的比赛观看。这就是一种将工作带来的积极情绪外溢到他休闲活动中的表现。简单来说,这就是人们非常期待的工作状态,即工作的内容就是自己的爱好。

这种情况也会出现截然相反的状态,即工作不能给人带来愉悦感,其实这种情况在当今社会中也是最为普遍的,但如果这种程度太高的话,工作中产生的消极情绪会被带到休闲生活中,使人对任何事物都开始逐渐失去兴趣,如同行尸走肉一般。

(二)个人/社团理论

从社会学的角度看,人本来就具有社会属性,正常的人都要在社会中生活。由此可见,人就是一种群居类动物,为此法国心理学家古斯塔夫·勒庞给群体的定义非常简单,那就是许多人凑在一起。凑在一起的人可以千差万别,如有性别、年龄、工作、经历等差异,然而无论是什么原因导致他们凑在一起,只要在一起,他们就是一个群体。[①]

实际上,群体是一个抽象的概念,但即便如此,群体也是具有生命力的。从整体角度上看,群体有属于自身的思想和情感,有本质的属性和特征。这些群体性情感和思想对群体中的每个个体都有影响,这就形成了所谓的"群体心理"。然而这种"群体心理"是一种并不完全稳定的形态存在,如果群体消失了,那么群体心理也会随之消失。但如果运用得当,"群体心理"又具有强大的能量,这个能量能够激发群体中的每个个体都为了共同的目标努力,甚至放弃自身的利益。比如一支足球队由于伤病严重缺少后卫,而刚好队中有一名球员既可以踢边锋又可以踢边后卫,为了团队的胜利,不惜牺牲自己进球的机会而甘愿客串边后卫。

还有一点需要说明,所谓的聚集并非是一种人与人在空间上的距离远近的概念,并不要求人与人是绝对的面对面的交流。现代信息技术把人与人之间的距离拉近,即便有的人远在他处,因

① [法]古斯塔夫·勒庞.乌合之众[M].戴光年译.北京:新世界出版社,2011.

为随时保持的沟通，也仍旧使这个人处于群体之中，现代很多球迷、明星粉丝等的形成就属于一个群体，他们彼此之间甚至并不认识，但确实同属一个群体。

在一个群体中，每个个体都具有各自的生物属性和社会属性，但每个人都有自己的个性和特点，这些造就了群体的差异性。因为这种差异的存在使得研究本来就不具有普遍性和稳定性。因此，这里的研究主要是针对单独一个群体而言的。处在群体当中的个体，其自身的情感、思维和行为都会受到群体思维的影响，但如果他们与这个群体因为某种原因脱离了，那么个体的思维又会重新占据上风，而如果他们在群体中，那自我的思维总是会弱化下来。

由各种不同的个体组合成的群体是全新的存在，这个整体所表现出的属性特点可能并不与其中的个体有共同之处。其原因在于人的行为起初是由原始本能决定，如吃饭、喝水、安全、穿衣御寒等。除基本的原因是需要外，能够激发个体本能的原因还有外部条件，如群体的影响力就是能够影响个人决策的事物。群体中赞同一个真理的人的数量如果很多，那么这个群体就具有一定的思维影响优势，从而稀释群体中某个个人的诉求和意见，也就是“少数服从多数”这种较为常见的社会规则，而在这群体中生活的人也基本在潜意识中就认可这种规则，从而遵循它，保护它的运转。但同时也要知道，如果当一个谬论产生后也有很多人认为这是合理的，就会使群体产生一系列消极的变化，当然身处其中的人们并不认为这有什么不好。在此情况下，如果这个群体中有个体认为某种观点不好，与其个人价值观和利益冲突时，最终获胜的还是群体，对于个人来讲，要么遵守这个规则，要么离开这个群体。在群体中，绝大部分的元素都可以相互传播和彼此影响，其中最典型的就是情感。但要说明的是，并非所有情感或情绪都可以传播，最容易被传播的是那种偏感性的情绪，也许是因为这种情感更具有煽动性，更容易获得人们的理解和同情，而那些理智、冷静的情绪则可能会被人们忽视甚至无视，这实际上是一种

“群体性催眠”。举个例子来说，神秘的古玛雅人曾对未来有过诸多预测，其中最被人们所熟知的就是2012年的世界末日，这个预言让很多人惊慌失措，大感灾难一定要来临了。而就在此时，2011年，好莱坞大片《2012》的上映正好借助了这一噱头，赚足了票房。然而，事实结果已经证明了2013年的到来，世界依旧照常运转，预言发生的事情没有成真。但人们对这件事情的反馈，正是证明了这种对生存忧心的力量在群体中产生的难以言喻的感染力。这种感染力让人失去了正常判断，产生了感性的思维。所以，情感上的暗示虽然不是情绪传染的产物，但这一力量之大，足以超越人的理性和认知。受到这种情感影响的人都开始逐渐按照暗示思考，执行暗示的指令，脱离了自己的行为。对于暗示的力量，在群体中它可以波及每一个人，暗示表征着群体对情绪传染的能力。相比暗示在群体中的力量，明示总是让人觉得云淡风轻，甚至对明示感到厌烦，效果自然也不会理想。

通过阐述个体和群体之间的关系以及群体的力量是如何作用于个体之后，就基本可以理解群体中的个体是非常容易受到群体力量所影响的，且这个影响较为深远。在本能、传染和暗示三种力量作用下，个体在需要作出选择时要放弃自我利益并遵从群体共性代表的意志，长此以往就慢慢形成了从众心理。

现在可以将问题引申到休闲活动上来了。人们在生活中，其社会属性决定了集体性的休闲方式，群体认可的休闲方式对个人产生影响或是一种引导。例如，在自己的小群体中，当周边的一部分朋友都热衷在余暇时间出行踏青，而另一部分想去骑行时，身处其中的你只能压制住自己想去参与的滑板，继而跟随某一部分朋友去踏青或是骑行。这种数量上的压倒性优势和情绪上的感染性以及暗示性让你自然而然地放弃个人的意愿，最终理所当然地屈服于群体的决策。当然，个人也会因为不想被别人贴上“不合群”的标签而只能顺从。

（三）需要理论

需要是人在某种所需物质资源匮乏的情况下产生的对该种

物质的渴望程度的主观意识。需要是人获得正常生存权利的基本保障，起初的需求主要是以保证人的生存为主，此后在更高层级的需求慢慢加入了更多理想性的、自我实现性的需求，这些需求与生存基本没有太多关联了。如此也就是说，人的需要被分为生存需要和精神需要两大类。为了满足个人在社会的生存和发展需要，个体必然会在客观世界中寻求生理、安全、爱与被尊重，甚至自我价值实现等需要的满足。

基于这种情况，美国著名学者马斯洛(Maslow)提出了著名的需要层次理论(The Hierarchy of Needs)。该理论认为人的需要有低级、中级和高级的分别，不同等级的需求相互关联，而只能是当相对低级层次的需要得到满足后，相临近的较高层次的需要才会产生，以此类推。这种由低到高的需求递进是一种包含的关系，而不是在较高等级需求满足的同时就不再需要低级的需求。具体来说，马斯洛将人类的这种需要分为七个层次，由低至高依次如下(图 2-2)。

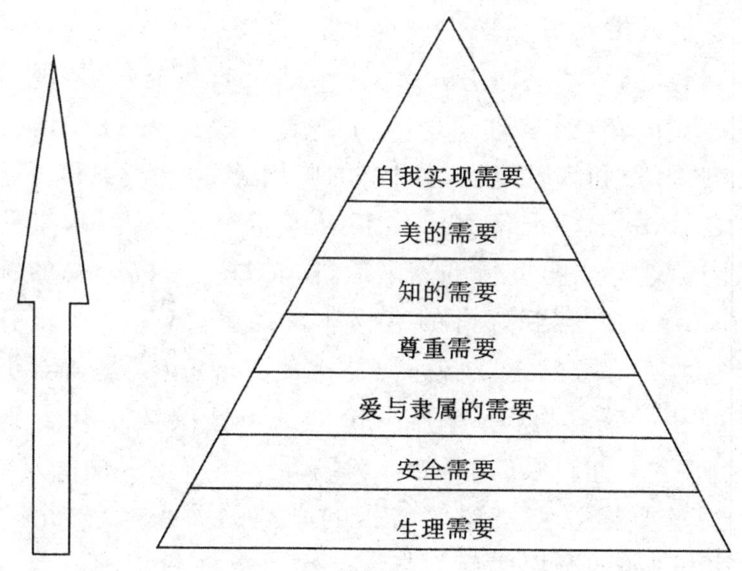

图 2-2

生理需要：生理需要是指那些对人类生存和繁衍所需物质的需要，如吃饭、饮水、衣物、住所、医疗等。

安全需要:安全需要是指人类生存环境的安全氛围,如社会秩序、安全程度、制度、福利等。

爱与隶属的需要:爱与隶属需要是指爱情、亲情、友情等各种人际情感的需要,如需要得到朋友、亲人的信任、关照和理解等。

尊重需要:尊重需要是指自我尊重和被他人尊重的需要。如名声、声望、权利、威望、地位、独立的人格等。

知的需要:知的需要是指对未知事物的渴求等,如对自己感兴趣的未知领域的知识急切学习的探索心情。

美的需要:美的需要是指对自我和异己的各种审美要求等,如欣赏音乐、参观画展或观赏比赛等。

自我实现需要:自我实现的需要是指最大限度地通过发挥自我创造力、自觉性和解决问题的能力实现社会价值的需要。

进一步分析来看,生理需要是人类生存和繁衍的最基本需要,可以说这种需要较为原始。生理需要作为基础需要,只有得到满足之后人才能继续生存,才谈得上其他的发展。因此,满足生理需要是人类发挥一切主观能动性的物质保障。只有当生理需要得到满足后,才能向上一层安全、稳定的环境需要发展,然后才能是需要社交,渴求得到理解与信任,在人群中找到情投意合之人,摆脱孤独和寂寞以获得团体的归属感。个体在和谐融入一个团体之后,一般情况下都希望获得群体中的发言权,得到他人的尊敬与信任。当再度得到满足后,需求进一步向未知的领域进发,对开拓令人们感到好奇的事物非常执着,然后是要求有美的感官体验。而需求的终极目标就是自我实现,也就是得到那种实现自我的胜任感、成就感等社会价值。当这层需要在得到满足后,就会产生一种终极的“高峰体验”,即个体心灵上的满足感。

在这里要提到需要层次与人的心理的关系,以这个角度来看,较为基础的四个层次都与基本的物质条件和精神需求匮乏有关,这时所需的满足条件都与心理方面的提升无关。这也是他们被称为“基本需要”的原因。而在需要层次顶部的三个层次都与心理成长和感受有密切关系,这种需求被称为“衍生需要”。

还有一点需要进行说明，那就是这七个层次中间的递进方式为一种循序渐进的螺旋状，相邻的两个层次之间并没有明确的界限，如此便是在当一个人刚刚进入到高一个层次或是刚刚下降到低一个层次的初期，所述层次尚不稳定，可能由于环境或条件的轻微变化回到原来保持的层级中。在这个发展过程中，两种需要此消彼长，不过如前面说到的，即便当人的需要递进到了更高的层次，与此同时较低层次的需要依旧存在，因为低层次的需要永远是基础。另外，不同人对于高层次需求的需要程度不同，有些人极为渴望往更高的上进发，为此需要付出更大的努力，而有些人在基础层级阶段得到满足后，向上递进的动力不足。

曾经有人提出过一种理论，即认为人的一切行为都来源于某种需要，当然我们不否定人的行为来自于动机，但这里所提到的需要则是动机产生的根源。对于人的休闲来说，总有学者在做相关研究时青睐选择引用马斯洛的需要层次理论。实际上，需要层次理论对解释人类行为动机问题做出了巨大贡献。休闲的概念决定了休闲是一种超越生存的精神享受，再根据前面解读的需要层次论，基本上不会有人在基本物质需求还没解决的情况下率先考虑满足自身对休闲的需求，举例来说，你不会认为一个连温饱都成问题的拾荒者把好不容易换来的钱用来打高尔夫吧。造成这种情况的原因有两点，一是从休闲的性质来看，它不是生存必需品，如果一个人都不能持续稳定的生存，那么休闲动机就难以激发；二是人们为了获得良好的生存，需要安全稳定的环境，否则如果实在混乱不堪，在人身安全都成问题的环境中也不可能有心情去追求精神的洒脱。

现如今我们在研究马斯洛的需要层次理论时可以发现，尽管以这个理论可以很好地解释人们休闲动机的产生，但其中不乏有一些动机难以用这个理论来完全解释清楚，总感觉有些不能自圆其说，这说明需要层次理论也存在一点点不完备或是机械性。例如，有很多艺术家他们很贫穷，但是贫穷的生活并不能阻止他们向往艺术，他们宁可吃不上饭，也不能不搞自己热爱的绘画或雕塑艺术；印度有很多佛教信徒生活在贫穷中，但这并不能阻碍他们向往自己的信仰，以致仍旧能从中获得精神上的满足，他们能够正视贫穷，也不会有仇富心理，认为贫困也是对人的一种修行，现代所经历的贫困会使他们在来世到达更高的境界。

有许多休闲活动在满足人对知和美的需要的前提下，还能满足其他层次的需要。例如，有的人选择一些较为激烈的运动作为休闲方式，如散打、拳击等，实际上这是他释放自身压力的一种方式，如此一来，他们通过这些运动既可以达到强健身心的作用，同时又能达到受人羡慕和赞赏的效果；这样既能从身体上获得满足，又能在精神上得到慰藉。还有的人会选择创作的方式来达到休闲的效果，因为创作的过程可以让他们感到放松，创作可以让他们在日常对思维和美的构想成为现实，而这个过程和最终成功的结果都可以使他们有自我实现需求达成的感觉。

实际上，从今天的角度上看马斯洛的需要层次理论就能发现有些“漏洞”。比如，一个人乐于参加休闲体育活动只是为了强身健体？一个人决定的说走就走的旅行难道只是为了欣赏异域风情？一个人喜欢参观博物馆、欣赏画展、聆听音乐会只是为了感受美？答案当然是否定的，因为人们做出这些行为的目的并不只有一个，由此就说明人们对事物的需求并不是单一的，然而马斯洛的需要层次论无法进一步解释人们这些复杂行为的心理动因。再如现代人吃饭，难道只是为了满足温饱？而实际上，现代人们对于美食的探索中，对吃饱的需求已经降得非常低了，更多的则是欣赏和求知。与最低的生存层次中的吃相比，两者都是吃，但所获得的需要体验截然不同，需要层次也大相径庭。一项休闲活动不仅仅满足人的一种需要层面，它可能同时满足多重层面，故而人的行为动机是复杂而多方面的。

(四)不平衡理论

正常发展的人感到身心状态良好的时候，他的总体状态一定是处于平衡中的。当这种平衡一旦被打破，生理上就会产生疾病，心理也会有情绪不畅、紧张、压抑的感觉，此时再度使身心重回平衡状态就成为了一种动机。而这一动机就使得人们不论愿意与否都要以从事某种活动来舒缓身心疲劳，对于休闲活动来说，人们产生参与休闲活动的动机就来源于这种不平衡的理论。

人的动机的产生更多是在后天社会生活中催生的，其来源就是社会环境中的各种环境变化，这便使人们极力想摆脱现有工作和生活带来的束缚和压抑，同时希望摆脱单调重复的工作和生活所带来的乏味感。此时，人们忽然发现休闲体育活动和带有游戏性质的活动是重新创造这种平衡的完美抓手，通过参加这些活动，可以宣泄人的消极情绪，转移或暂时转移低落的情绪，从而给意欲逃脱现状的人带来些许轻松和慰藉。

从上面的分析中可知，用人体的均衡作用来解释休闲者的休闲动机绝对是有意义的。对休闲者而言，最明显的均衡作用之一就是用参加休闲活动的方式缓解工作和生活所带来的压力，进而让心理趋向一种新的平衡状态。

著名学者麦金托什和戈尔德纳对人们从事休闲行为的基本动机进行了进一步分析，并为此进行归类，认为人们参与休闲活动的动机类型分为四种，具体如下：

(1)生理方面的动因。生理动因主要与身体参与各种竞争性或非竞争性运动、游戏或娱乐活动有关，如骑行、攀岩、健身走跑运动等。

(2)文化方面的动因。文化动因主要关乎人对美和知的追求，常见的文化动因主要在观赏型休闲活动中，如欣赏绘画、音乐会、花道等。

(3)人际方面的动因。人际动因主要是个体与他人交往过程中的交际行为，如相亲、朋友聚会、婚庆晚宴等。

(4)地位与声望方面的动因。地位与声望动因主要是与个体想获得群体的认同感、实现自我价值有关，如音乐、书法、文学、绘画创作等。

J. L. 克罗姆顿的理论认为人的休闲动机是从社会、心理和文化中获得的，而且它还是基于人们原本稳定的身心平衡被打破后产生的动机，而常被选择的休闲动机共有九类，包括逃离“安乐窝”、身心审视自我、身心放松、声望名气、探寻自然的原本状态、强化亲族关系、社会互动的催化作用、满足好奇心、重新接受教育。

在这九种动机中，前七种为社会心理方面的意识动机，后两种为文化方面的意识动机。

总的来看，不平衡理论的结构可以通过图 2-3 所示。

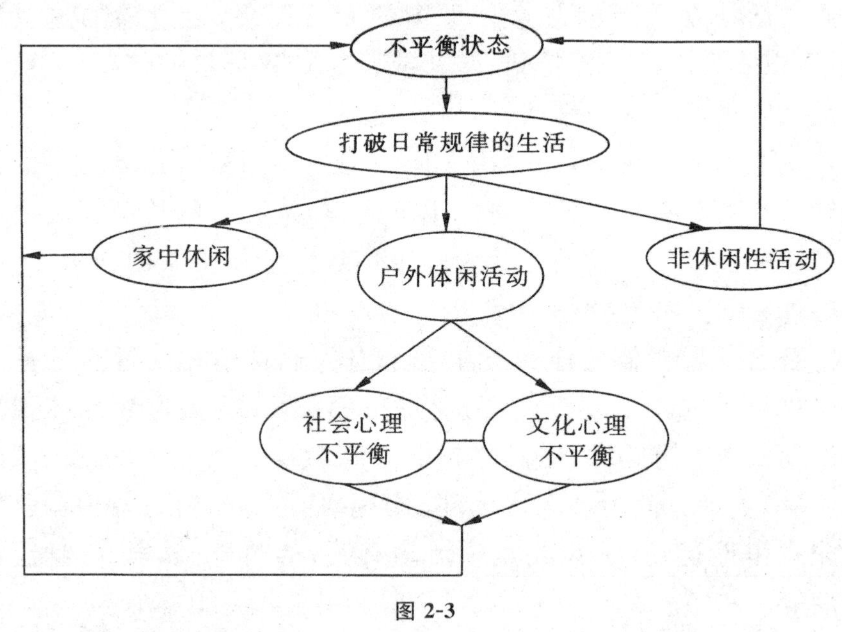

图 2-3

(五)熟悉/好奇理论

在现实生活中，几乎所有人都认为自己只有身处了解和熟悉的环境中才能更多地获得安全感和舒适感，这点在人们选择休闲体育活动时也有所体现，即人们通常会选择那些他们比较擅长的活动或形式。但这并不代表他们就不会对新鲜的项目和形式产生兴趣，因为满足好奇心也是人类的本性之一，刺激性的休闲活动在冲击人们感官的同时，也激发人们无限的好奇心，从而引起人们求知、探索、冒险的需要。

对于不熟悉的事物，人们总会因为面对未知事物而有所忌惮，或是先采取观望的态度衡量自己参与的可行性。另外，形成这种情况的原因在马斯洛的需要层次理论中也有相应表述，强调了个体在满足求知需要时，需要历经了解、认识、获得及满足四个阶段。个体随着对情况的不断了解会越发激发他的好奇心，随之更多问题产生，便更想探寻问题的解决方式。这种情况下，个体会开始对所探求的知识进行有针对性地收集和整合，谋求真相，从而满足其好奇心。

人类生来就对身边各种的事物带有强烈的好奇心，这也是社会不断进步的基本动因。探索，是满足人们好奇心的关键行为，这也是人们掌握一切生存技能的基础。这种好奇心属性会相伴人的一生，其在日后几十年的生活中都或多或少的在找寻满足好奇心的事物。从这点上也就能解释为什么有些人会去做一些在别人看来完全不可理解的事情，如苦心研究一个事物、练习某项技能等等，显然这是一种探索自身和探索世界的需要。但对另一些人来说，这种行为就可能要通过探险、深潜、速降、滑翔伞等形式表现。还有一些人要通过艺术创作的形式、搜集活动等展现。

这里需要特别说到冒险活动，从这项活动的形式上看，这确实是一件极具危险性而又让人感到刺激的事情。但从这项活动的实际意义来看，基本也没有什么现实价值，但之所以有不计其数的人乐于参加冒险活动，就很好地说明了动人心弦的经历对人们产生了巨大的吸引力。特别是对那些身体素质出众的人，更是期待用冒险探秘的活动来满足他们的心理，由此才能展现他们的个人魅力，特别是对勇气、胆识的展现。西方学术界非常乐于通过荷马史诗《奥赛德》的主人公尤利西斯指称探索和冒险的需要，称为尤利西斯因素。史诗对于尤利西斯的记录有这样一条，用十年的时间从陷落的特洛伊城返回希腊西海岸伊萨卡岛过程中所发生的冒险故事。在回家的途中，尤利西斯惹恼了海神波塞冬，波塞冬暴怒之下兴风作浪摧毁了尤利西斯的船，使他在归家的途中受尽千般阻挠。后来，在智慧女神雅典娜的帮助下，尤利西斯才得以平安归乡。尤利西斯因素导致人对冒险活动的热衷，而这些活动又往往带有高危险性。活动本身的实际价值不大，然而其在狭小的生活空间内，使得冒险活动从某种程度上扩展了个人的生存空间。探险和冒险活动本身不是一项等待风险降临的行为，而是一种对未知环境的探索，并且要随时应对过程中出现的各种麻烦，实则是一项体力与智力并存的活动，在这种因素驱使下，即便人的体能不是很好也不会成为其满足好奇心活动的障碍。攀岩和登山运动就是冒险活动中比较有代表性的项目，这是一种人类对险峻山峰的挑战，这类活动能激发人本能的征服欲，在这一过程中人们要不断克服低温、缺氧、冰雪表面、冻伤等残酷情况，最终登上最高峰。因此，在尤利西斯因素影响下的休闲活动都是哪种能满足个体好奇心与冒险精神需求的项目。

熟悉理论建立于对休闲者已形成平衡的生活状态的假设之上。熟悉理论所诠释的休闲认为其过程是人们的一种习惯性的表达方式。具体来说，休闲者选择哪种休闲活动的决定性因素是个体过往的习惯。所谓的人的平衡生活状态是在人的长期生活中逐渐稳定下来的，个人最终稳定下来的生活状态一定是他认为最适合、最平衡、相对最舒适的一种环境。为此，对于选择休闲项目来说也是要限定于在自己确认和舒适的环境中才行，一般情况下不愿跳出这个范畴选择其他自己不习惯、不符合自己价值观的项目，这样就能确保总是能够收获熟悉又可靠的休闲效果。例如，当一个孩子的休闲方式经常是由父母带领着开展自行车骑行活动，那么当他长大成家后，也会有很大概率把这种从小就经常参与的活动带到自己的家庭中。

确实是这样，熟悉的生活方式中参与的休闲活动最能使人直接享受运动带来的好处，这并不需要他们更多地将注意力分配到不常见的环境当中，可以让人最大化地获得安全感。长此以往，处于安逸状态的人就会更倾向于生活在自己的“安乐窝”中，对任何超越这个范围的事物和那些带有刺激性和冒险性的休闲活动都是会被摒弃的，如此就使人缺乏对新事物的接受能力，从思维上也拒绝接受。一般来说,决定个体参加某种类型的休闲活动的因素与其所受的家庭或社会教育有很大关联。从东西方的教育来说,东方人更寻求“静”的审美观,在此文化教育影响之下,东方人更青睐参加那些稳定、负荷小、体能要求低、风险系数低、益智的休闲活动。而西方人则刚好相反,他们更倾向于参加那些有风险、体能要求较高以及对抗性更强的运动。

著名学者斯坦利·C. 布劳格将人的性格分为五种,即自我意向型、近似自我意向型、中间型、近似多样活动型及多样活动型(图 2-4)。在这些类别中,自我意向型和近似自我意向型属于内向型范畴,而近似多样活动型和多样活动型属于外向型范畴。这项研究表明内向型的人计划性强,他们更偏向参加那些自己熟悉、了解、能力所及的休闲活动。而外向型的人则更偏向参加那些未知系数较高、具有挑战精神的休闲活动。

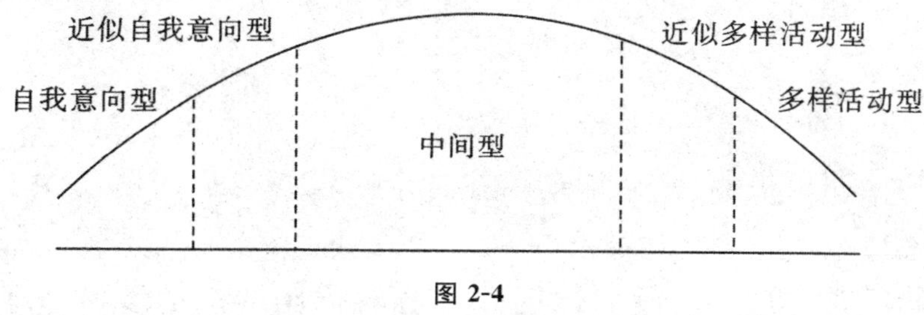

图 2-4

第二节　时尚休闲体验的理论解读

一、休闲的心理过程与体验

(一)休闲心理过程

因休闲活动具有挑战性、创造性和审美性的特点,为此它总是会受到广大人群的欢迎。人们选择参加休闲活动的大多是积极的动机,但也存在由消极动机驱使的参加休闲活动的行为。通常将审美、社交、竞技和求知等动机视为积极动机范畴，而避世、宣泄等则被认为是消极动机范畴。虽然人们参加休闲活动的动机有所不同，但他们都能在休闲活动的过程中经历初始期、沉迷期、矛盾期、转型期（挑战成功、挑战失败）四个阶段，具体过程如图 2-5 所示。

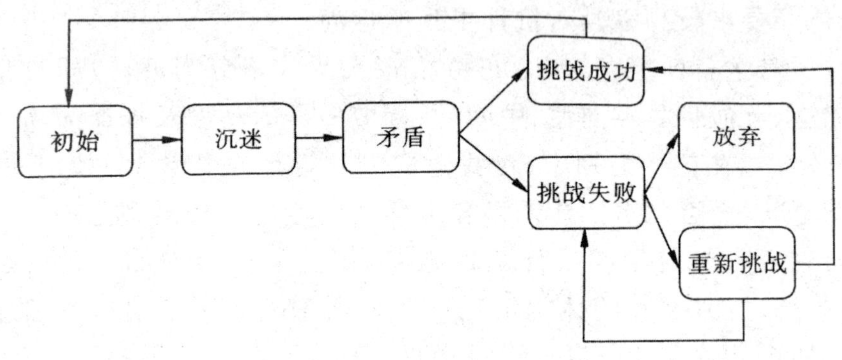

图 2-5

1. 初始期

初始期也被称为“认知期”，在这个阶段参与休闲活动的人刚刚接触休闲活动，处于表象的建立期，此时了解活动主要是通过视觉和听觉。这一阶段的休闲者不会对休闲活动的了解过于深刻，更多的是依靠对活动的新鲜感和好奇心继续了解活动的本质和规则。此后随着参与的继续，会逐渐明白活动中的奥妙和方法，于是一种兴奋感油然而生，这种兴奋感促使参与者对活动越发感兴趣。这时，休闲活动参与者从活动中获得的刺激就从一开始的感觉层面上升到知觉层面，即从生理层面上升到心理层面。

休闲活动给参与者传递的刺激信息是由外向内的，由此让参与者体会到的兴奋感的深浅程度决定了其对这项活动的迷恋程度。如果这种迷恋程度不断加深，那么参与者的心态也会随之发生变化，即从一开始试着参与一下升级成了不参与“生活就好像缺了点儿什么”的感觉，俗话叫作“上瘾”，也就是进入了下一个阶段——沉迷期。

2. 沉迷期

沉迷期，是休闲活动对休闲者的刺激已经上升到了精神层面，使休闲者认为这是生活中的必要组成部分的阶段。在这个阶段中，休闲者将休闲活动安排到生活计划之中，有时甚至会为参加休闲活动而牺牲一些别的事情的时间。此时，休闲者对休闲活动显然已经“上瘾”，完全沉迷其中，有时甚至不关心其他事物。如果休闲者处在这个时期，或多或少会丧失一定的理性，在外人看来这是一种不务正业的状态。

3. 矛盾期

矛盾期，是随着休闲活动刺激阈值的提高，这项活动不再像过往那样能给休闲者带来无尽的身心体验，或者是休闲活动的难度在进一步提升后超出了休闲者的能力范围，从而使得休闲者对该活动产生了逃避的情绪。这种矛盾期用俗话讲就是“过劲儿了”，没有之前的那种新鲜感了，此时就是休闲者可能放弃这项休闲活动的时期。

4. 转型期

转型期是休闲者在经历了矛盾期后，对是否继续选择这项休闲活动而进行抉择的时期。这里就存在一个继续选择和改变选择的选项。有些休闲者认为自己还是在这项休闲活动中能够获得最好的身心体验，于是再一次建立起对休闲活动的兴趣，并回到初始期，重新又进行了一次四个时期循环的过程。如果休闲者无法重新找回休闲活动的兴奋感，他就很有可能最终放弃这项参与很久的活动。而是否能够继续参与还在于休闲者是否能应对挑战并成功，如果失败，则会放弃整个活动，如果成功，就还会继续。例如，初学旱冰的人，起初会因可以正常穿上轮滑鞋行走而兴奋不已，但后来又会因快速滑动的难度而面临困难，如果能顺利学会快速滑行，则会继续这项活动，然后再面临新的挑战。

这里需要对上一段中提到的关于休闲者对休闲运动的挑战的概念予以说明，这里所谓的“挑战”不光是指生理和技艺上的，它还包含那些创造性思维的能力。例如，棋类运动中的围棋、国际象棋、中国象棋，甚至跳棋和五子棋也是一样，这些休闲活动的挑战性并不来自于项目本身，而是来自对手之间，这些项目不仅是思维和心境上的较量，还是一种修养的对话。

（二）休闲体验

体验，是指个体通过实践来认识周围事物后所获得的亲身感受。

以现代心理学的视角来剖析，体验是指人们从亲身经历到实践到体会到理解最后上升到认知和感受的历程。如此看来，所谓的体验事实上是一种个体“内部知觉”活动。人的体验具有双重性特点，一重在行为层面，另一重在心理活动层面。体验的过程既经历从感觉到知觉的过程，也是经历注意、思维、情绪以及行为产生和变化的过程。

著名学者黑格尔在他的书信中首次使用了“体验”一词，此后这个词语才开始在许多传记文学中看到。然而直到 19 世纪 70 年代，才有学者开始对“体验”进行细分，将其与“经历”区分开来。前面说到体验的概念是生理感知到心理感知的过程，但如果从哲学角度上看，体验的出现就一定与其他事物有所联系。进而就认为体验的历程涵盖了生命的内在联系，生命就是一场体验，而体验深深地成为整个生命体的一部分。

综上所述，“体验”是指通过对外界事物或情境的感觉所激发起的自我的内心知觉、体味。体验是生活中通过实践和亲身经历来认识事物的一种方法和手段。简单地说，体验就是主体在经历某项事物后的亲身感受。而体验又与经验不完全等同，经验是体验的基础，体验是被激活以及被发展的经验，是经验的一种升华状态。与体验相比，经验的存在呈现出一种静态的状态，经验就在那里，而体会的人不同，从经验中获得的体验也就不同。

再从休闲学的角度看，休闲本身就是一个动态的过程，这使得休闲活动本身就带有动态性的特点。鉴于这种特点的存在，休闲体验就成为一种不可准确预估的事物。也就是说，在同一项休闲活动中，同样的参与方法和参与时间，但不同的人还是会有不同的体验，而体验程度的高低也是之前所不能预估的。所以，休闲体验并不能只以结果作为衡量的依据，更多的体验是在休闲活动进行中获得的，如此一来休闲的结果与过程同等重要。这主要是因为休闲过程是参与者最为关注的，在其中获得的心理上的愉悦和身体上的锻炼不能完全通过行动、知识的理解得以诠释。另外，只有亲身经历休闲过程的人才能体会其中的奥妙，只听他人生动地描述并不能完全理解丰富的休闲过程情感。

实际上，从休闲活动中获得的体验是一种情感层面的体验，在这种体验中人们可以将某些使休闲成为自由生活的因素进行提炼，这个过程可以使人体会整个过程(事件)中出现的一系列可记忆的事件。然而那些过于循规蹈矩和缺乏兴奋点的休闲活动基本不会让休闲者找到更新鲜的情感体验，这也就是为什么多数休闲者只有在形式多样的休闲活动中才能体会到良好情感体验的原因。如此一来，对于休闲体验的定义可以是休闲个体以个性化的方式进行休闲以获得难忘的和值得回忆的某种经历。

二、休闲体验的质量与畅爽

(一)畅爽的概念

早在远古时代，古人对休闲所带来的心灵上的满足感已有清晰的了解和认识。无论是中国西周时期的《诗经》、春秋时期的《论语》、庄子的《逍遥游》、北魏郦道元的《水经注》、唐代柳宗元的《永州八记》、明代徐霞客的《徐霞客游记》，还是西方赫伊津哈的《游戏的人》、罗素的《幸福之路》等，在这些文学作品的描写和论述中,我们都可以了解到休闲给当时的人们带来的快乐和富有创造力的体验。

美国芝加哥大学奇克森特米哈伊(Mihaly Csikszentmihalyi)通过对众多作家、艺术家、音乐家的研究,发现尽管这类人群收入微薄,时常捉襟见肘,但他们总能将工作同自己的爱好联姻,把自己的爱好融于工作之中,从而获得快乐的体验。奇克森特米哈伊立足于社会学、心理学及人类学的角度,对休闲的创造性、产生休闲的动机和人性的发展做了深入的研究。1975 年,他首次提出"畅爽"这个概念。奇克森特米哈伊对畅爽体验有如下描述:它是"一种感觉,当一个人的技能能够在一个有预定目标、有规则约束并且能够让行为者清楚地知道自己做得如何之好的行为系统中充分地应付随时到来的挑战时,就会产生这种感觉。这时,注意力高度集中,没有心思注意与此事无关的事,也不考虑别的问题。自我意识消失,甚至意识不到时间的存在。能让人获得这种体验的活动实在是让人陶醉,人们总想做这件事,不需要别的原因,也根本不考虑这件事会产生什么后果,即使有困难、有危险,人们也不在乎"[①]。可见,奇克森特米哈伊提出的畅爽理论强调休闲主体自我价值的实现,即人们休闲活动前或休闲活动中面临活动本身的挑战性和自身能力约束下所具有的一种心理状态。当参与者心中的目标及休闲活动的难度保持一致时,参与者与目标之间的距离在自己可见的范围,那么,"挑战"的意义在参与者心中悄然而生,使得参与者的个人行为跟环境立即形成共鸣,参与者的自我意识被环境紧紧攫住,同时,环境也逼迫着个人意识的回应,就像相互博弈的乒乓球高手,小白球就成为两人之间意识流动的媒介。要达到畅爽的休闲体验状态,不仅参与者本身要具备一定的技巧,而且休闲活动本身也要具有一定的难度,只有两者达到平衡,参与者才会有畅爽的体验。因此,畅爽理论也被称为最佳体验理论。另外,美国心理学家亚伯拉罕·马斯洛(Abraham Har-

① [美]杰弗瑞·戈比. 你生命中的休闲[M]. 康筝等译. 昆明:云南人民出版社,2000.

old Maslow)进一步深化了奇克森特米哈伊的研究成果，他提出一种被称为"高峰体验"（Peak Experience）或"高峰表现"（Peak Performance）的心理体验，即人在实现自我价值和追求人格完善的过程中会体验到一种超越时间和空间并与外部世界融为一体的极度兴奋的心灵满足感。但是，这种使人忘我的情绪饱满、高涨的"高峰体验"总是让人难以言喻，只好将其比喻为"到自己心目中的天堂去旅行"。

畅爽理论突破了马斯洛的需要层次理论，并成为该理论的补充。马斯洛的需要层次理论主张，无论在何种文化背景下，只有较低层次需要得到满足的情况下，高一层的需要才会随之产生，也就是说人只有在摆脱贫寒困窘，居有定所的情况下，对爱与被尊重的需要才会渐渐萌生，从而升华为自我价值的实现。然而，实际上也有在低层次的需要并未被满足的前提下实现了畅爽感受的人群。

综上所述，"畅爽"一词源自于英文术语"Flow"，即我们所说的"爽""快"等，同时，也有学者认为是心流、快感、神迷等。畅爽就是指人们在进行各种休闲活动或工作时产生的一种最佳体验，是人在进行自我实现时感受到的一种极度兴奋的喜悦之情。例如，参与者全情投入到休闲活动中去，将所有的意识都集中于休闲活动本身，从而潜意识地过滤掉任何毫无关系的因素，积极回馈休闲活动中的目标，主导休闲活动的环境。如此一来，参与者会不断参加这项休闲活动，反复体验这种畅爽的感受。在休闲学中，畅爽是一个相当关键的概念。畅爽与陶醉（Inebriety）类似，但二者又有所不同，因为陶醉强调客体对主体的影响，而畅爽则强调主体的自我实现。

(二)休闲质量的衡量

1. 形成畅爽的原因

在休闲活动中，休闲者是否能从中感受到畅爽的感觉，成为衡量休闲活动质量高低的重要标志。而畅爽的感觉究竟是如何形成的呢？从生理学的意义来说，人体的大脑中存在一块被称之为快感中心的区域。研究表明，当脑电流刺激这块区域时，大脑会产生一种导致神经兴奋的烈性化学物质，而且这种烈性化学物质的刺激性程度远远高于鸦片、海洛因和其他药品。就是这种生理麻醉剂的刺激改变了脑电流连通的回路，从而给我们带来兴奋或消极、快乐或痛苦的情绪。人们之所以能在休闲活动中解脱自我都归功于这种生理麻醉剂。

2. 畅爽的模型

在弄明白形成畅爽的原因之后，研究者为了更明确地衡量休闲质量的高低，引入了畅爽模型。学术界在进行实证研究时，界定畅爽的维度各不相同，但被广泛接受的是奇克森特米哈伊提出的挑战技能模型。

奇克森特米哈伊首先对畅爽提出了相关的模型，也称为三段式模型。他认为获得畅爽的感觉建立在休闲活动本身所具有的挑战性和休闲者自身的技能之上。他把挑战中的高挑战和低技巧界定为焦虑，高技巧和低挑战界定为无聊，而把畅爽界定为游离于无聊与焦虑之间又令人着迷的情感状态。即想要获得畅爽感，休闲者本身的技能必须匹配于休闲活动的挑战(图 2-6)。

模型中，两条射线和横纵坐标轴组成的区域为人们获得畅爽感的有效范围。在这个范围内，休闲者的技能和休闲活动的挑战性是相匹配的。也就是说，休闲者是可以征服休闲活动本身的挑战性的，但这个过程并不是人们想象中的那样轻而易举，需要休闲者克服一些困难才能完成。而其余的区域则分别表示焦虑和无聊。假使休闲者个人的技能水平未能与休闲活动的挑战性所抗衡，此时个人的焦虑感就会油然而生；假使休闲者个人技能的水平远远凌驾于休闲活动之上，尽管这个人不会产生焦虑的感觉，但他也无法获得畅爽的体验。当然，获得畅爽的体验不是一个静态的过程，而是循环往复螺旋上升的过程。以冲浪为例，对新手来说不具备在冲浪板上保持长时间平衡的技能，更不要说长时间在海浪所形成的浪涛中停留了，这种技能的缺乏导致休闲者的焦虑，从而产生学习、练习新技能的动机，以掌握新的技能。在不断的实践和挑战中周而复始出现无聊的情绪，接着再挑战，在不断提升技能的基础上获得更丰富、更深层次的畅爽体验。总之，只有当该休闲活动的挑战性与个人技能水平相称时，个人才能体验到畅爽的感觉。

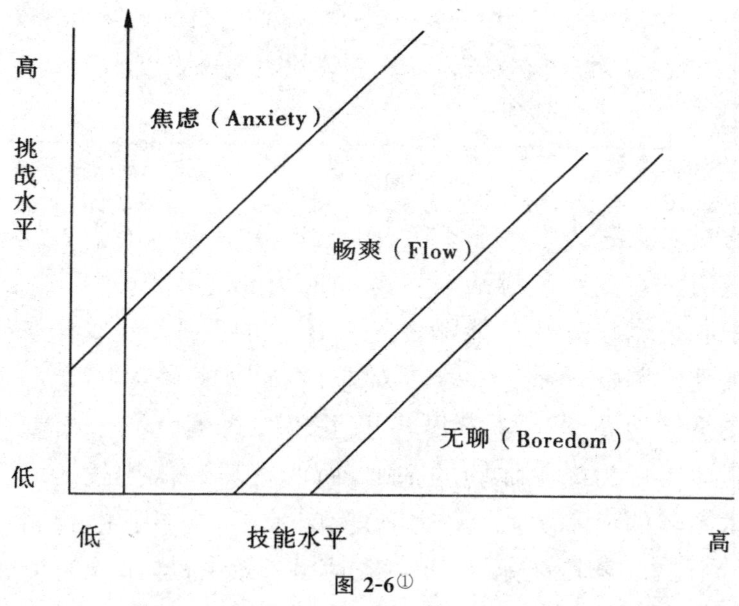

图 2-6①

当然，不得不说三段式畅爽模型中获得畅爽体验的假设是针对中性的人而言的，这类人既不过分保守行事，也不过分激进来寻找刺激。因为，风险偏好度更高的人更为偏向选择那些挑战性强、超越个人技能水平较多的任务与活动，而那些厌恶风险的人则更喜爱从事挑战性比个人技能水平低的任务与活动。当然，三段式模型并不能完整讨论人们关于畅爽的体验，由此而发展出了四段式模型对此加以补充(图 2-7)。

① 李仲广，卢昌崇．基础休闲学[M]．北京：社会科学文献出版社，2009.

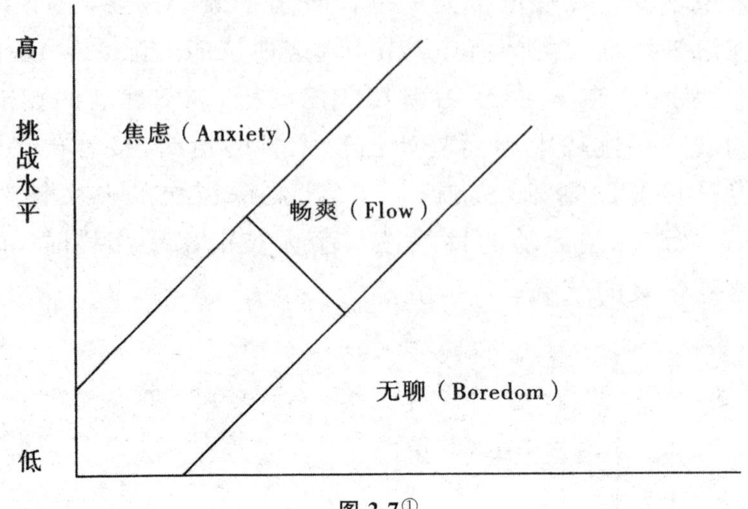

图 2-7①

通过对大量人群的研究发现，畅爽体验凝结了个人的全部努力和经历。在高难度挑战与卓越的能力相互配合的基础上，个人只有全心全意投入才可能触发畅爽体验的萌生，创造异于平常的体验感受。因此，畅爽体验所对应的挑战水平和技能水平都较高。在这样的背景下学术界提出了四段式模型。该模型将高挑战和高体验视为畅爽体验的基础，而低技巧和低挑战所导致的结果是休闲者的漠不关心、无动于衷、麻木不仁。因此，保持挑战的难度与个体自身技能水平的一致性是获得畅爽体验时的根本保障。假使难度远远超出了个体的能力范围，个体就会产生焦虑感，而难度远远低于个人技能的范围，个体则心生厌倦。

为了更细致地研究畅爽体验，在四段式模型的基础上，发展出九段式模型。在这个模型中，挑战水平和技能水平按照高、中、低的程度划分为三个层次，将这三个层次进行不同的组合就能得到更为详细的体验感受。在高技能和高挑战性的共同作用下，休闲者才会有畅爽的体验；在挑战水平和技能水平适中的情况下，休闲者仅能获得满意的感受，谈不上兴奋或是不满足；低技能和低水平的刺激下，休闲者产生的就是麻木的感受。如果在挑战水

① 李仲广，卢昌崇．基础休闲学[M]．北京：社会科学文献出版社，2009.

平不变的情况下，随着挑战者技能水平的提高，依次会产生麻木、放松、无聊的情绪；在挑战者技能不变的情况下，挑战水平的逐步提高会引起休闲者产生麻木、担忧、焦虑的情绪。

3. 畅爽是评价休闲质量的重要指标

将畅爽模型用以评价休闲质量的高低，这是该模型重大的意义。休闲的目的就是在余暇时间通过参与具有创造性价值的活动消磨时光以获得纯粹的快乐。休闲的目的就是身心的休息和恢复，在休闲活动中快乐、自由地创造，即畅爽体验的获取。尽管体验创造的价值感纯粹是一种主观的概念，但休闲活动会给休闲者带来纯粹的快乐则成为衡量休闲活动质量的标准。假使休闲活动能够给休闲者带来纯粹的快乐，那么这种休闲活动是高质量的活动，反之亦然。纯粹的快乐是指带着快乐的心态去参与休闲活动。充满乐趣的休闲活动，让人感觉轻松，使人得到消遣。参与者必须心甘情愿付出热情才能从中感到愉快和满足。休闲活动能安适和恬淡休闲者的心境，假使因执着胜负而参与休闲活动，则休闲就被套上了工作的枷锁，也就不会给休闲者带来由内心而生的轻松与宁静。

畅爽模型的主观指标之所以可以作为衡量休闲和体验质量的重要标准，那是因为畅爽模型的研究对象完全是参与休闲活动的个人，而活动给人带来的感受，不管是积极的还是消极的，在模型中都能清晰地反映出来。当然，畅爽模型的主观指标也可能会出现在日常生活中。对于多数人来说，畅爽体验只是一划而过的快乐感受，甚至有的人还不曾体会过。在一份奇克森特米哈伊对美国普通工人的研究中：高达15%的人从未体验过畅爽或类似的“酣畅淋漓”的情感体验，而87%的人极少有这种情感体验，正因如此，畅爽理论研究才会频频被用于休闲中。

畅爽体验并不仅仅存在于休闲活动中，它同样存在于人的日常工作中。畅爽可以说是一种极端的情绪，因此它与无聊、懒惰、堕落以及自我残害等负面行为出现的概率一样稀少。奇克森特米哈伊的理论中，畅爽理所当然地成为矫正和治愈无聊、焦虑等负面体验的方法。从这个意义上说，畅爽对创造性活动的促进作用不言而喻。在纳什的休闲层次理论中也提到，休闲活动所具有的创造性和休闲性越高，被赋予的值就越高。关键是参与这些创造性活动的个人追求的并不是名利，而是在整个过程中所享受到的纯粹的快乐和兴趣的扩展。因此，畅爽理论研究的样本采样多源自参与各式各样休闲活动的人群，如作曲、作诗、运动、绘画、写作、发明、爱情、家庭生活、宗教，等等。

三、休闲的体验方式

时尚休闲活动在现代社会中是人们乐于参与的一种有目的、有特殊作用和意义的活动。人们对休闲运动的体验方式并不是单一不变的，其在不同的历史时期都有一定的适应性改变。休闲体验方式，是指在自由时间里自愿从事和进行各种休闲体验活动的方法。现代社会本来就是一个多元化的社会，人们的时尚休闲意识也在不断增强，要想获得时尚运动带给人的价值，就势必要有多样化的体验方式来予以实现。对于众多休闲的体验方式来说，对其进行合理的分类有利于日后的研究和选择，这种分类主要以人们休闲体验的功能作为依据，具体可分为体育健身类、消遣娱乐类、旅游观光类、社交活动类、教育发展类。

（一）体育健身类体验

科学技术的进步首先被运用在了生产领域。生产力的提升将人们从繁重的体力劳动中解放了出来，但尽管如此，现代人几乎还是将主要精力投入到快节奏、高压力的工作中，只是工作的形式从过去更多的体力劳动转变为脑力劳动，强度不仅没有下降反而还有所提升。紧张之余人们发现，类型众多的时尚体育运动能够有效缓解身心压力，如此就更加表现出对参加体育休闲活动实现健身目的的兴致。

我国学者林志超、季克异等认为，体育健身是在必要的学习、工作之余开展的群众性体育活动，其形式多样、组织便捷、易于开展，使人们在欢乐放松的氛围下达到增强体质、促进健康、恢复体力、调节心理、陶冶情操、激发生活热情、培养高尚品德、满足精神追求及享受人生乐趣等目的。[①] 休闲运动必须具有轻松、愉悦、自由、积极的基本属性，如此才能体现出其休闲的特点。古往今来国内外所出现的休闲体育活动，不论是我国的马球、蹴鞠，还是外国的高尔夫、保龄球、冲浪、蹦极等，体育健身活动的根本目的就是营造充满情调的生活氛围，增添生活的附加值，同时也关注对身体的锻炼，提升身体各方面机能。

（二）消遣娱乐类体验

英文中“Recreation”一词是“创造新的”的含义。20 世纪初期，我国将这个词语翻译为“娱憩”，这个翻译有两层含义，一个是消遣，另一个是娱乐。消遣，是用自己认为的愉快方式来度过空闲时间。而娱乐则是指欢娱快乐。合并起来就是通过用欢愉快乐的方式来度过空闲的时间。与休闲活动相比，消遣娱乐的形式非常详细具体。

工业革命后，生产力得到了大幅度的提升，这种提升甚至改变了人们的生活方式，将过去那种工作和生活混为一体的状态转变为工作和生活有了明确区分。对于一般的人来说，需要依靠工作获得报酬然后养家糊口，同时工作之余的休息能够缓解工作中的压力和打理生活中的家务，这也是非常重要的自我恢复的时间，以便以更加饱满的精神回到工作当中。正因如此，人们越发热衷在休闲时间选择某项消遣娱乐活动参与其中。由此形成一种工作—消遣—工作的循环模式。

常见的消遣娱乐类体验活动有艺术、表演、竞赛、音乐、自我爱好、户外活动、阅读、写作、志愿活动等。当然，消遣娱乐与休闲

① 邹师．终身体育理论视角中的休闲体育[J]．体育文化导刊，2002(05)．

有很多共同之处,但是两者在活动范畴、目的和价值方面存在差异。

(三)旅游观光类体验

现如今,旅游观光已经被大众所接受,很多人非常热衷参与这类活动。在我国历史文献中观光一词最早出现于《周易》的"观国之光利用宾于王",文中提到了出游的目的。而对于西方来说,他们认为的旅游则更加纯粹,更在意旅游的本质行为。旅游专家麦金托什和古尔德纳认为:当我们想到旅游时,我们就会想到那些专门到一个地方欣赏风景、探亲访友、度假和寻找快乐的人。他们在旅游的时间段内还可能参加体育运动、晒日光浴、聊天、唱歌、骑马、游览或欣赏风景。目前,学术界普遍赞同对"旅游"一词的这种解读,将旅游定义为在余暇的时间离开常驻地所进行的观光活动。尽管促成人们决定出行旅游的原因众多,但旅游的本质就是以开阔视野、增长见识为目的,轻松愉悦地出游。时间和空间的变化是构成旅游活动的基本元素,当然在现代社会还要有足够的资金支持。从旅游的定义看,旅游的本质是一项集审美、愉悦、猎奇为一体的观光活动。当然大多数人们所参与的旅游活动都是一种暂时性的,且一定是去到自己不常去的地方。地点的变迁是旅游和休闲的不同之处,休闲不仅可以在不同的地点,也可以在常去的地点。因此,所谓的旅游观光体验,更多是对自己不熟悉的地方的感受体验。

(四)社交活动类体验

对于大多数人来说都会在生活中应对各种社交活动。广义的社交活动指与他人的接触、交流、沟通,这种社交活动不存在空间限制,如朋友见面打招呼或是在电子终端发信息问候等。而狭义的社交活动就存在空间限制了,且除了空间限制外还有时间、人群关系、数量等限制,如酒会、相亲会、家庭聚会等。这些社交活动基本发生在特定地点,如酒吧、酒店会场、饭店等。现代社会的发展让人们的生活增加了许多社交活动体验，其中有很多都带有时尚休闲的性质，而专门以商务洽谈为目的举办的派对、酒会等，或是以带动周边产品销售为目的的电影首映活动等则不能算是真正意义上的休闲活动。这里讨论的社交活动均是那种带有休闲意义的活动，如好久不见的朋友聚会闲谈、在音乐厅聆听交响音乐会、在酒吧品酒畅谈等。

（五）教育发展类体验

“休闲”这个词汇最早来自希腊语，具体意思是指“学习和教育的场所”，如此就引申出古希腊人认为休闲娱乐与人的教育是有关系的，学习和教育的场所就称为“余暇”，而不叫作我们现在所熟悉的“学校”。由此可见，古希腊人认为教育就是一种休闲，而休闲也就成了受教育的一种方式。在亚里士多德、柏拉图、苏格拉底等哲学家眼中，休闲教育是个人接受教育的一种基本形式。彼得森和甘把休闲教育定义为广义的服务，重点是培养和传授各种与休闲相关的技能、态度和知识。从这一观点中可知，教育的休闲性由受教育者的基本态度决定。这也就进一步解释了教育与休闲的含义，即了解到如果接受教育的目的仅仅是考取高分、获得资格证书，那么就不算是一种休闲教育。布莱特比尔的观点也赞同真正的休闲教育应该让人尽早地参与到家庭、学校和社区的休闲活动之中，而不能仅仅是从死板的教学中获得，这种单方面灌输的教学行为并不会有利于让人接受知识和感受环境中的事物。其实，所谓的教育其形式是非常宽广的，它可能来自于任何一件事物给本体带来的不同感受，而绝不仅仅是坐在座位上听老师讲授。到户外踏春郊游、参观博物馆、聆听音乐会等活动，都可以让人在获益匪浅的同时放松自我，陶冶性情。

不同休闲体验者的心态以及体验目标的功利性程度会使得每个人的体验方式有所差异。参加职业运动比赛的，则是职业运动员；因工作洽谈需要参加的时尚运动，目的在于应酬和交际。实际上，不同的休闲体验方式之间也有所关联，并非完全独立。

例如，以放松娱乐为目的的时尚运动更多展现的是其游戏娱乐属性，但在社交性时尚运动当中，所参与的项目也有很多娱乐的成分。如果把休闲的功能分为精神的、生理的、发展的、恢复的等方面，并用坐标轴分别表现其位置，这五种休闲方式的位置可以如图 2-8 所示。

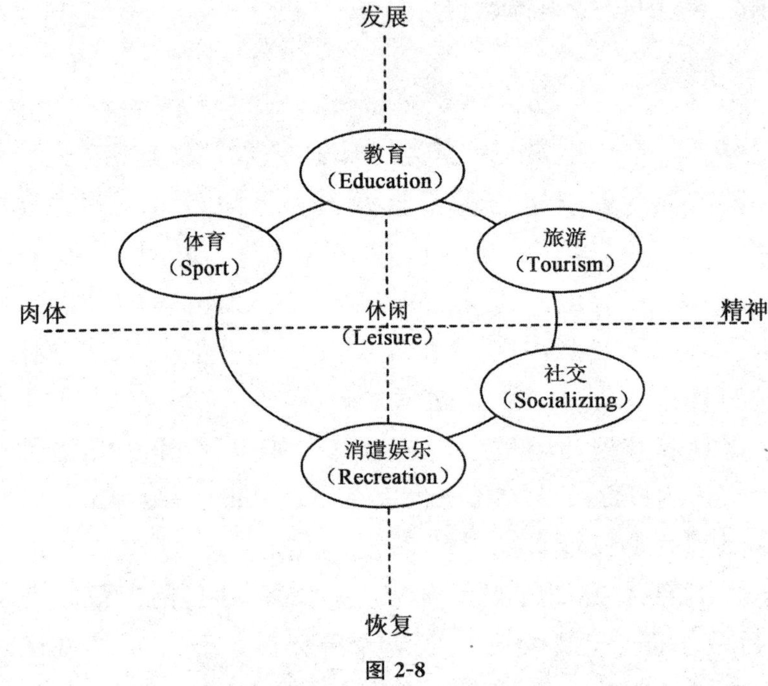

图 2-8

第三章　运动行为与时尚运动的关系

人们所采取的运动行为有不同的目的，如健身、塑体、休闲或机体协调等。这些运动行为想达成的目标几乎都能在不同时尚运动的参与中获得，如此就可以认为大众的诸多运动行为都与时尚运动有着紧密关系，本章就重点对这个问题进行研究。

第一节　健身与时尚运动的关系

健身时尚、时尚健身。如今，健身的意义不再如原来那么简单，它升华为一种态度、一种品位、一种智商，在“后健身时代”也就体现出了运动健康的时尚。将时尚视为一种流行性的行为模式在社会心理学中最为普遍。美国人金布尔·杨提出：“时尚可定义为目前广泛使用的语言、时兴样式、礼仪风格等行为表现方式和思维方式。”而中国学者孙本文更进一步解释，他认为时尚不仅是人的行为模式，并且也可以包括物的形状模式：“所谓时尚即一时崇尚的式样，式样就是任何事物所表现的格式……只要社会上一时崇尚任何有式样可讲的事物，都可称为时尚。”

一、群众体育蓬勃发展，健身消费成为时尚

社会物质财富的不断增加，余暇时间的不断延长，体育价值观念的不断更新，促使我国群众体育社会化和普及化程度大幅度地提高。据报道：“八五”期间，我国约有 4 亿人经常参加各类健身娱乐体育活动，有 5 亿人次青少年达到《国家体育锻炼标准》，

全国性群众体协发展到31个，有偿的、收费的各种体育培训班以及其他不同形式的群众体育辅导活动日益兴旺。

二、到大自然中体验生活、健康身心——体育旅游

伴随着经济的发展和人民生活水平的逐步提高，特别是人们闲暇时间的增多，我国各种健身时尚运动应运而生。人们利用节假日，或结伴而行，或全家出动，到森林原野，到名山大川，到大自然的怀抱，这是一项极好的时尚运动。特别是生活在都市的人们，长期受噪声、浑浊空气的伤害，紧张而快节奏的生活方式，均使大脑功能和身体机制受到不同程度的影响。据测量，在人口密集的市区，空气中的负离子(亦称空气维生素)每立方厘米中只有100～200个。在门窗紧闭的居室内，每立方厘米空气中只有30～60个负离子。而公园、河边或瀑布旁等地，空气中负离子则多达每立方厘米2万个之多。在上述地方旅游，人体不仅能接受和煦阳光的抚摸，而且能接受对健康十分有益的“空气维生素”——负离子的恩赐，使人们精神轻松，感觉敏锐，能提高脑力劳动的效率，转移和缓解紧张情绪对人体的危害，同时有助于改善心肌营养，促进新陈代谢，提高机体的免疫功能。此外，徒步旅游时进行的体力活动，不仅能增强心肺和消化器官的功能，并且能使四肢关节灵活，肌肉结实健壮。

三、时尚的交往方式——请吃饭不如请出汗

随着市场经济的发展，人们交往的空间不断扩大，感情通融和交流的需要日益加强。感情沟通的工具和方式是多种多样的，抽支烟、喝杯茶或请吃饭。国人的传统礼仪常常把请客和吃饭紧密联系在一起。凡是请客必然包括吃饭的内容，或者吃饭就是请客的全部内容。今天，请客吃饭已成为许多人苦不堪言的负担。频繁的吃喝，使许多大好时光消磨在饭桌上，同时狂吃海喝给人

们的身体带来很多危害，于是，一种新的生活观念应运而生：请客不必非要请吃饭，请朋友“出汗”要比请吃饭更有利于身体健康，更有益于交流感情。我们知道社会上任何一种交往方式的形成，都是“需要”和“爱好”构成的。所谓“情投意合”就是感情沟通和交流的产物。在经济不发达、物质产品匮乏的条件下，吃喝是主要的需要，因此请吃饭就自然而然成为人们感情沟通和交往的最高礼节。随着经济的发展，社会的进步，文明程度的提高，人们已经认识到请客吃饭的陋习该改变了。人们开始离开烟雾弥漫、酒气熏天的饭桌，走向空气新鲜的野外、走向运动场、走向健身房。现在谈生意大都换上一身休闲装，轻松潇洒地约对方到健身房玩保龄球、台球、乒乓球，或在网球场、羽毛球场上你来我往地激战几局，在汗流浃背中交流情感。如果在蓝天白云下那宽阔的高尔夫球场上，一边谈生意，一边切磋球艺，则更有一番情趣。

邀请朋友共同“出汗”更是青年人喜欢的请客方式，对于那些正在减肥的朋友来说，“出汗”比吃饭受欢迎。许多年轻人早已不满足于健身房、运动场所设的运动项目了，他们不仅要“出汗”，而且还要“出汗”的同时追求惊险和刺激，他们邀请朋友走出喧闹的城市，走进山野，去爬山、去攀岩、去滑雪。眼下攀岩运动十分热门，参加者在安全带和绳索的保护下攀登悬崖峭壁，冬天则要脚穿冰鞋，手持冰橇攀登冰岩。当他们历经种种险情出一身汗攀上岩顶的时候，其自豪与愉悦之情难于言表，也是不曾攀登的人们难以体会到的。对于喜爱大自然的朋友，您可以邀请他去野外风餐露宿，通过露宿、野炊、跋山涉水、夜间行军等种种训练方式，锻炼和提高参加者顽强拼搏、生存自保、随机应变、遇困自救的能力。对于体魄健壮喜欢大运动量的朋友，您不妨邀请他到提供多种体育项目一条龙服务的体育场馆，去享受一顿“时尚运动套餐”，先到健身房的各种健身器上猛出一身汗，然后再去舒畅地洗一个桑拿浴，再跳入游泳池中畅游一番，那才叫痛快呢！

与此同时，随着科学技术的进步、经济的发展、物质生活水平的提高，人类更加渴望生活质量的提高，体育的特殊功效使人们把健身与提高生活质量联系起来，大众体育将蓬勃发展，人们急切需要内容丰富、趣味性强、简单实用、方便易行、新颖时尚的运动方式。在大众体育运动飞速发展的形势下和社会急切的需要下，新体育运动项目应运而生，很受现代人的青睐，而且越兴越旺，已成为现代人参与运动的时尚追求。如何塑造自己的形象，改善自己的形象，已成为一种时尚。人的健康水平是他全面素质的体现，人们之所以热衷于时尚运动，并不单一地满足于强身健体，而是通过这种方式塑造自己，给人一种近乎完美的整体形象，时尚运动必将成为文化建设和人们精神享受的重要内容，成为发展生产力的需要，成为精神文明建设的需要，成为小康生活水平的需求。人们越追求文明、健康的生活方式，时尚运动就越成为提高生活质量的重要手段。

第二节　塑体与时尚运动的关系

一、塑形运动，一项新的时尚运动

健身塑体是集锻炼、形体、姿态和气质于一体的健身塑造过程。它以多种部位的姿势、步伐、连贯动作作为主体运动形式，用以调整和克服某些生理的缺憾与不足，整体塑造新的符合现代时尚观念的身体。塑形运动可以带给人一种良好的气质与修养，让人感到精神奕奕、朝气蓬勃，举止端庄。这不仅是一种体育，更是一种美育，如此使充满竞争的现代社会人群在发挥自我价值时更加追求个人和生活美的品质。这无疑是对人的一种全方位的素质培养，当人们感受到这里面的奥妙后，反过来还会影响他人，展现出其时尚的价值观念。

时尚运动与形象塑造是一门综合性艺术，它集中了身处现代社会的人们对美和健康等的多重需求。同时，它又是不少对体形、姿态外在美有较高要求的人群所钟爱的时尚运动。对于时尚社会的追求依托于人们的那种对塑造和改造世界的渴望，他们极力地想认可新的社会事物并接受它，成为自身意识的一部分。创新是事物发展的原动力，它来自于不愿安于现状的求变意识。这种意识可以通过人的外在变化展现出来，如身着的服饰、发型、妆容。鉴于此，塑造良好体形就非常切中人们的时尚要害，于是这才逐渐被人们所接受，并长期坚持参与。

二、时尚观念潜移默化地促使人们重塑形体

人的躯体外形是可以通过一系列的塑造手段予以完善的。现如今，人们在业余时间内选择休闲活动是一种共识，每个人都有这种权利，这是一种提升生活质量的方式，同时也是人之所以为人的价值体现。如此一来，就身体塑形来说，生活中人的躯体越是接近青春、健康、苗条，就越能显现出它的交换价值高。在消费水平较高的现代，人们也就更加愿意为自己的身体美而花费不菲的金钱。与过往任何一个阶段相比，绝没有如此多的人们对自身外形关注度如此之高，有些甚至达到了狂热的境地。因此，美容化妆、延缓衰老、青春永驻、健身运动、减肥塑身以及健康食品等等，都深深地吸引着他们。科恩指出："我们的时代是一个迷恋青春、健康以及身体之美的时代，一切都暗示着柔软优雅的身体、极具魅力的脸上带酒窝的笑，是通向幸福的钥匙，或许甚至是幸福的本质。"塑形美体在现代社会中已经成为了一种毋庸置疑的时尚，而时尚的观念也在逐渐向更广泛的人群传播。尽管如此，我们还是需要关注到底应该以何种方式来达到塑形美体的目的，下面就对这个问题进行论述。

（一）去美容院还是健身房

几乎没有一个人是不爱美的，这是人们自然产生的心理。随着社会的发展，生活水平的提升，人们对美的追求更加狂热，美与

时尚几乎画上了等号。然而究竟如何实现这种美，不同的人有不同的看法，方式也就有所区别。

为了塑造形体的美，有些人选择去美容院，还有人选择去健身房。两种不同的选择必然涉及人们对形体美塑造的认识。首先来看选择去美容院的人，去美容院塑造美有几个缺点，第一是价格昂贵；第二是美不及里且维持时间短；第三是易出现安全事故，有些甚至造成不可逆的严重后果。去美容院塑造美的唯一好处就是不累。再来看选择去健身房塑造美的人，它的优点在于经济实惠，美及内里，效果保持较长时间，是一种真正的身体美的塑造，是灵魂和肉体的统一，就是以发达、匀称、和谐的肌肉作为外在美的体现，把顽强、坚忍的意志品质，高尚、典雅的情操和气质作为内在美的展示。虽然人的外在美只能取悦人的一时，应该更加注重内在美，但如果只有内在美而没有外在美也是一件令人遗憾的事情。而到健身房去健身，塑造良好的体形就是非常有效的办法。健身房中的锻炼对所有身材的人来说都是有益的，如身材臃肿的人，通过锻炼可以变得更加苗条；身材较瘦的人也可以通过健身来增加肌肉，让该有肉的地方有肉，看起来更加健壮。上述这些问题的解决如果是去美容院显然是无法实现的。而健美运动可以改变人的形体，使人体变得更加匀称、健壮、优美。为此，现代健身房中所配置的器材几乎可以针对从上到下所有身体部位的练习。如果一个人的腹部和臀部脂肪过多，可以在正确的锻炼指导下针对这两个部位进行练习，减去这些部位的多余脂肪，如此可以让腹部更加平坦，臀部更加紧实上翘；如果一个人的大腿脂肪过多，则可以通过跑步和腿部肌肉训练减少多余脂肪，紧实腿部肌肉，让其看起来更有形，线条更迷人。

选择前往健身房或其他场所进行体育锻炼是塑造形体美的正确选择，它可以使人身体苗条、充满活力、神采奕奕，进而还能影响到人的心情，使之保持愉悦。如此看来，运动既是一种绝佳的对身体外形的塑造方式，同时也是塑造内在精神的好方法。它是外在美和内在美统一的塑造过程，并能给人以人生哲理的启迪和激发人们对美好生活的向往。

（二）减肥还是运动

现代人们的生活水平普遍较高，较之过去已经不必再为吃饱穿暖而担忧。对于人们的餐食来说更加的丰盛，再加上体力劳动的逐渐减少和不科学的饮食结构，就使得很多人开始患上肥胖症。大多数肥胖症的发生都是源于每天进食多、消耗少，过多没有被消耗的营养逐渐转化成脂肪，存于皮下、腹部和臀部等处。过多的脂肪增加了人体体重，从外表上看人的身材也臃肿不堪，失去活力。目前，患肥胖症的人数急剧增多，据统计，美国人的肥胖症发生率在30%以上，法国也近乎30%。而我国的统计显示，我国城市人口的肥胖率达到10%，而北京、上海、广州等大型城市中的人口肥胖率已高达21.7%左右。

肥胖与健康绝对是一对冤家，只要有肥胖的情况就谈不上健康，而健康的身体也不会出现肥胖。体重随着肥胖的出现而增加，进而增加身体负荷，使氧的消耗增加，心脏的负担加重，更会影响呼吸系统功能，大概率引发高血压、高血脂、冠心病等心血管疾病。因此，为了远离肥胖，在日常生活中就要注意科学饮食和规律的作息生活。一旦出现肥胖就要致力于参加减肥活动，把多余的脂肪减掉，使自身体重回归到正常范围内。在21世纪的今天，减肥已经成为一个世界性的热门话题。

减肥的方式有很多，但真正健康有效的却只有运动一项，即使每天的身体能量消耗稍大于摄入。而如果只是采用节食的方法是不可取的，即便可能会使体重降低，但这种行为严重破坏了人的正常营养摄入规律，可能会出现营养不良等症状，且能够保持的时间较短，一旦恢复以前的饮食习惯，则会立刻反弹。节食减肥法在营养学领域看来是一种缺乏整体观的方法，是一种“头疼医头脚疼医脚”的盲目行为。目前还有一些人想要通过药物或某些减肥产品来实现减肥，这更是一种严重错误的思维，这是从根本上没有了解到影响人体体重的原因，以及人体营养成分的构成原理。当然我们并不否认市面上确实有些药物有一定的减肥效果，但那只是一种药物影响下的效果，一旦停药，体重会快速反弹。再加上药物本身的副作用，使得采用这种减肥塑身方法的人更容易使身体受到危害。

目前，根据科学理论研究和实践经验来看，减肥瘦身的最佳方式是科学运动结合合理的饮食结构。最理想的用作减肥塑形的运动有这几种：第一是健美操，这是一项能够全方面锻炼身体各部位的运动，而且强度可以适当调整，适合绝大部分年龄段的人参与；第二是游泳，游泳运动不仅可以减脂，更能增进血液循环，对皮肤健康有更大帮助且更为安全；第三是登山运动，登山对腿部和臀部肌肉有较大的锻炼，其持续时间较长，更有利于脂肪的消耗。总之，只要持之以恒，坚持这些运动的锻炼，加上饮食结构的合理调整，就会获得较好的减肥效果，就能保持既健美又健康，既苗条又匀称的体形。

第三节　休闲与时尚运动的关系

一、时尚休闲体育融入现代生活

对体育的溯源可以发现其最早只是人们日常生活中的必要生存技能，而当生产力发展到足够高的水平后，体育的生存技能属性就急剧下降，直到最后衍生为人们的业余活动、竞技运动或是其他文化现象。而其中的时尚休闲体育则是人们非常钟爱的运动方式，它充斥在人们的业余生活之中，发挥其多种有益价值，通过挖掘其蕴藏的各种身体活动形式，在欢悦和谐的氛围中，日积月累地实现增强体质、抵御疾病、调节心理、陶冶情操、改善人际关系等目标。

现代人，特别是在大城市中居住的人都逐渐养成了利用技术的发展懒惰自身活动的习惯，这导致他们每天的身体活动量远远不能达到健康标准的要求。再加上快节奏、高压力的工作与生活，使得他们通常都在身心俱疲的亚健康状态下度日。为了缓解这种情况，参与一些时尚休闲运动是非常合适的，这是缓解疲劳、展现个人品味、挥洒个性、完善交际的最佳方式。因此，在现代社会中就出现了以下几种时尚休闲体育新生活的方式。

(一)到体育馆去消除疲劳

我国自实行每周五天工作制以后，人们的余暇时间进一步增加。多余的时间如何度过，就成为人们要考虑的事情。时尚体育运动作为重要选择，被大部分人所接受，而时尚体育运动的形式健康、自然，也被誉为“绿色的消费”。因为它是一种天然的、无污染的、充满生机的休闲方式。

体育馆是承载时尚休闲运动的主要场所，人们前往体育场馆参加运动，可以锻炼身体、缓解日常工作、学习带来的压力。另外，现代科技的进步使得以前需要更多人力操作的事物都已经被简化和自动化了，如上楼有电梯、逛商场有扶梯，家中洗衣服有洗衣机、刷碗有刷碗机，就连打鸡蛋都有打蛋机。人们身体力行的活动减少，本着用进废退的理论人的身体也会呈现出逐渐退化的态势。再加上人们的饮食越发精细，缺少粗纤维的作用也是不利于健康的。如此都会导致人们患有肥胖症的概率提升，而到体育馆去消除疲劳，去锻炼身体，既可减脂瘦身，又可愉悦身心，岂不是一举两得。

(二)到运动场上去展现个性

有些人在日常生活中，受限于条件和氛围，并不能完全展示个人最真实的本我，每天展现给别人的是一个经过修饰的自己。然而这并不利于人的心理健康。做回自己，到运动场上去展示自我个性，就成为很多人所追求的。当一个人不间断地进行体力锻炼和脑力锻炼，并使其结合得非常完美和谐时，身心才会协同一致,达到自我的最佳境界。

我国在20世纪90年代就号召人民响应全民健身活动,这一号召旨在全面提升中华民族的综合素质,力求让人们通过运动延伸知、情、意、行,到运动中挥洒个性,发挥运动中“强筋骨,增知识,调情感,强意志”的多元功能。如此才能让大众自发地走向运动场,到运动中去挥洒个性。

(三)时尚的生日礼物是时尚运动

我国自古就有过生日赠送礼物的传统。现如今,在健康问题已经被人们广泛关注的情况下,能够送健康自然是非常讨喜的礼物。由此使得体育健身、体育消费已成为一部分人祝贺生日的礼物,如赠送一张健身卡、游泳卡、台球卡、高尔夫卡等,有些甚至直接约朋友到高级体育场馆打一场比赛,这使得过生日成了一项既健康又开心的活动。

我国提倡全民健身已有20余年了,在人们心中已经培养出了极高的健身意识。对于给长辈过生日来说也可以通过赠送健身礼物的形式来贺寿,礼物就是家庭式的健身与时尚休闲的体育活动。带着过生日的长辈来到多功能酒店,首先一家人选择喜爱的时尚运动,组织一场别开生面的家庭运动比赛,项目可以为保龄球、台球、室内高尔夫、沙狐球等,运动过后再摆上一桌酒席,宴席上还不忘攀谈刚才活动中的趣事,如此让过生日变得越发有意义和新潮。

往常孩子过生日,父母都会送给孩子一些他们喜欢的玩具或其他小礼物。但在现在,家长可以将一套新的运动服作为礼物,或是一个高级球拍,再或者是带孩子去看一场他心仪已久的比赛。相信这会让孩子更期待生日的到来,并对每一个生日都有所回忆。

随着经济的发展,人们的生活水平不断提高,如此足以在时尚运动方面付出一定的资金,以换来更好的运动体验和服务。而能将体育消费作为生日馈赠的礼物,就在于它对身体健康的重要作用，以及人们理念中存在的健康意识，健康是最重要的生活要素，它是一切快乐、充实、享受的基础。在这种理念的支配下，绿色体育消费即时尚运动已悄悄进入现代生活的家庭，并夺得时尚生日礼物的桂冠。

二、余暇时间的增多为人们参与时尚运动提供可能

生产力的提升使劳动力获得了巨大的解放，人们不用再像过去那样消耗大量的时间在工作上，如此就获得了更多的余暇时间。余暇时间的增多无疑为时尚休闲运动的开展提供了必备的条件，当然除了充沛的余暇时间外，另一个必备条件就是足够的金钱。

时至今日，大工业生产成为主要生产力后，世界每天都发生着巨大变革，从而产生了许多有利于社会余暇活动广泛开展的条件，也就为人们进行时尚健身、娱乐休闲活动提供了可能。具体将这些归纳起来有以下几个方面：

(1)劳动时间缩短。如此使得人们有了更多可支配时间用于参加他们喜欢的活动。

(2)收入逐渐增加。如此使得过去只有那些富人才能消费得起的时尚运动也能够被更多的大众消费。

(3)社会财富充实。如此使得开发时尚运动市场的机构越来越多，进而为人们提供更多的时尚运动的场地、器材或服务。

(4)需求和价值观多样化发展。这使得余暇活动的内容和方式丰富多彩。

当前，随着国民经济、生活水平的日渐提高和大众健身意识的提升，人们正以前所未有的热情踊跃投身健身休闲娱乐的实践中，而且这一势头还会继续下去。

三、休闲娱乐更加追求时尚运动

人们在业余生活中有了更多的娱乐项目选择，这些项目无不

让人感觉到放松和快乐。体育运动作为一种锻炼身心的有益活动,通过对竞技性的弱化及对游戏性的提升,使得其也具备更多的欢乐性,成为人们非常喜爱的“轻松体育”。其中很多项目较为新潮,吸引力极强,具备十足的时尚感,为此也可以称其为轻体育。这种时尚体育形式的兴起和快速传播标志着休闲娱乐体育在关注自身发展的同时还在适应广泛人群的体育娱乐需求,将体育原本看重的身体潜能的拓展转变为对精神调节与心理调适的关注,再加上其与诸多现代社会时尚元素相结合,使时尚体育运动朝着更时尚、更科学化的方向发展。

虽然时尚体育运动带有十足的时尚性元素,但其仍旧作为体育运动项目的一类,同时还具有健身、休闲属性,三者是一种紧密相连的关系。这里以活动过程为依据对时尚体育运动的本质特征进行审视,发现如下几个特点:

(1)项目的选择较多,可以满足不同类型人群的需求。

(2)时尚运动普遍带有业余性、主体性与个性化的特点。它的业余性在于时尚运动中的项目不带有非常强烈的竞技成分,对参与其中的锻炼者也没有特别高的运动技能上的门槛和要求,即只要是有兴趣参与的,并且可以支付适当费用的人都可以参与。主体性则表现在参与其中的人们都是凭借自身对时尚运动的热情而来的,并不存在为了生活或是被别人逼迫下参与的情况,强调自由自在,注重活动的自由性与乐趣,重在参与,重在过程。个性化特点主要是表现出时尚运动的种类多样,但人们对其进行的选择都会以个人的兴趣点而来的,其基本依据还是个人喜好以及时尚风格。

(3)追求身心的舒畅状态。现代人在高压力、快节奏的生活状态下普遍感到身心疲惫,如果这种疲惫不及时调整和恢复就会造成进一步积累,最终可能酿成更大的健康问题。而对于疲劳的恢复来说,仅靠睡觉这种静态休息显然不能完全消除疲劳感,还需要依靠时尚运动这种积极性休息的辅助。通过参与时尚运动,使得人们可以迅速转移思维。总之,时尚运动是个人的一种成长，一种发展，一种对人生的乐观态度和一种充满活力的人生境界，是人进化的客观需要。人们参与其中都是想追求一种身心的舒畅状态，是“人进入自我实现状态时所感受到的一种极度兴奋的喜悦心情”。如果时尚运动不具备这种特点的话，那么它的自身价值也会大大降低。

(4)体现解放与自由。在体育运动存在与发展的众多意义中，最核心的要数对人的全面、自由、和谐发展。体育是一种体现人的本质意义与价值的生命活动及社会实践，进而就应该展现出对人的自由与解放的一面。人在参与时尚运动时所感受到体验与自由，不单单是思想层面的，也是身体力行层面的，不单单是从各种繁冗的限制中解脱的自由，更是一种能够由人自主决定和控制的自由。时尚运动的自由是可以让每个参与其中的人感受到的，并且人们也愿意将这种感觉延续，进而成为他们生活中必要的一部分。

(5)自我回归的状态。不能把时尚健身休闲娱乐仅仅视为人“享受”的一种结果，运动是每个人存在的一种状态与境界，一个物质世界、一个精神世界和由这两者构成的人自身进化的环境，三者构成了复杂的系统，人的一切实践活动都在这三个领域中进行。这样看来，人的生活就是创造“物质世界、精神世界和自身进化的环境”。所以，体验时尚运动的自我回归具有生物学、人类学、美学的意义，同时也是精神世界的充实。如此从本质上来看，时尚运动是一种超越，更是一种人的自我回归。

(6)时尚运动条件已成熟。时尚运动的组织与开展往往需要一定的条件，其中有些项目对条件与环境的要求还较为严苛，以至于不是每一个人都能参与任何他们想要参与的项目。但随着现代社会经济发展程度不断提升，人们的物质生活水平有了突飞猛进的发展，过去那些看似遥不可及的贵族运动也来到了寻常百姓身边，人们参与时尚运动越来越方便、成本更低、环境更好，各种业余体育爱好者协会、俱乐部以及服务组织越来越多，以致时尚健身休闲的队伍也越来越强大。

第四节　机体协调与时尚运动的关系

一、时尚运动中保持机体协调能力的合理营养

机体合理营养是生活方式的重要一环。它是指人体合理的均衡营养。合理营养的原则是:适当的碳水化合物,中等量的蛋白质,小量的脂肪,加上大量的蔬菜和水果。在营养方面,应注意多吃鸡、鱼、豆类动植物蛋白,少吃油炸食物和加工食品(如罐头食品),少吃高盐食品,多吃新鲜食品。做到平日饮食既有丰富营养,又有科学合理结构。当然,时尚运动中要注意有针对性地补充营养。如在进行力量性练习时(包活举重、健美等),运动中消耗的主要是蛋白质,而肌纤维增粗、肌肉力量的增加也需要体内蛋白质合成,所以,为了尽快地消除疲劳,提高力量锻炼的效果,在进行练习后应尽快地补充蛋白质;进行耐力性练习时(滑雪、游泳、攀岩等),机体主要靠糖类物质的有氧代谢提供能量,因此运动后应多补充一些含糖高的物质。总之,不管进行什么形式的时尚运动,其运动后都要有针对性地补充营养,使身体越练习越强壮。

二、机体协调的时尚生活方式——时尚运动

时尚休闲运动是现代生活方式中必不可少的组成部分,它是随现代社会快节奏工作方式应运而生的生活方式,但在我国,人们对时尚休闲还不大习惯,对休闲的理解认识也不一致,所以还有个要学会休闲的问题。所谓休闲目的,就是给自己心情“放假”,让自己紧张的精神彻底放松休息,使精神得到保健修养的意思。休闲完全是自我的领地。要学会为自己培养一个休闲兴趣

中心。休闲生活方式总是同大自然融为一体的，投入大自然的怀抱，随心所欲地去做自己愿意做的活动，坦然自若地去享受宁静舒适的田园生活。休闲有两种方式。一是平时休闲。每当晨曦到来时，全家男女老少拥出户门，来到流水清澈的河畔，来到芳草青青的草坪，来到绿树掩映的小路，或者遛狗，或者跑步，或者做保健操，或者河边垂钓，或林荫漫步——可以说是各随所好，各得其所。每到双休日，人们有的携妻带小，有的邀上亲朋好友，有的是情侣相伴，到各种体育场馆，或开展单项体育活动，或享受运动大餐。二是节假日的休闲。由于时间充足，可以全家去亲近大海，亲近原野，肆意享受大自然的恩赐。在海边，可以自由自在地划着小艇与海浪嬉戏。穿着泳衣，在大海中破浪前进。或裸露肌肤躺在沙滩上，尽情享受日光的抚慰，真是神仙般的享受。玩够了，玩累了，就可以躲进舒适的海滨别墅区休息。在原野，则是另外一番情趣，全家到了风景秀丽的原野之后，找个依山傍水的地方，安营扎寨，或爬山，或打猎，或下河捕鱼，或与老农耕作农田，或采野果野菜，或潜心读书，或弹奏乐曲，以求得恬静自安的乡宿之乐。正因为休闲旅游如此具有魅力，它越来越成为现代家庭生活方式不可缺少的组成部分，它们几乎从来没有像现在这样被人们爱不释手，并演绎成一波未平、一波又起的生活时尚。正是这些时尚运动改变了人们的生活方式，使人体机体协调能力得到加强，身心达到最和谐的状态。

三、协调身心并永不“贬值”的投资——时尚运动

在走进市场经济的时代，举目看，侧耳听，在街头巷尾，在健身娱乐场所，在走亲访友的聚会中无不谈到如何投资，如何消费的问题。投资效果和消费效果是大家所关注的焦点。消费效果最佳，最有绿色性、持续性的消费，是绿色的体育健身消费，即如今的时尚运动的消费，这种投资即健康投资，是永不“贬值”的投资。

绿色消费，花钱买健康，已成为世界消费的新时尚，是21世纪人们消费的新观念、新理念。大众健身休闲在世界各地已普遍成为被重视的绿色消费，在经济投入方面，常常是政府和民间双管齐下，以民间投资为主，把大众健身的多种娱乐性、休闲性的场所，办成了绿色体育消费时尚产业。如日本以政府性的“日本健康促进体质基金会”与日本体育协会为主组织的“体育日”活动；韩国组织居民积极参加亲近大自然的“汉江水体育家庭会”；新加坡本着大众“自立自助”投入方针，开展大众化、低投入的多种有氧健身运动，再加上居民“定期身体素质测试”，既经济又易行，很受居民欢迎；澳大利亚在民间开展“来试试”体育活动，为具有不同运动能力的居民提供健身的活动场所；加拿大居民健身的口号是：“健身即生活”；我国改革开放以来，也逐渐踏进了时尚运动的消费时代，大众健身的绿色体育消费，近几年来也成为新兴的大众消费的项目之一。现时的北京、上海、天津、广州、重庆体育娱乐场所越来越多，并向公众开放。年轻人三五成群进入体育场所娱乐健身。有的父母也经常陪着孩子参加各种体育培训班。体育消费已经名副其实地成为中国都市消费的新时尚。现在人们已经愿意拿出一部分用于生活消费的钱投入时尚运动的消费。不同层次的人，都会为自己定位，寻找适合自己的健身项目。有高档体育设施的体育场所、娱乐场所，已不再是高消费人群健身的“专利”，普通百姓、工薪阶层也可以走进去潇洒一回。如保龄球不再是贵族运动，20多元钱一局，工薪阶层和一般市民完全承受得了。尤其是进入21世纪以来，时尚运动消费更是春意盎然，呈现出勃勃生机，一个以家庭为单位的大众健身热潮正在我国勃然兴起。另外，家庭健身房正在兴起，一些多功能跑步机、组合健身器械进入家庭。“花钱买健康，花钱买高兴”已是人们最明智的投资选择。

第四章 时尚运动的保障体系

时尚运动会使参与者消耗一定的体能，并且产生疲劳感。此外，时尚运动的竞技性尽管被弱化了，但它本身所具有的竞技性依旧存在，如此就可能仍然出现一些运动性伤病的情况。为此，本章重点对时尚运动的营养补充、疲劳恢复以及运动伤病的处理等问题进行研究，以期构建一个完善的运动保障体系，为健身者从运动中获得满意的身心体验保驾护航。

第一节 时尚运动的营养补充

一、时尚运动的营养消耗

时尚运动带有非常显著的娱乐性和趣味性特点。鉴于这些有别于竞技体育高强度、高对抗的特点，使得时尚运动更加适合更多的群体参与其中。尽管它对参与者的体能消耗较少，但仍旧具有一定的运动负荷，从而使人机体内的营养得到消耗。

(一)糖的消耗

糖类是供应人体运动的重要能量来源。糖需要被人体良好地利用才能充当好能量供应的角色。一个理想的身体对糖的利用在于可以快速动员糖的分解，以供给运动所需的耐久力，从而满足运动负荷的需求。

在包括时尚运动在内的诸多运动中，糖类作为主要的供能物质，有着易消化、耗氧少的特点，其代谢产物为水和二氧化碳，该产物在运动时就会被排出体外。糖在消耗后需要及时补充，如果补充不及时就会造成供需短缺，在这种情况下继续运动则会开始消耗体内存贮的糖原，从而造成糖原枯竭，严重的糖原枯竭会给人体带来不小的危害。

(二)脂肪的消耗

脂肪是人体的一类供能物质。当人体处在运动之中时，机体在必要时段也会调动脂肪获取能量，特别是在寒冷条件下，体内的脂肪消耗得更多。

(三)水的消耗

人体在运动中的代谢量猛增，特别是对水的消耗极大。与此同时，由于人体在运动中会产生大量的热，这些热需要通过汗液的形式排出体外，由此也加剧了人体内水的消耗。许多体育运动对体能的消耗都是不小的，进而也消耗了大量的水，因此及时补充水分也是维持身体运动稳态的关键。

(四)无机盐的消耗

人体内的无机盐成分在运动中的消耗量加大，具体表现为尿液中的钾、磷和氯化钠的排出量减少，钙的排出量增加等。当然，如果运动者长期参加某项运动，有稳定的运动时间和负荷，体内的无机盐消耗量会趋于稳定，变动幅度也会降低。

(五)蛋白质的消耗

人体在运动状态下会加大对体内蛋白质的消耗。这是因为运动使人体内酶的活性不断提高，对于激素的调节也更加活跃。鉴于蛋白质对提高机体代谢率有着特殊作用，因此，运动后也要对蛋白质予以适当补充，但应注意不要过量。

（六）维生素的消耗

人体的运动会加速新陈代谢，这一过程也需要大量维生素的参与。人体对维生素的需求量与运动量、身体状态和营养水平都有密切联系。一般性的运动不会对维生素的消耗产生太大的幅度变化，但如果是剧烈的运动则会使维生素快速消耗，再加上运动者对维生素缺乏的耐受力比正常人差，所以及时补充维生素对于经常参加运动锻炼的人也是不容忽视的。

二、时尚运动的营养补充

为了满足人体对参加时尚运动的能量需要，对营养的补充就显得尤为必要。营养补充需要在运动前和运动后进行，运动过程中可以补充一些水分。另外，不同的营养物质有不同的补充方法与要求，如在补充水分时应少量多次，忌单次多量；运动前的营养补充一定要提前进行等。

（一）常见营养物质的补充

1. 蛋白质的补充

（1）蛋白质的补充量

当食糖摄入充足时，参加时尚运动者每日蛋白质需要量是1.0～1.8克/千克体重。长期参加时尚运动者，需选择优质蛋白的食物以满足需要，蛋白质食物提供的热量可占总摄能量的20%左右。

（2）蛋白质补充过量的副作用

人体每日摄入的蛋白质要在一个合理的范围内，过量的摄入蛋白质并不会给身体带来更多的好处，相反，过多的蛋白质摄入还会给身体带来副作用。研究分析表明，如果一个人每日摄入的蛋白质高于2.0克/千克体重，则会对身体带来副作用。这些副作用的表现如下。

①肾脏负荷加重,易诱发肾脏疾病。

②肝脏内线粒体可能会发生形态学变化,易诱发肝脏疾病。

③伴随蛋白质摄入体内的还会有大量的脂肪,同时还会增加体液排出量。

④尿钙排出量增加,这对于已经闭经的女性来说危害更大。

⑤如果补充蛋白质是以单一氨基酸形式的话,可能会导致蛋白质代谢失调。

一般计算蛋白质的含量时,还要考虑蛋白质必需的氨基酸与氨基酸总量的比值问题。常见食品的蛋白质含量如表 4-1 所示。[①]

表 4-1 常见食品的蛋白质含量(%)

食品名称	蛋白质含量	食品名称	蛋白质含量
猪肉	13.3～18.5	面粉	11.0
牛肉	15.8～21.7	大豆	39.2
羊肉	14.3～18.7	花生	25.8
鸡肉	21.5	白萝卜	0.6
鲤鱼	18.1	大白菜	1.1
鸡蛋	13.4	菠菜	1.8
牛奶	3.3	油菜	1.4
稻米	8.5	黄瓜	0.8
小麦	12.4	桔子	0.9
玉米	8.6	苹果	0.12
高粱	9.5	红薯	1.3

① 赵东升,杨小东,张少生,杨小林. 大学体育[M]. 北京:北京体育大学出版社,2005.

2. 糖类的补充

(1)运动前补糖

运动前补糖有运动前几天内的补糖以及运动前几小时内的补糖。

运动前几天内的补糖要求在几天内的饮食中安排更多含糖量较多的食物。运动前几小时内的补糖则是在运动前的1～4小时内快速补糖1～5克/千克体重。如果运动前的一小时内的话，则不建议再大量补糖，因为这会增加血中胰岛素的含量。

(2)运动中补糖

运动者在参加运动的过程中，如果有机会的话可以每隔20分钟左右补糖一次，方式主要为饮用含糖分的饮料或容易吸收的含糖食物。此时的补糖量要控制在20～60克/小时或1克/分钟。

(3)运动后补糖

当运动延续时间较长且强度较大时，在运动后要及时补糖，这对人体疲劳的恢复也大有好处。补糖的最佳时间应在运动后6小时内，这时肌肉中的糖原合成酶活性最高，对促进糖原的合成最为有利。最合理的补糖方式为运动后立即补糖，运动后2小时左右再补糖，此后每隔1～2小时进行一次补糖。最终的补糖总量应为0.75～1.0克/千克体重。

3. 维生素的补充

(1)补充维生素的必要性

①具有一定强度的运动会消耗水溶性维生素，这些维生素以排汗、排尿等形式排出体外，其中主要被排出的是维生素C。

②具有一定强度的运动会加速物质能量代谢的过程，但这也是更新各个组织的过程。为了支持机体组织更新，就需要更多维生素的参与并消耗。因此，对于这些被消耗掉的维生素也要进行及时补充。

③运动会增加酶和功能蛋白质的数量，同时也会增加线粒体

数量和体积。对这些物质的增加和更新都需要更多的维生素。

(2)与时尚运动关系密切的维生素

①维生素A:维生素A对人的视力功能起到重要作用。具体在于眼视网膜中视紫质形成的原料,同时保护角膜上皮,防止其角质化。补充足够的维生素A可以让人在运动中的视觉更为敏锐。

②维生素B_1:维生素B_1是糖代谢中丙酮酸等氧化脱羧所必需的辅酶的组成成分,它与神经递质乙酰胆碱的合成与分解有着紧密关联。身体内一旦缺少维生素B_1,带来的后果是运动中和运动后的体内丙酮酸及乳酸快速堆积,加速身体的疲劳感。除此之外还会影响心脏和骨骼肌功能。

③维生素B_2:维生素B_2是体内重要的辅酶成分,其对体内构成的多种呼吸酶具有影响,同时它还在体内的氧化还原反应和细胞呼吸中作为介质。人体在运动中如果严重缺少维生素B_2,将会导致肌肉疲乏无力,耐力减弱。

④维生素B_6:维生素B_6是氨基酸脱羧酶的辅酶,它是参与体内蛋白质分解与合成的不可或缺的元素。它对于人体的运动能力的影响也主要体现在力量素质上。

⑤维生素B_{12}:当人体缺乏维生素B_{12}时,体内的血红蛋白浓度下降、细胞的平均容量增加,这是诱发巨幼红细胞贫血的主要原因。此外,缺乏维生素B_{12}还会降低氧运输能力,更严重的会造成神经系统损伤。

⑥维生素C:维生素C对于人体的作用是众所周知的,它是主要参与氨基酸和蛋白质代谢的维生素类型。运动会加速维生素C的代谢,长时间运动后维生素C的含量会出现下降。一旦身体缺乏维生素C,会导致白细胞的吞噬功能下降,身体抵抗力降低。

⑦维生素E:维生素E具有显著的抗氧化功能,并且还有助于促进蛋白质的合成和防止肌肉萎缩。可见身体内储存充足的维生素E对人体运动的整体能力都有所帮助。

⑧维生素 PP:维生素 PP 是构成脱氢酶的辅酶的成分,在机体内的有氧和无氧代谢以及脂肪和蛋白质代谢中起重要作用。足够的维生素 PP 对人体在无氧运动和有氧运动中的表现都有促进作用。

4. 无机盐的补充

(1)钾(K^{+})

钾在人体中更多存在于细胞内液中,只有数量极为微少的钾游离于细胞外液中。数据显示,一个成年人体内的钾的总量约为 117 克。如果体内钾含量降低,就会导致脑垂体分泌的生长素减少,直接导致肌肉生长减慢。

(2)铁(Fe^{2+},Fe^{3+})

在运动中人体对铁的需求量大幅增加,如果人体内缺铁,不仅不能满足运动所需,而且还会导致铁营养不良。为此,在日常膳食中就要关注铁的摄入。

(3)锌(Zn^{2+})

锌是多种酶的激活剂,它对于运动者在运动中的机体功能调节起到重要作用。

(4)铜(Cu^{2+})

铜是多种金属酶的辅助因子,在人体内的很多代谢中都有其的参与。经常运动的运动者如果没有足够的铜的储备,则运动的中后期会出现细胞性低血色素贫血的情况。

(5)硒(Se)

硒具有消除过氧化物、增强维生素 E 的抗氧化能力等功能,因此如果运动者参加运动的话,对硒元素的补充应该是平时的 4 倍,即大约 200 微克。

5. 水的补充

(1)补水的原则

①预防性原则:如在运动中出现间隙时间就应适当补液,不

应只是感到口渴后才补液。

②少量多次原则：补液应本着少量多次的原则进行，以避免一次性大量补液后对肠胃器官和心血管系统带来的突增负担。

③补大于失原则：只有将补液的总量超过丢失的总量，才能确保运动中人保持正常的运动能力和快速地恢复体力。

(2)补水的措施

①运动前补液：运动前可补充一些电解质和糖的饮料，少量多次补充。

②运动中补液：运动者如果在运动中出现大量出汗的情况，前期补充的水并不能满足运动所需，此时就有必要在运动中继续补液。运动中的补液也要遵循少量多次的原则，可每隔 15～20 分钟，补充含糖和电解质的运动饮料 150～300 毫升，但多次补液后的总量不应超过 800 毫升/小时。

③运动后补液：运动者在运动结束后丢失的体液总量很大，通常会远大于运动后补充的量。为此，在运动后的补液要以摄取含糖和电解质的饮料为宜。

(3)运动饮料的要求

①饮料中的糖含量：运动饮料中的糖含量应保持在 4%～8% 这个范围之间。过高或过低的含糖量都不利于运动。在众多糖类中，低聚糖的吸收速度比单糖和双糖要慢，但有利于在耐力性运动中增加糖的供应时间。

②饮料中的钠盐含量：人体在运动中会丢失大量的钠盐，通过运动饮料补充钠盐是非常理想的，但应注意其含量应在 20～60 毫摩尔/升这个范围内。

③饮料的渗透压：运动者在运动中的大量排汗会导致血浆中水分丢失相对电解质更多。鉴于这种情况，所补充的饮料应是低渗性的或等渗性的。具体渗透压范围应维持在 250～370 毫渗透压之间。

④饮料的温度：高温环境下运动饮料的温度应低于环境温度 5℃～13℃，避免饮用过凉的饮料。此外，运动饮料在口感上应有

利于摄入。

(二)开展运动的最佳进食时间

鉴于每位运动者的运动时间、运动项目和摄入的食物不同，并不存在一个统一的进食时间。对于即将参加运动的运动者来说，之前所进的食物一方面要满足运动时身体对能量的需求，另一方面还不能给身体增加负担。为此，下表就总结了运动者的最佳进食时间安排(表 4-2)。

表 4-2　时尚运动者的日常最佳进食时间安排

<table>
<tr><th colspan="2">运动时间</th><th>进食时间</th></tr>
<tr><td rowspan="2">8：00</td><td>运动前一天</td><td>晚餐和宵夜必须富含糖类，喝充足的水</td></tr>
<tr><td>运动当天</td><td>早餐一般要定于在运动前 90～120 分钟吃，量要少</td></tr>
<tr><td rowspan="2">10：00</td><td>运动前一天</td><td>晚餐必须富含糖类，喝充足的水</td></tr>
<tr><td>运动当天</td><td>7：00 左右吃丰盛而高糖类的早餐，避免吃油腻的食物</td></tr>
<tr><td rowspan="2">12：00</td><td>运动前一天</td><td>晚餐必须富含糖类，喝充足的水</td></tr>
<tr><td>运动当天</td><td>吃丰盛而高糖类的早餐，若是 8：00 吃早餐，在 11：00 左右可以再吃少量的高糖类点心，如面包、果汁或水果之类。若是 9：00 吃早餐，运动前 10～30 分钟可以再补充一些运动饮料</td></tr>
<tr><td rowspan="2">16：00</td><td>运动前一天</td><td>晚餐必须富含糖类，喝充足的水</td></tr>
<tr><td>运动当天</td><td>8：00 吃丰盛的早餐，12：00 吃高糖类的午餐，15：00 吃少量高糖类的点心，同时在一天中必须摄取充足的水分</td></tr>
<tr><td>20：00</td><td>运动当天</td><td>吃丰盛而富含糖类的早餐和午餐，17：00 吃丰盛而富含糖类的晚餐，或是 18：00 吃少量但必是高糖类的晚餐，避免高脂肪的食物。运动前 20～30 分钟喝 200～300 毫升运动饮料或果汁</td></tr>
</table>

(三)运动营养补充的误区

1. 忽视基础膳食

目前,包括时尚运动者在内的许多运动者对于营养的摄入都过多倾向那些特殊营养,坚信这类营养对体能的恢复和营养的补充有更大的作用,而对基础膳食中包含的营养予以忽视,但实际并不是这样。有研究表明,只有摄入充足的基础膳食营养,此后再进行特殊营养的补充才能发挥其良好供能效果。由此可见,对基础膳食的忽视是完全不可取的。

2. 吃糖容易发胖

糖类的过多摄入的确在某种程度上来说会导致身体发胖,但如果单纯认为身体发胖就是因为糖的摄入导致的,而不敢摄入含糖的食物,那就是一种误区。糖是人体非常重要的营养物质,是人体维持生命和持续运动的能量来源,但对于糖的摄入要科学合理,避免过量。适当的糖的摄入在其被消化吸收后随血液循环被肝脏、肌肉、脑组织等吸收、贮备和利用。当摄入的糖过量时,才会被转化为脂肪储藏在皮下,起到保温和营养储藏的功能。然而过多的脂肪含量会对人体健康带来危害,在外形上也让人发胖,显得臃肿不堪。如果是经常参加运动的运动者,其在运动中会消耗大量的能量,因此在运动的前中后期合理补糖非常必要。

现代人为了保持良好的身材似乎换上了“恐糖症”,一切含糖的食品都成了禁忌,长此以往会患“糖营养不良”症。经常参加运动的人如果缺少糖的补充,还会影响其疲劳恢复效果以及健身运动效果。

3. 有肉才有营养

人们每天需要从食物中摄入的营养类型非常多样,蛋白质就是其中一项,它是维持生命活动重要的营养素。在众多食物中,肉类中富含蛋白质，为此，就出现了一种只有多吃肉才能补充营养的误区。

事实上，在膳食科学研究结果的指导下，经常参加运动的运动者每日蛋白质的供应量应为总热量的12%～15%，约合每千克体重1.2～2.0克。如果以这一数据作为衡量指标的话，现代很多运动者摄入的蛋白质都普遍超标。人体摄入过多的蛋白质并不能进一步提高身体多项机能，反而还会增加体脂含量以及给机体的内脏器官带来更多负担。显然这与健身运动所提倡的健身养生的理念是相悖的。

第二节　时尚运动的疲劳恢复

一、时尚运动参与者运动疲劳的产生

可以导致身体疲劳的原因是很多的。对于运动者来说，运动能力或体能的下降、体内能源物质消耗过多、肌肉活动产生的多余乳酸的堆积、长时间运动过多的排汗使体液丢失过多等，都是导致疲劳的原因。下面就对包括上述原因在内的多种常见的引发疲劳的原因进行分析。

(一)运动能力和身体素质下降

运动者各组织器官的功能状态如何也会决定他的运动能力以及对运动疲劳的耐受度。运动者的身体素质是一种机体各系统、各器官功能在肌肉工作中的综合反映，如果这些功能出现下降，运动能力势必就会受到影响，而这也会带来更快的运动疲劳感。

(二)体内能源减少

经常参加运动锻炼的人其体内能源物质消耗较快，如不能及

时补充丢失的能源物质，就会导致在此后的运动中疲劳积累加快，疲劳恢复速度减慢等情况。以运动者做某项快速运动为例，维持这个快速运动2～3分钟，参与运动的部位感到非常疲劳时，其肌肉内的磷酸肌酸可降至接近最低点。如果是参加时间较长的、消耗较大的运动，则体内糖的消耗量大增，肌糖原及血糖含量均大幅度下降。

还有一点值得注意的是，参与运动的肌肉中的肌糖原的消耗会随运动负荷的增加而增加。在低于最大耗氧量强度运动时，糖原首先在慢肌纤维中消耗，如果运动持续达3小时，那么慢肌纤维中储存的糖原大概率会出现耗竭现象。运动者能源贮备的消耗与减少，直接带来的后果就是身体各组织器官功能的降低。这些再与肌肉活动时的代谢产物相加，运动者的机体的工作能力会大幅下降，疲劳感陡然而生。

（三）代谢产物堆积

运动者在进行体育运动的过程中，随着肌肉做功会产生代谢废物，这些废物中很多不能被立刻“消化”，而是暂时堆积在肌肉中，如乳酸、氢离子、钙离子等。这些堆积的废物过多便会降低肌肉的工作效率，同时产生疲劳感。不仅如此，就乳酸来说，它的堆积还会增加血乳酸的浓度，进而带来以下三种影响。

(1)促使参与运动的局部组织血管扩张，尽管这会使血流速度加快，增加氧运输能力，但同时这些堆积的物质也会降低ATP的再合成速度。

(2)抑制糖原的酵解，使肌肉中水分增加，如此对于堆积的过多乳酸不容易被代谢出去。

(3)乳酸在被解离后，可以产生出氧离子，这个离子会导致肌肉中pH值下降。氧离子可以从肌钙蛋白中置换钙离子，这一生物化学层面的置换反应带来的后果就是阻断肌肉的收缩，以及阻碍肌肉神经对兴奋信息的传递，进而造成肌肉活动能力受限。

ATP再合成速度的减慢、乳酸代谢运出困难、肌肉收缩受到抑制都是导致时尚运动参与者产生疲劳的重要原因。

(四)神经递质失衡

神经递质失衡从而导致运动疲劳的产生主要表现在以下两个方面。

第一个方面,人体脑内的中枢抑制性神经递质5-羟色胺(5-HT)与脑内的中枢兴奋性神经递质多巴胺的浓度在脑内保持平衡,来共同维持机体的协调运动。当运动者长时间参加运动,就有可能导致脑内5-HT的合成增加,引起疲劳的产生。

第二个方面,人体脑内氨的含量增加与疲劳的发生也有一定的联系。人在运动中中枢神经递质的脱氨作用可引起脑氨的增加,致使许多生化酶的活性下降,这会降低ATP的再合成效率,最终表现即为引发疲劳。

(五)体内环境失调

科学研究表明,当身体内部环境处于稳态时,各组织器官功能才能以最佳的状态做功。一般来说,决定人体内部环境是否处于稳态之中的系统包括呼吸系统、神经系统、内分泌系统、血液循环系统以及泌尿系统等。如果运动者参加长时间或大负荷的运动,会打破体内的相对稳态,带来的后果为血压改变、血液的pH值下降、渗透改变等症状,这些都是诱发疲劳。因此,运动者的运动疲劳产生也与体内环境失调有关。

(六)精神意志抑制

运动者在运动中几乎都能感觉到当身体出现疲劳时,往往连带的还有精神疲劳的出现。精神上出现的疲劳是主观呈现出来的,它有时甚至先于身体疲劳而出现。精神疲劳会影响身体功能的状态,这与人的神经系统控制人体运动有莫大关系,神经系统功能的降低以及神经细胞抑制过程的加强都会使主观上的疲劳感加深,这就是让人精神上感到了疲劳。精神上的疲劳会降低意志力，进而慢慢带动身体也认可了这种疲劳，最终这种疲劳也在身体上显现。而实际上，当出现精神疲劳时，身体中的能源物质还远没有达到耗尽的地步。

在进行现代体育休闲健身养生运动时，运动者应该全身心投入，保持积极高涨的运动情绪，充分发挥机体的潜力，有针对性地采取相应措施，延缓疲劳的出现。

二、时尚运动参与者疲劳程度的评定

（一）疲劳程度的状态评定

1. 早期疲劳

疲劳产生的早期，运动者通常表现出不愿意参加训练、睡眠不好、食欲减退、头昏无力、运动能力下降、全身懒怠等体征。少数人还有心情烦躁、容易激动等不良心理现象。

对于早期的疲劳征象，只要及时觉察并同时调整练习（及时调整运动计划、减少运动负荷、变换运动内容及方式），几天就可恢复。如果早期征象未被发现或没有及时采用措施和有效的处理，疲劳就会进一步发展，出现过度疲劳。

2. 过度疲劳

当运动者已经明显感到疲劳时，往往身体的表象为失眠、头痛、出虚汗、体重持续下降、运动能力减弱以及再运动时的易疲劳等。对于系统功能来说还可能出现各器官系统机能的失调现象。运动者感觉到的疲劳症状体现在许多生理生化方面，不仅如此，主观感觉上也会觉察到疲劳。表 4-3 就汇总了疲劳程度的指标与相应体征。

表 4-3　疲劳程度的指标与体征

指标	不同疲劳程度下的体征		
	轻度疲劳	中度疲劳	重度疲劳
自我感觉	无任何不适	疲乏，腿软，心悸	除中度疲劳的症状外，还伴有头痛、胸痛、恶心（甚至呕吐）等征象，且持续时间较长
排汗量	不多	非常多，特别是肩带部位	非常多，整个躯干部衣服上可有盐迹
面色	稍红	相当红	非常红或苍白，有时呈紫蓝色
呼吸	中等程度加快	显著加快	显著快而表浅，有时呼吸节律紊乱
动作	步态轻稳	步伐摇摆不稳	出现不协调动作
注意力	比较好，能正确执行口令	执行口令不正确，改变方向时发生错误	执行口令缓慢，只有大声口令才能接受

（二）疲劳程度的阶段评定

1. 代偿性疲劳

代偿性疲劳在疲劳的几个阶段中位于第一阶段。运动者在这一阶段中所维持的运动表现非常依赖中枢神经系统的兴奋性和机体其他器官系统的紧张性，而要想做到这点还不能缺少顽强意志品质的促进作用。

在时尚运动中，以慢跑为例，运动者出现代偿性疲劳的主要表现为跑到一定时间或距离后渐渐感觉体力不支、呼吸急促、协调性下降。继续运动下去这种感觉会不断加重，甚至几近放弃运动，此时就将进入疲劳的非代偿性阶段，也就是疲劳的第二阶段。

2. 非代偿性疲劳

非代偿性疲劳，主要表现为身体运动能力显著下降，跑动速度减慢、运动技术动作变形、无谓失误增加等。

(三)疲劳程度的生理指标评定

为了能够判断运动者的疲劳程度,可以采用一些生理性指标测定来作为手段。通常情况下,这些可用于判断疲劳程度的指标有晨脉、血压、血尿素等。此外,下列几种方法也能够用来判断运动者的疲劳程度。

1. 身体形态的变化

(1)体重:运动者在运动当中必然会出汗,所以对排汗量进行测量可以作为判断运动者疲劳程度的因素。当运动者排汗量超出正常标准后,体重的下降也会超出标准,由此基本可以判断运动者处于何种程度的疲劳。

(2)下肢围:经常参加运动的运动者可通过其下肢围来判断疲劳的程度。所谓的下肢围就是腿的围度,长时间运动的运动者腿围会有一定程度的增加,这是由于下肢血液滞留及组织液增加导致的,如果隔天能够恢复到正常围度则可判断为正常的肌肉疲劳。

2. 肌肉力量的变化

对于肌肉疲劳的最常用测评指标就是肌肉力量。当运动者处于疲劳之中时,肌肉力量一定会低于正常标准,疲劳的程度越深,肌肉力量下降越明显。臂力、握力、弹跳力都是可以使用的指标,在运动当天的早晚各测一次得出差值,隔日如能恢复到运动前所测的值,则可判断为正常的肌肉疲劳。不过,对这项指标的测量要考虑到运动者所参加的项目和本人的运动水平,所以应本着区别对待的原则进行。

三、时尚运动参与者运动疲劳的恢复

运动者在参加时尚运动时,要处理好疲劳与恢复的关系问题。这是一个不容忽视的问题，只有在运动疲劳后获得很好的恢复，才能重新以饱满的体能和精神参与到运动之中。如果忽视恢复，任由疲劳不断累积，则继续参加运动不仅会让人感到疲惫，还会增加发生运动性伤病的风险。由此可见，在参与运动的同时，掌握一些正确恢复疲劳的方法对于运动者的运动目标达成也是很有帮助的。下面就简要阐述一些常用的疲劳缓解方式。

（一）增加睡眠

睡眠是人最基本、最常见的缓解疲劳的方式。特别是经历了较大运动负荷的运动者，更应该通过充足的睡眠实现疲劳恢复的效果。对于成年人来说，每天的睡眠应有7～9小时，儿童及青少年要更多一些，应有8～10小时。

睡眠要有适当的环境，如安静、幽暗、安全等，这是将人带入深度睡眠的环境保障。

（二）积极休息

积极性休息是一种运动者在经常参与的运动项目之外的时间进行的以其他项目作为形式的放松性活动。采用积极性休息所获得放松状态的主要是人的大脑思维，即通过参加其他的运动来转换一下一贯的大脑思维，以获得精神和思维上的彻底放松。但采用积极性休息时需要注意的是，所参加的运动活动量不应太大，否则容易将运动者从一种疲劳中转移到另一种疲劳中，休息效果会大打折扣。

（三）补充营养

人体在运动中所消耗的能量很多，从平衡的角度上说，将消耗的能量补充回来才能修复失常的体内机构，同时有利于疲劳的消除。

对于运动者的营养补充来说，最需要的有糖、维生素、蛋白质和矿物质等。对这些营养的补充要搭配合理，避免过多注重对某一种或几种营养的补充。

(四)理疗恢复

实践证明,许多物理性疗法对于运动疲劳的恢复有着非常理想的效果。这些物理疗法包括水疗、光疗、电疗等,其主要是加速疲劳肌肉的代谢过程,促进疲劳消除。此外,沐浴、局部负压、针灸等方法也对肌肉疲劳的恢复大有帮助。

(五)音乐疗法

音乐对疲劳的消除有着巨大作用,这是普遍受到人们认可的。轻松舒缓的旋律可以大大缓解中枢神经系统的紧张与疲劳,有助于促进人的呼吸、循环等系统的调节,并且还能起到镇静、镇痛、提升注意力等作用。

(六)心理调节

心理调节的核心在于维持运动疲劳者的舒畅心理状态和稳定的情绪。通过心理学的研究可知,快乐、放松和相对平静的心绪有利于疲劳的恢复。冥想、催眠、潜意识引领等都能起到调节心理、放松精神的作用。

第三节　时尚运动的伤病处理

一、时尚运动的损伤

个体在参与时尚运动过程中,如果方法不当,很容易产生一系列的运动损伤,而这些运动损伤会在一定程度上影响人们的生活、学习和工作。因此,了解和掌握运动损伤的基本知识,对及时处理运动损伤是非常重要的。

(一)运动损伤的概念

运动损伤,是指运动者在运动过程中受到的由运动行为所产生的各种损伤。人们在日常生活中会由于各种原因遇到损伤的情况，运动损伤是损伤中的一种，它的发生有一个基本前提，就是要在运动过程中发生，且与运动项目、运动环境、运动者的身体素质等有着极为密切的关系。

（二）运动损伤的分类

运动损伤的情况众多，为了便于研究，进行合理的分类显得很有必要。具体的分类方法可见表 4-4。

表 4-4　运动损伤的分类

<table>
<tr><th>分类标准</th><th colspan="2">常见损伤</th></tr>
<tr><td>按损伤组织的种类划分</td><td colspan="2">肌肉肌腱损伤、滑囊损伤、关节囊和韧带损伤、骨折、关节脱位、内脏损伤、脑震荡、神经损伤等</td></tr>
<tr><td rowspan="2">按损伤组织创口界面划分</td><td>开放性损伤</td><td>指损伤组织有裂口与外界空气相通，如擦伤、刺伤、切伤等</td></tr>
<tr><td>闭合性损伤</td><td>指损伤的组织无裂口与外界空气相通，如挫伤、肌肉韧带损伤与闭合性骨折等</td></tr>
<tr><td rowspan="3">按运动能力丧失的程度划分</td><td>轻伤</td><td>发生运动损伤后仍能够进行运动的损伤</td></tr>
<tr><td>中伤</td><td>运动损伤后不能进行运动，需要减少或停止患部活动的损伤</td></tr>
<tr><td>重伤</td><td>动损伤后完全不能进行运动的损伤</td></tr>
<tr><td rowspan="2">按损伤病程划分</td><td>急性损伤</td><td>多发生在一些球类运动中，是由于人体在一瞬间遭受直接暴力或间接暴力而发生的损伤</td></tr>
<tr><td>慢性损伤</td><td>又可以分为劳损和陈旧性损伤。劳损是因人体局部负荷过重或多次微细损伤积累而成，陈旧性损伤常因急性损伤处理不当转变而成</td></tr>
</table>

（三）运动损伤产生的一般原因

参加体育运动健身的运动者难免会有受到运动损伤的风险，即便是竞技性和运动负荷并不大的时尚运动也不能完全避免运动损伤的发生。不过，为了尽可能的避免，这里就探讨一下引发运动损伤的原因。

(1)思想上的忽视。运动者出现运动损伤的首要原因就在于思想上对损伤的风险性认识不足,由此就更容易忽视对可能发生风险的问题的关注。

(2)缺乏准备活动。准备活动的最大作用在于它可以调动身体活性,将身体从相对静止的状态激活到适合运动的状态。缺乏必要的准备活动就直接参与到运动之中,很可能给身体带来不适,处于非运动状态下的身体必然机能尚不足以支撑运动所需,因此便增大了运动性损伤的风险。

(3)心理准备不足。不论是什么运动项目,在运动过程中都会有一些在心理准备之外的突发情况,面对这些情况运动者一时难以反应,从而出现运动性损伤。除此之外,心理准备不足还体现在有时运动者缺乏自我保护的意识和能力,这也会导致运动性损伤。

(4)运动负荷不合理。超出运动者所能承受的运动负荷会让他们的机体感到不适,运动能力就会降低,进而易发生运动损伤。

(5)运动环境不利。运动环境有小环境和大环境之分。所谓的运动小环境主要为与运动相关的场地、器材等设施以及场地周边的陈设是否合理等情况,有些场地不符合标准,器材也较为陈旧,这些不安全隐患都会增加运动者运动损伤的风险。大环境则如不利于运动开展的气候条件及其他自然环境等。

(6)运动服饰穿着不当。运动者为了获得更好的运动体验,现如今对参加运动时所穿着的服饰有了更多要求。但如果服装、运动鞋等穿着不舒适,或不符合运动要求,则会增加运动者运动损伤的风险。

(四)时尚运动损伤的预防

(1)遵循科学运动原则。遵循科学的运动原则与要求,运动要始终遵循运动规律,并且要对有关运动损伤的知识和处理方法有所了解。另外,对于自身身体的发展也要有所认识,不能使运动脱离自身发展需要，紧密结合全面运动和针对性运动。要想实现运动的科学性，就要坚持运动的全面性、渐进性和区别性。

(2)做好准备活动和整理活动。参加任何形式的体育运动都要做好准备活动和整理活动，这应该是广大运动参与者的基本常识。准备活动的作用在于将身体调动到适合参加运动的状态下，其时间不应过长，负荷不应过大，但要确保身体感到温热且微微出汗为宜。良好的准备活动是降低运动性损伤的重要环节。运动结束后的整理活动是调整身体的行为，意在通过放松活动等将身体从较为亢奋的运动状态转入到相对平静状态下，以更好地开展其他生活活动，同时这也是运动后身体疲劳恢复的重要手段。

(3)合理安排运动负荷。合理的运动负荷是保证运动者身体可以在运动中始终正常发挥能力的基础。对于运动负荷的把控是体现运动组织者能力的标志，这个负荷的制定要因人而异，不能过大，也不能过小，只有这样才能保证运动效果。

(4)合理选择运动项目。每名运动者都有属于自己的运动属性，人与人之间总是存在不小差异。鉴于这种差异的存在，在选择运动项目时就要视自身情况和兴趣而定。另外，对于运动项目的选择要切合运动者的实际情况和需求，如果是为了增强体质，则可选择那些较全面锻炼身心的运动，如果是为了塑形瘦身，则可选择健美操、体育舞蹈等项目。

(5)创造良好的运动环境。体育器具、设备、场地等在运动前都应进行严格的安全检查。女性的项链、耳环等锐利物品在运动时应暂时摘去。

(6)加强医务监督。加强医务监督工作除了建立和健全监督制度，严格实施场地、设备卫生监督，定期进行卫生安全检查外，还有运动者自我监督的内容，如穿着舒适、适当的运动服饰，提高自身的保护意识与能力，掌握必要的急救方法以及对自身身体状况的变化有所了解等。

(五)时尚运动常见运动损伤的处理

1. 擦伤

擦伤是皮肤受到严重外力摩擦所致的皮肤出血或组织渗液的损伤。对于擦伤的处理要依据擦伤面积而定。

处理方法:

(1)小面积擦伤的处理:如果擦伤只触及表皮,则用碘酒或碘伏局部涂擦即可。关节附近位置的擦伤由于经常活动,应先在局部消毒,然后涂消炎软膏。

(2)较大面积擦伤的处理:大面积擦伤应先用生理盐水或0.05%的新洁尔灭溶液清洗,然后盖消毒凡士林纱布和敷料,视情况予以包扎。

2. 拉伤

拉伤是由外力所致肌肉过度主动收缩或被动拉长而导致的运动损伤。一般在运动过程中,准备活动没有做充分、技术动作失误等都可能造成拉伤。拉伤最常出现的部位为手臂和腿。当出现拉伤后,伤处会有肿胀、压痛和肌肉痉挛等症状。如果是较为严重的拉伤必须接受进一步治疗。对于拉伤的处理要依据拉伤的轻重而定。

处理方法:

(1)轻度拉伤的处理:应首先采取冷敷,然后局部包扎。拉伤24小时后可采取按摩或理疗等疗法治疗。

(2)重度拉伤的处理:首先采取急救措施,然后送医院接受进一步治疗。

3. 挫伤

挫伤是在钝器直接作用下使人体皮肤或皮下组织损伤。挫伤更多出现在四肢部位,严重的挫伤还会伴随肢体功能障碍。当挫伤发生后，受伤部位会出现明显的青紫，皮下瘀血肿胀、疼痛等现象。

处理方法：

(1)单纯性挫伤的处理：首先冷敷，然后加压包扎。

(2)挫伤伴有肌肉、肌腱断裂的处理：首先将受伤肢体包扎固定，然后送往医院接受进一步治疗。

(3)头部、躯干挫伤伴有休克的处理：首先采取止血、止痛、保温等抗休克处理，然后送往医院接受进一步治疗。

4. 撕裂伤

撕裂伤主要是发生在皮肤表面，它是皮肤受外力严重摩擦或碰撞所致的损伤。受伤部位表现为皮肤撕裂和出血。对于撕裂伤的处理要依据撕裂伤面积而定。

处理方法：

(1)小面积皮肤撕裂伤的处理：首先进行消毒处理，然后用胶布粘合或者使用创可贴粘合。

(2)大面积皮肤撕裂伤的处理：首先进行止血处理，然后包扎。为避免感染，可视情况采取破伤风抗毒素肌内注射。

5. 胫骨痛

胫骨痛是胫骨部位受到过多运动负荷导致的炎症反应，经常参加健身跑和跳跃较多的运动项目的运动者更可能出现这种运动损伤。

处理方法：

(1)当出现胫骨痛症状后，要适当减少运动负荷，特别注意不要加重下肢负担。

(2)对损伤部位采取局部按摩治疗。如果损伤较为严重，甚至影响到正常生活，则应去医院接受进一步治疗。

6. 关节扭伤

关节扭伤是关节发生异常扭转导致的关节囊、关节周围韧带和关节附近的其他组织结构损伤。导致关节扭伤的常见原因为关节用力过猛、反复劳损等,也有因运动技术掌握不当或失误造成的。在众多关节扭伤中,脚步踝关节的扭伤最为常见。出现扭伤情况的症状为感到伤处疼痛、肿胀,有明显压痛感,皮下还有瘀血。

为了最大限度地避免关节扭伤的情况发生,应在运动前做好充分的准备活动以及合理安排运动负荷。

处理方法:

不同部位的关节扭伤的处理方法不同,为此,下面主要阐述几种常见部位的关节扭伤处理方法。

(1)关节扭伤的急救处理:首先检查韧带情况,判断是否有撕裂的情况,确定关节功能是否存在,然后冷敷和用包扎的方式固定关节,外敷活血止痛的药物。应急处理完成后送往医院接受进一步诊治。

(2)肘关节扭伤的处理:首先检查损伤处韧带和关节情况,然后给局部冷敷,并包扎。待 24 小时后继续进行理疗、按摩、外敷中药。经过处理后一段时间,如损伤部位痛感消失,即可尝试恢复运动,起初恢复运动的运动量不要过大,负荷等秉承循序渐进原则慢慢增加。如果是急性肘关节损伤,应对伤肘进行特殊处理,休息的时间也要更长一些。如果肘关节损伤的同时伴有肌肉韧带断裂或伴有撕脱骨折的情况,处理时应首先对断裂的韧带进行手术缝合。康复期间为了更好地保护伤处,应佩戴护肘、绷带等保护装置。

(3)肩关节扭伤的处理:首先检查损伤处韧带和关节情况,然后给局部冷敷,并包扎。待 24 小时后继续进行理疗、按摩、外敷中药。如果出现韧带断裂的情况,应送往医院对断裂的韧带进行手术缝合。当肩关节肿胀和疼痛减轻后,可适当做一些适应性练习,但不要急于恢复运动。

(4)踝关节扭伤的处理:首先检查损伤处韧带和关节情况。较轻的或少部分断裂的韧带损伤可使用粘带固定,然后用弹力绷带包扎。如果认为有韧带断裂的可能,则应直接用海绵垫做压迫包扎。在包扎时,包扎的方向要与受伤时的位置相反。紧急处理结束后送往医院做进一步治疗。

(5)膝关节扭伤的处理:首先检查损伤处韧带和关节情况。检查方式有膝关节侧向运动试验、抽屉试验、麦氏试验等。这三项检查分别检测膝关节内、外侧副韧带,前、后十字韧带以及内、外侧半月板的受伤情况。如果是膝关节的急性损伤,可用氯乙烷镇痛喷雾剂喷涂伤处,然后用棉垫加弹力绷带压迫包扎,将患肢抬高。24 小时后打开包扎,然后使用按摩、中药外敷等方式继续治疗。如果伴随膝关节扭伤还出现了韧带断裂或半月板严重损伤的情况,则应尽快送往医院接受手术治疗。

7. 关节脱位

关节脱位是运动者在运动中受外力作用后使关节失去正常连接关系的损伤。如果发生关节脱位的情况,会感到疼痛难忍,关节周围出现肿胀,关节功能丧失。

处理方法:

(1)当出现关节脱位且没有判明伤情的情况下,不可随意做复位治疗,这可能会加重伤情。

(2)首先用夹板或三角巾固定伤肢,然后送往医院接受进一步治疗。

8. 肩袖损伤

肩袖损伤是肩袖肌腱或合并肩峰下滑囊的损伤性炎症病变。运动者出现肩袖损伤时再做肩外展动作会感到疼痛,这种痛感有时还会向上臂和颈部呈放射状发散。如果做肩外展或伴内、外旋时,痛感会加重。

处理方法:

(1)一般性肩袖损伤的处理:损伤后立即停止运动,休息一段时间后采用按摩、针灸以及物理治疗等方式治疗。

(2)肩袖损伤并发生肌腱断裂的处理:此种情况需立即送往医院接受手术治疗。

9. 髌骨劳损

髌骨是维护膝关节功能的主要结构。髌骨出现劳损的原因主要为膝关节长期承受运动负担导致的。髌骨劳损的症状为膝关节酸软疼痛,髌骨在受压后有痛感。少数患者因长期膝关节疼痛不敢用力而肌肉萎缩或有少许关节积液。

处理方法:

在平日注意加强膝关节肌群的力量练习。治疗上可采用针灸、按摩和外敷中药的方法。

10. 腰部扭伤

腰部扭伤实际上是腰部软组织的一种损伤。当在有明确外伤史的情况下,出现眼部扭伤后立即就会出现痛感,有些会在伤后一两天内出现痛感。腰部轻度扭伤后疼痛较为明显,甚至脊柱难以伸直。如果是较为严重的腰部扭伤还会因为腰肌痉挛而引起脊柱生理曲线改变。如是筋膜破裂,则多发生在骶棘肌鞘部和髂嵴上、下缘,伤处有明显的压痛点,弯腰和腰扭转时疼痛加剧,而如果是伸展动作则疼痛较轻。如果是小关节交锁,受伤时立刻就会感到剧烈疼痛,不敢做任何活动,特别是腰后伸动作,且不易找到压痛点,但叩击伤处可引起震动性剧烈疼痛。

处理方法:

(1)休息。休息的姿势主要为仰卧,在腰部垫上薄枕以支撑腰部。如果是轻度的腰部扭伤休息 2～3 天即可,如果是较重的扭伤则需休息大约一周的时间。

(2)按摩。主要采用穴位按摩的手法,选择的穴位为人中、肾俞、大肠俞、委中等穴。

(3)其他疗法。采用内服外贴的方法,内服活络止痛药,外贴活络止痛膏。此外,还可以使用针灸和火罐疗法。

11. 骨折

运动性损伤中的骨折，是运动者在运动中受到的直接或间接外力撞击而造成的骨骼损伤。运动中造成的骨折多发生在四肢部位，也有发生在锁骨、肋骨上的骨折。当发生骨折后，伤者会感到剧烈疼痛，骨折处肿胀，相应部位功能部分或完全失去。严重的骨折还伴有出血和神经损伤，更严重和复杂的骨折会带来一系列并发症，甚至会危及生命。

处理方法：

(1)一般性骨折的处理：在没有探明伤情前不要随意移动肢体。在明确骨折情况后首先固定伤肢，确保骨折断端的活动被限制。伤肢固定后要注意保暖，检查是否牢靠。包扎后立刻送往医院，过程中注意观察肢端是否有麻木、疼痛、发冷、苍白或青紫的状态，如果有上述情况则表示包扎过紧，需要放松一些。

(2)开放性骨折的处理：首先止血，然后妥善包扎，送往医院接受进一步治疗。如果骨折处骨骼刺穿皮肤暴露在皮肤外，则不要将骨折断端放回伤口。

(3)骨折伴有休克和大出血的处理：首先止血、止痛，寒冷天气注意保暖。止血多采用止血带法和压迫法。

二、时尚运动的疾病

(一)运动疾病的概念

运动性疾病是在参加体育运动时由于所选运动方式、方法不当或运动过量等导致的身体疾病。

(二)运动疾病产生的一般原因

(1)已有疾病引起。一个缺乏运动的身体其健康状况和体质状况本就堪忧，这类人群往往是生活中的易感人群和易疲劳人群，他们本身就可能患有一些疾病。在开始参加运动的初期，由于身体对运动状态的不适应，再加上原有病症，往往会导致免疫力降低，易患一些运动性疾病。

(2)运动方法不当。运动者在选择运动方式时脱离自身的能力范围，或是运动方法不合理，存在较大误区。这种情况会加大患运动性疾病的几率。

(3)缺乏运动。缺乏运动的人的身体平时较少经历运动负荷，当参加运动并且经历一定运动负荷后表现出较大的不适应，易产生疲劳，身体机能超负荷运转，最终患运动性疾病，严重的甚至会出现猝死情况。

(三)时尚运动疾病的预防

要想有效预防在参加时尚运动过程中的运动性疾病发生，就要科学合理地参加运动，并且要有计划地长期参与运动，这无疑有利于身体素质的促进和巩固。实践证明，经常参加运动锻炼能使人体产生一系列良好的适应性变化，如对人体运动系统、呼吸系统、神经系统、循环系统等都起到功能促进作用，这同时也是对运动性疾病最好的预防措施。具体来说，运动者参加时尚运动对运动性疾病预防的作用如下：

(1)时尚运动对心血管系统有着极强的促进作用。具体来说，运动可以增强心肌力量，提升心脏功能，心肌增厚使每搏输血量增加，调动全身血管参与血液循环，为机体适应运动状态提供必要的氧气供应，增加了运动者的运动能力，而这也是有效预防运动性疾病的良好方法。

(2)时尚运动可以防止高血压病以及脑溢血症，能增加血液中的高密度脂蛋白，从而有效地预防高血脂症。

(3)时尚运动能改善冠状动脉硬化和心肌供血不足的情况，防治动脉硬化；有助于在硬化血管周围开辟侧枝血管循环，增强心脏的代偿功能。

因此，时尚运动本身就能预防运动疾病的发生，因此，运动者可结合自身情况坚持进行休闲体育健身养生锻炼，提高机体各项系统功能和免疫力。

(四)时尚运动常见运动疾病的处理

1. 过度紧张

过度紧张，是指当运动者所接受的运动负荷超过自身承受能力时而产生的病理现象。一般来说，这种情况的发生主要还是由运动水平不高、生理机能状态不佳引起的。另外，一些患有心脏病、高血压和低血糖症的运动者面对紧张的运动氛围时，也可能会出现过度紧张的情况。

(1)过度紧张的症状

①轻度过度紧张的运动者的症状表现为头晕、面色苍白、眼前发黑、全身乏力，有时还会有恶心呕吐、脉搏加速、血压下降等。

②重度过度紧张的运动者的症状表现为呼吸困难、嘴唇青紫、心前区痛等。

(2)过度紧张的处理

①如果过度紧张的程度较轻，可仰卧休息，过一段时间即可恢复。

②如果因过度紧张导致脑缺血的话，可仰卧休息，有条件的可以喝热糖水。

③如果因过度紧张导致呼吸困难的话，应施以人工呼吸，然后送往医院接受进一步治疗。

2. 过度疲劳

过度疲劳，通常是运动者过度参加运动致使体力透支而患上的一种运动性疾病。过度疲劳的本质在于疲劳的不断积累且没有得到良好的恢复，如此情况下，运动者身体的神经系统功能紊乱，破坏了原有的动力定型，这种情况会引发机体各器官、系统的机能失调。

(1)过度疲劳的症状

①神经系统疲劳:过度疲劳发生的初始状态通常表现为神经系统症状,如精神不振、运动积极性降低、缺乏信心、注意力不集中等。此外,还有些运动者的症状表现为难以控制情绪、易怒、反应迟缓,还有的人有耳鸣、头晕、记忆力衰退等症状。

②呼吸系统疲劳:过度疲劳在呼吸系统中的表现为呼吸功能下降,呼吸频率加快、身体耗氧量不断增加,氧债增加,气管支气管脆弱,易患感冒。

③心血管系统疲劳:过度疲劳在心血管系统中的表现为胸闷、气短、心慌、心律不齐、血压增高等。并且,由于过度疲劳导致的心血管系统的症状在短时间内不容易恢复。

④消化系统疲劳:过度疲劳在消化系统中的表现为运动者体重下降明显、食欲不佳、消化不良、腹胀、呕吐等。

(2)过度疲劳的处理

①合理安排运动负荷,根据身体情况调整训练方法和训练量。如果过度疲劳积累到中后期阶段,有必要停止参加运动一段时间,然后视身体疲劳的恢复情况再行决定是否重新恢复运动。

②平时和运动后要注意补充营养,特别要补充足够的新鲜蔬菜和水果,有必要的话还可以适当服用维生素补剂,如维生素 C、维生素 B_1、维生素 B_6、维生素 B_{12} 等。

③合理规划生活作息,保证充足睡眠,注重运动后的恢复,倾向采取积极性休息的方式来恢复疲劳。

3. 肌肉酸痛

运动者在运动中更多的是依靠肌肉做功实现运动动作的,因此,在大量运动后可能会导致肌肉局部细微损伤以及部分肌纤维痉挛,这会导致肌肉出现酸痛症状。然而这种肌肉的酸痛可能不会在运动过程中立刻出现,而是会在运动后几个小时甚至一两天后才出现,正因如此,其也被称为“延迟性疼痛”。

(1)肌肉酸痛的症状

①局部肌肉纤维细微损伤及痉挛。

②整块肌肉有酸痛感。

(2)肌肉酸痛的处理

①局部肌肉酸痛可实施静力牵引,牵引到位后保持 2 分钟,然后休息 1 分钟,再行练习。

②热敷肌肉酸痛部位,以此促进该部位肌肉内的血液循环及代谢,这对于肌肉内损伤组织的修复大有好处。

③按摩局部酸痛处,放松肌肉,促进该部位肌肉内的血液循环,这对于肌肉内损伤组织的修复大有好处。

④补充维生素 C。补充维生素 C 有利于促进结缔组织中的胶元合成,这会帮助受损肌肉组织的修复,同时也能缓解酸痛感。

⑤补充微量元素锌元素,锌元素有利于损伤肌肉的修复。

4. 肌肉痉挛

肌肉痉挛,也经常被称为“抽筋”,它是肌肉发生的不自主的强直性收缩现象。对于大多数运动者来说,最常发生肌肉痉挛的部位为小腿腓肠肌、足底的屈拇肌和屈趾肌。一般出现肌肉痉挛症状的原因为运动过量、气候寒冷、肌肉猛力收缩、肌肉收缩与放松失调以及身体缺钙等。另外,也有些肌肉痉挛的发生与过度紧张有关。

(1)肌肉痉挛的症状

①轻度肌肉痉挛的症状为患者局部肌肉抽动。

②重度肌肉痉挛的症状为患者全身肌肉强直,双眼上翻、神志不清。

(2)肌肉痉挛的处理

肌肉痉挛时应首先牵引患者痉挛的肌肉,待有所缓解后采用按摩手法放松该部位肌肉。如果恢复后再运动不久后又出现痉挛现象,则应停止运动。

5. 低血糖症

当人体处在大负荷运动之中时，身体对糖的消耗就会增加。如果糖的消耗导致体内血糖含量低于标准，则会出现低血糖症。一般来说，正常成年人的早晨空腹血糖浓度在80～120毫克/百毫升之间，当这一数值低于55毫克/百毫升后，就会出现“低血糖症”。如果血糖含量进一步降低，甚至低于10毫克/百毫升后，就会导致人的深度昏迷。

(1)低血糖症的症状

①轻度低血糖症患者的症状为感到疲乏、饥饿、头晕脑胀、面色苍白、出冷汗。

②重度低血糖症患者的症状为神志模糊、呼吸短促、手脚颤抖、语言不清。

③血糖含量大幅低于标准，血压偏高、脉搏快而弱、呼吸短促、瞳孔扩大。

(2)低血糖症的处理

①当出现低血糖症状后应首先平卧休息。

②适当给含糖量较高的饮料，进食食物。

③有条件的可静脉注射50%葡萄糖40～100毫升。

④重度低血糖症状导致昏迷的话，可采取针刺人中、百会、涌泉等穴的方式，在应急处理后及时送往医院进一步治疗。

6. 运动中腹痛

运动中出现腹痛的症状多在中长跑项目中出现。这种症状的发生原因主要有准备活动不充分，运动伊始负荷过大使内脏器官功能没有达到最佳状态而导致脏腑功能失调；运动前摄入过多食物或水；腹部受凉引起的胃肠痉挛；运动强度过大使下腔静脉压力上升引起血液回流受阻等。

(1)运动中腹痛的症状

①发生运动中腹痛前，小负荷运动并没有太大的痛感，但随

着运动负荷的加大，腹痛也开始加剧，直到最后难以忍受。

②运动中腹痛的不同部位通常代表相应位置的脏器本身有病变的可能，如左上腹痛，多为脾瘀血；右上腹痛，多为肝胆疾患、肝脏瘀血；左下腹痛，多因宿便引起；右下腹痛，多为阑尾炎；中上腹痛，多为急性或慢性胃炎；腹中部痛，多为肠痉挛。

(2)运动中腹痛的处理

①首先按压疼痛部位，疼痛或可缓解，甚至消失。

②调整运动强度，放慢呼吸的频度与运动节奏。

③如果腹痛加剧则应停止运动，采用腹部热敷的方式予以缓解。

④经过治疗如果还没有效果，则需送往医院接受治疗。

7. 运动性贫血

贫血是指血液单位容积内血红蛋白量、红细胞数和红细胞压积低于正常的病理状态。运动性贫血是由各种原因引起的，如果运动者的生理负担量过大而参加运动训练就很可能导致贫血发生。正常成人血红蛋白量：男 120～160 克/升，女 110～150 克/升；红细胞数：男 400 万～550 万/立方毫米，女 350 万～500 万/立方毫米。一般来说，女性和儿童的发病率较高，但病情较轻，预后良好。

(1)运动性贫血的症状

①出现运动性贫血时人体的血红蛋白含量明显减少且低于正常标准。正常成年人的标准为，男性不低于 120 克/升，女性不低于 105 克/升。

②当出现运动性贫血时，会出现头晕目眩、胸闷气短、四肢乏力、食欲降低、心率加快等症状。

③伴随运动性贫血症状的还有气促、心悸等症状。

(2)运动性贫血的处理

①当出现运动性贫血的症状时应减少运动量，严重的运动性贫血需要停止运动。

②平时多补充维生素 C 和胃蛋白酶合剂，这些营养成分有助

于促进人体对铁的吸收。

③口服硫酸亚铁片剂。

④全面补充营养,多食含铁的食物。

8. 运动性血尿

运动性血尿,是指直接与运动有关,经详细检查,未发现其他原因的血尿。运动性血尿出现在运动员群体中的情况较多,运动员的血尿约有49.0%属运动性血尿。运动性血尿男性多于女性,发病年龄多在19～25岁。正常人尿液中无红细胞或偶有个别红细胞,如离心沉淀后,尿液在镜检下,每高倍视野有2个以上的红细胞,则称为“血尿”。血尿是一种症状,它主要由泌尿系疾患(如泌尿系感染、肾结石、肾结核)、泌尿系邻近器官疾病(如前列腺炎、急性阑尾炎)、全身性疾病(如血液病、丝虫病)、药物过敏等引起。有些人运动后出现血尿,如果血尿是因器质性疾病所引起,运动只是诱发血尿的因素,这不属于运动性血尿。

(1)运动性血尿的症状

①在运动后出现尿血的症状。

②停止运动后的一段时间,尿血尿症状逐渐减轻直至消失。这一缓解过程通常在3天之内。

③临床医学没有检查出其他与血尿有关的症状。

(2)运动性血尿的处理

①全面检查身体,排除其他原因导致的血尿症状。

②当观察到尿液中出现少量血红且身体没有其他症状时,应减少运动量,然后继续观察情况。

③当出现肉眼可见的血尿时,应停止运动。

9. 运动性哮喘

运动性哮喘,是当运动者在进行负荷较大的运动时出现的大、小气道阻塞以及气管过度反应的疾病。运动性哮喘是众多支气管哮喘中的一种,其经常发生在冬季户外运动之中,且女性的发病率高于男性，儿童群体也有一定的发病几率。

(1)运动性哮喘的症状

①患有运动性哮喘的运动者中大多数症状的出现时间为剧烈运动后1～5分钟以及停止运动后的1～10分钟。少量患者病症出现时间为运动后1小时。

②运动性哮喘的主要症状为胸闷气短、咳嗽、呼吸困难，面色苍白，同时还伴有精神紧张、咽痛等症状，严重的运动性哮喘甚至会危及生命。

③体格检查：两肺可闻干啰音和哮鸣音。

(2)运动性哮喘的处理

①推拿按摩：患者用坐姿，按摩者用拇指指腹按摩双肺俞、膻中穴，每个穴位按摩40～50次，每日1次，持续一周。

②针灸治疗：针灸刺激肺俞、尺泽、足三里、灵台、命门、膻中、气海、丰隆、合谷、风池、风府等穴。针刺后留针30分钟，每日1次，持续一周。

③中医治疗：有寒饮哮喘证者宜温肺散寒，涤痰化饮，可用冷哮丸。肺热哮喘症者宜清泻肺热，平喘止咳，可用泻白散，水煎温服，一日1剂，一日3次。风寒外束，痰热内蕴症者宜宣肺定喘，清热化痰，可用定喘汤，水煎，温服，一日1剂，一日3次；风寒闭肺症者宜散寒宣肺，止咳平喘，可用加味麻黄汤，水煎，温服，一日1剂，一日3次。

④西医治疗：患有运动性哮喘的运动者可在运动前15分钟吸入短效β2受体激动剂。如果患有较为严重的运动性哮喘的运动者可使用支气管舒张剂解除支气管痉挛。

10. 运动性高血压

运动性高血压是由于运动过度导致的一种收缩压高于140毫米汞柱，舒张压高于90毫米汞柱的病症。

(1)运动性高血压的症状

①早期症状：运动性高血压的早期症状通常为头晕、头痛、记

忆力减退、四肢乏力、心悸等。也有一些患有运动性高血压的患者并没有感到任何症状，但却在检查时发现血压异常，如不及时治疗则会导致血压继续逐渐增高且逐渐稳固下来。

②后期症状：运动性高血压的后期症状通常为头晕目眩、肢体麻木，检查可发现动脉粥样硬化，部分患者还会出现可合并冠状动脉粥样硬化性心脏病，从而极容易诱发心绞痛和心肌梗塞等病症，危险性极高。

(2)运动性高血压的处理

①一般处理：安排合理的运动项目和负荷量。对于原发性高血压病患者应选择一些相对舒缓、强度较小的运动项目。

②推拿按摩：患者俯卧，按摩着取风池、风府、头维、印堂、太阳、百会、气海、背俞、涌泉、公孙、攒竹、天枢等穴，用点、压、推、抹、揉等法按摩治疗，每穴 1～2 分钟。

③针灸治疗：取内关、太冲、太溪、足三里、关元、合谷、三阴交、行间、丰隆、中冲等穴，行平补平泻法，一日 1 次，持续一周。

11. 运动性月经失调

因运动而引起的月经失调称为“运动性月经失调”。运动性月经失调是女性运动者参加运动时的一个特殊的医学问题。

(1)运动性月经失调的症状

①运动性痛经：主要表现为参加运动训练至经前，腰酸痛，下腹部坠痛难忍，直至行经结束后才逐渐减轻，经血量少色暗，如不参加训练，则无痛经发生。

②运动性闭经：主要表现为停经、精神过度紧张，月经停止一个月以上者多属下丘脑闭经。

(2)运动性月经失调的处理

①一般处理：行经期减少运动量甚至停止体育锻炼；体育锻炼期间可用氨甲苯酸或酚磺乙胺等止血剂。对难以控制的出血，可服用避孕药。

②推拿按摩：患者坐姿，按摩者取关元、气海、足三里、太冲、

天枢、三阴交、肾俞、太溪等穴，以按、擦以及一指禅推等法揉小腹部。

③针灸治疗：取百会、气海、阳陵泉、膈俞、太冲、足三里、血海、中极、内关、三阴交、肝俞、期门等穴，用捻转补泻法，每次取3～4穴针刺。一日1次，每次留针30分钟，持续一周。

④中医治疗：运动性痛经且肝郁血虚者，宜舒肝理气，养血滋肝，可用宣郁通经汤，水煎，温服，一日1剂，一日3次。连服4剂；运动性痛经且血虚气滞者，宜补血疏肝，通利血脉，可用香附丸。一次9克，一日2～3次，于经前3天，连服3剂；运动性痛经且瘀血积滞者宜活血化瘀，通利血脉，可用失笑散，于经前3天，连服3剂。运动性闭经且气滞血瘀者，宜活血化瘀，理气调经，可用通经汤，水煎，温服，一日1剂，一日3次；运动性闭经且血虚血瘀者，宜滋补阴血，化瘀调经，可用七制香附丸，一次6克，一日3次。

12. 岔气

岔气，是运动者在运动中出现的一种突然性胸壁或上腹近肋骨处疼痛的现象。该病症出现的原因主要为运动前缺乏充分的准备活动以及运动中对于呼吸的调节紊乱。

(1)岔气的症状

①运动者胸壁或上腹近肋骨处有明显疼痛。

②呼吸、咳嗽时出现局部疼痛。

③按压相应部位有明显压痛。

(2)岔气的处理

①深吸气后憋气，握拳由上到下捶击胸腔左、右两侧，或用拍击的方式拍击腋下。

②连续深呼吸，并用手压住疼痛处，如此可有一定的缓解作用。

③用食指和拇指用力捻捏内关和外关穴，同时做深呼吸和左右扭转身躯的动作。

13. 中暑

中暑是热射病、热痉挛和日射病的总称，在高温环境中，长时间运动易发生中暑，中暑一般发生在炎热的夏天，尤其是在温度高、通风不良、头部缺乏保护、烈日的直接照射下多发生。

(1)中暑的症状

①血压下降、烦躁不安。

②头晕脑胀、身体发热、四肢乏力、胸闷气短、恶心呕吐等。

③重度中暑症状为剧烈头痛、昏迷、痉挛、休克等。

(2)中暑的处理

①轻度中暑的处理：将患者移至阴凉通风处，解开衣领，给予清凉饮料、藿香正气丸等解暑药物。

②中度中暑的处理，将患者移至阴凉通风处平卧，解开衣领。给其用凉水擦身降温，有条件的还可在患者腋下、颈部、腹股沟等部位放置冰袋。还可用50%的酒精进行擦浴。

③重度中暑的处理：针刺人中、涌泉等穴，尽快送医院接受进一步治疗。

14. 休克

休克是由于血液的重力关系而引起的一种脑贫血现象。

(1)休克的症状

①早期患者的休克症状有眉头紧锁、呻吟、脉搏加快、呼吸表浅等。

②发作时症状为精神萎靡不振、面色苍白、出冷汗、畏寒、头晕、脉速无力，血压下降、体温下降等。

③严重休克时患者会昏迷。

(2)休克的处理

①将患者平卧，注意保暖。

②给患者喂热开水及饮料，针刺或点按人中、足三里、合谷等穴。

③在紧急处理的同时叫救护车，及时送往医院接受进一步治疗。

15. 昏厥

昏厥，是运动者突然发生的暂时性知觉和行动丧失的疾病。导致昏厥的主要原因是脑供血不足。人们在日常生活中久坐后猛地站立，或睡醒后立刻起身，都可能感到一种昏厥感，这就是脑部忽然缺血导致的。不仅如此，在长时间处于运动状态之中后突然停止运动，也会由于下肢血管失去肌肉收缩的挤压作用以及血液本身的重力关系，大量血液积聚在下肢舒张的血管中，造成回心血量减少，影响到脑部的供血量而发生晕厥。另外，神经欠稳定的人在突然受到惊吓或突遇大喜大悲事件时也会导致出现血管抑制性昏厥。

(1)昏厥的症状

①昏厥前，患者会出现头晕目眩、面色发白、四肢乏力的症状。

②昏厥时的昏倒非常突然。

③昏倒后，面色苍白、出冷汗、脉搏慢且弱、手脚冰凉、血压下降、呼吸缓慢。

④从昏厥中苏醒过来后知觉逐渐恢复，但精神仍旧萎靡，仍存在头晕头痛症状，身体总体感觉虚弱无力。

(2)昏厥的处理

①将患者平卧，头部低于身体，解开衣领，用湿毛巾擦脸。

②从小腿向大腿做重推摩和揉捏按摩。

③如患者出现昏迷，则应用指尖掐点人中穴。

④禁止给饮料或服药。

⑤昏厥中如患者停止呼吸，则应立即采取人工呼吸。

⑥尽快叫救护车，及时送往医院治疗。

第五章　时尚健美操运动实践指导

时尚健美操运动形式多样，最常见、最为人们喜爱的要数健身健美操、瑜伽运动以及形体运动。这些运动项目对于致力于塑造完美体形的健身者来说是非常合适的，特别是受到广大女性健身者的喜爱。本章重点对这几种时尚健美操运动的实践方法进行指导。

第一节　健身健美操运动指导

一、健身健美操基本动作指导

（一）头颈部动作训练

1. 屈

头部的屈，是向不同方向做颈部关节弯曲的运动。常用的头部屈的方向有前、后、左、右四个（图 5-1）。在做这项练习时要注意保持身体正直，动作缓慢，使颈部肌肉获得充分伸展。

2. 转

头部的转是头部沿身体垂直轴向左、右做 90°的转动动作。转动过程中下颌要保持稳定（图 5-2）。

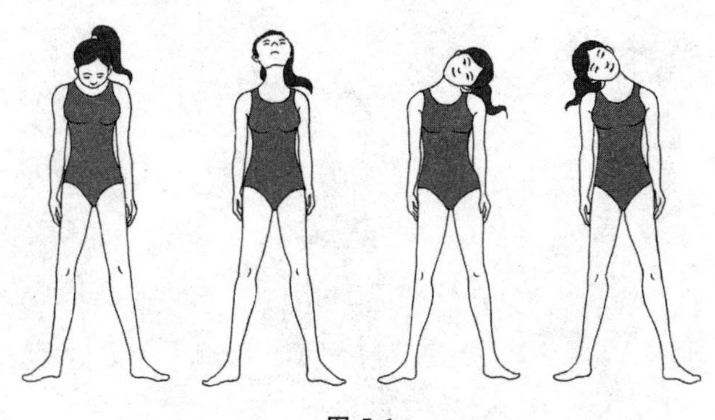

图 5-1

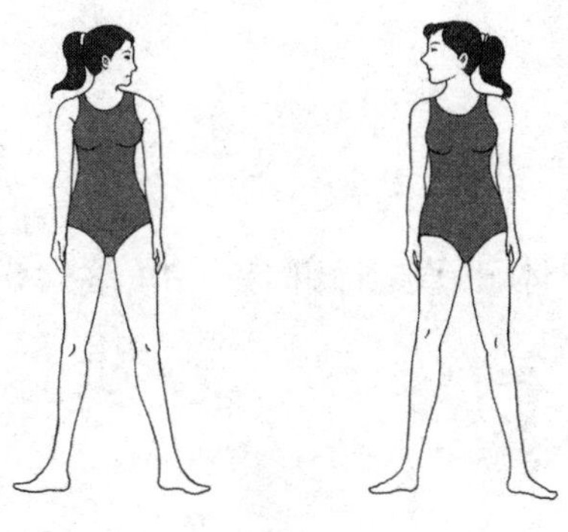

图 5-2

3. 环绕

头部的环绕是颈部沿身体垂直轴向左或右转动 360°的动作(图 5-3)。在做这个动作时头部的转动要缓慢且速度均匀,转到后侧时颈部要适当后仰。

(二)肩部动作训练

1. 提肩

提肩练习时身体正直,肩部向上提起。提肩有单提肩和双提肩两种(图 5-4)。

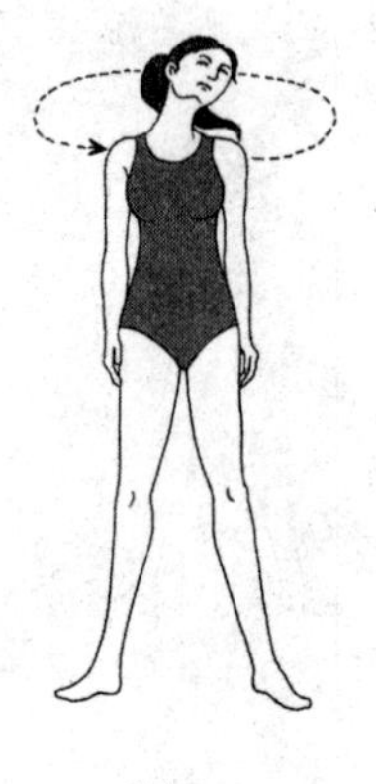

图 5-3

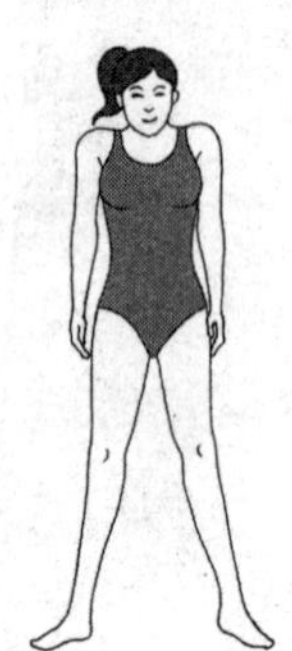

图 5-4

2. 沉肩

沉肩练习时身体正直，肩部向下沉落(图 5-5)。沉肩有单沉肩和双沉肩两种。

3. 绕肩

绕肩练习时两脚开立，身体正直，肩部沿身体前、上、后、下四个方向绕动。绕肩有单绕肩和双绕肩两种(图 5-6)。绕肩时幅度尽量大。

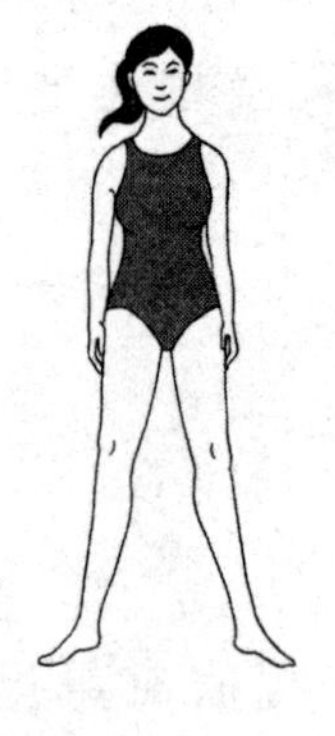

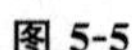

图 5-5

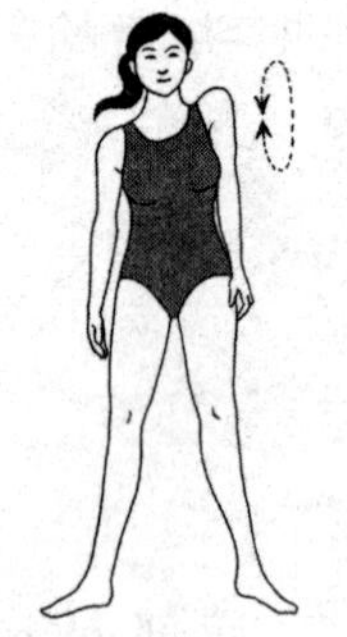

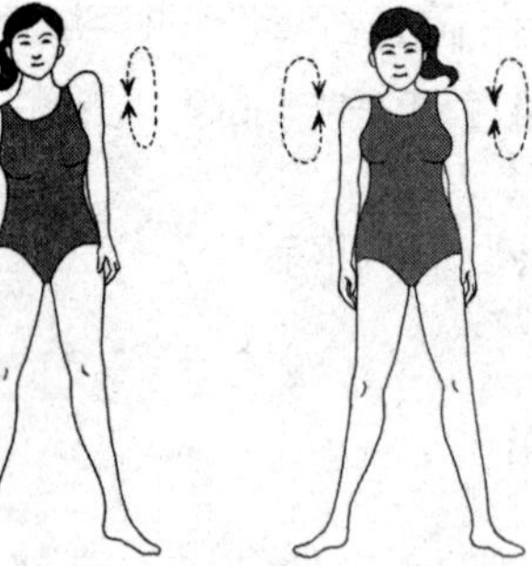

图 5-6

（三）上肢动作训练

1. 基本手型

基本手型见图 5-7。

(1)合掌。五指并拢，手指伸直。

(2)分掌。五指相互分开。

(3)拳。握拳，大拇指压在食指第一第二指关节中间部位。

(4)推掌。手腕上翻，手指上翘，五指弯曲。

(5)西班牙舞手势。五指用力，拇指稍内扣，小指、无名指、中指自掌指关节处依次弯曲。

(6)芭蕾手势。中指、无名指、小指并拢，另外两指微屈，拇指内扣。

(7)一指式。握拳，食指伸出。

(8)响指。无名指、小指收到掌内，食指自然弯曲，拇指与中指快速摩擦产生声响。

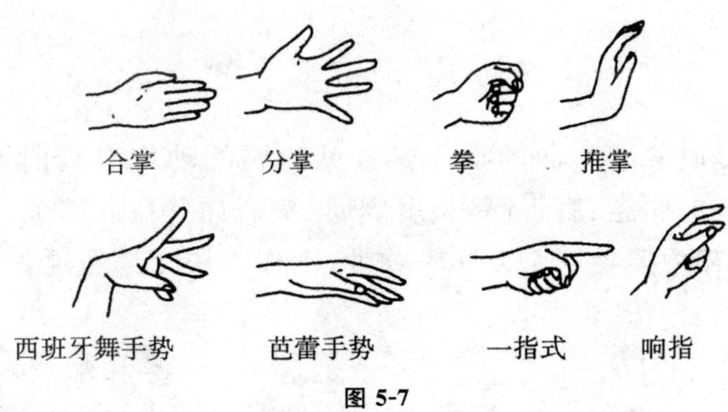

图 5-7

2. 举

举，是以肩关节为中心手臂抬起到不同角度的活动。常见的举有前举、后举、侧举、侧上举、侧下举、上举等(图 5-8)。举的动作要有力度。

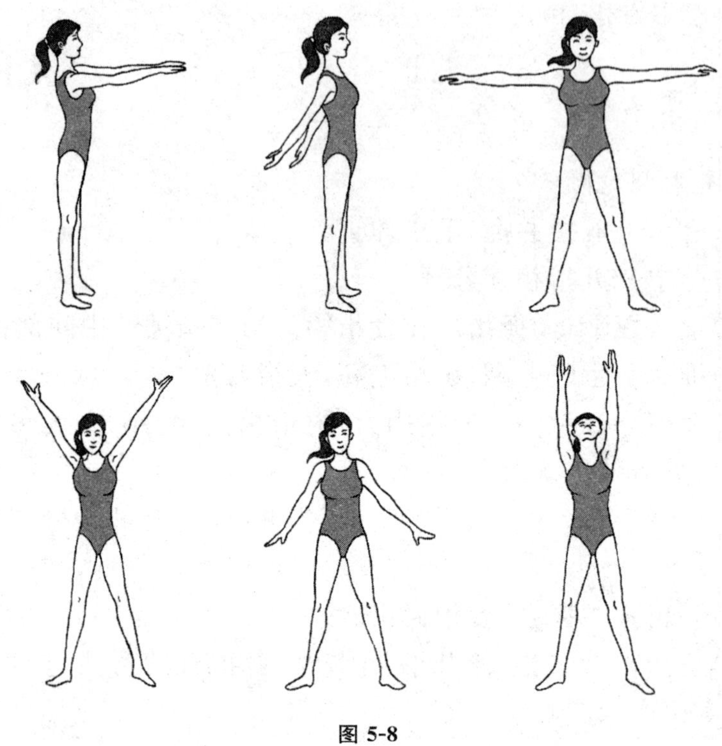

图 5-8

3. 屈

屈,是肘关节弯曲的动作。常见的屈的动作有胸前平屈、胸前上屈、肩上侧屈、肩下侧屈、肩侧屈、头后屈等(图 5-9)。在做屈的动作过程中要使这个动作有弹性,动作不应太过僵硬。

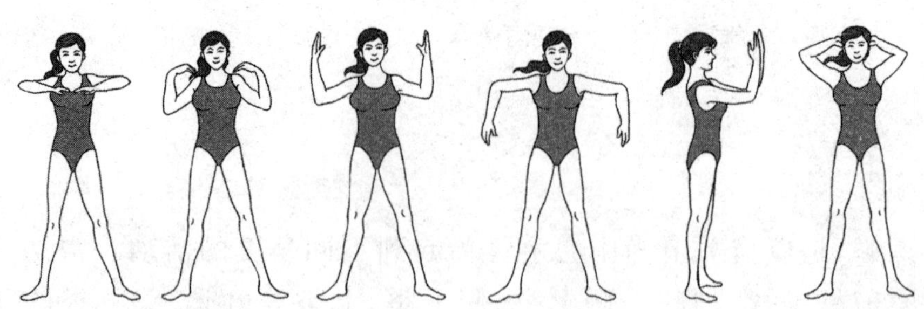

图 5-9

4. 绕、环绕

绕和环绕，是单臂或两臂以肩为轴所做的弧线运动。该动作可由单臂或双臂完成，方向通常为向内、外、前、后的绕，以及全方位的环绕等（图 5-10）。

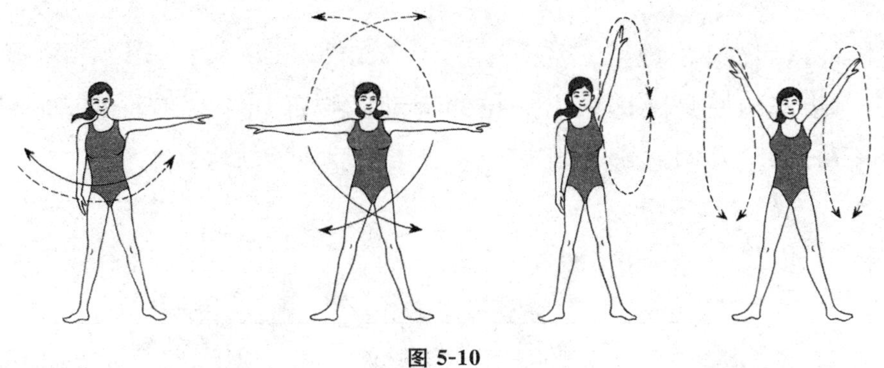

图 5-10

（四）躯干动作训练

1. 胸部动作

（1）含胸、挺胸（图 5-11）

含胸的动作为收肩，低头收腹，呼气。注意动作过程中要保持放松的状态，但不能过于松懈。

挺胸的动作为展肩，抬头挺胸，吸气。注意动作过程中身体要紧张但不僵硬。

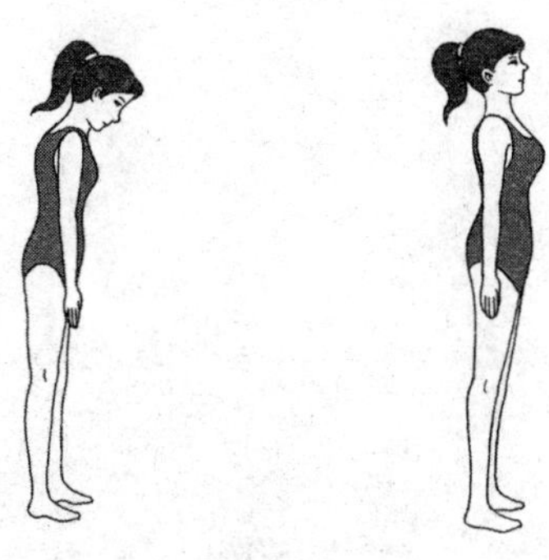

图 5-11

(2)移胸

移胸的动作为腰腹随胸部左右移动。移胸的方向有左右两个。在做移胸动作时要注意胯部的位置保持稳定,且胸的移动是由腰腹带动的。

2. 腰部动作

(1)屈(图 5-12)

腰部的屈是腰部做出的拉伸运动。腰部屈主要有向前、向侧和向后三个方向。动作过程中要注意充分伸展腰部。

图 5-12

(2)转(图 5-13)

腰部的转是腰带动身体沿垂直轴做转动。腰部转动主要有左右两个方向。随着腰部的转动,身体的重心也要与之相应而共同移动。动作过程中要注意保持身体的紧张度。

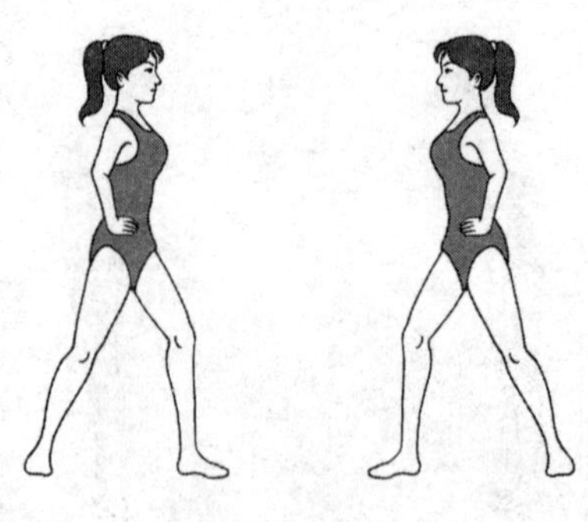

图 5-13

(3)绕和环绕

腰部的绕和绕环动作是腰部做出的弧线或圆周运动。动作过程中要注意环绕的线路圆滑。

3. 髋部动作

(1)顶髋(图 5-14)

顶髋的动作为两腿开立,一腿伸直支撑,另一腿屈膝内扣,髋部用力朝不同方向顶出。常见的顶髋方向有前、后、左、右四个。注意动作用力且有节奏感。

图 5-14

(2)提髋

提髋的动作为髋部向上提起。常见的提髋方向有左、右两个。动作过程中要注意髋部与腿部的动作要协调,方向一致。

(3)绕和环绕(图 5-15)

髋部的绕和环绕动作为髋部做的弧线或圆周运动。常见的动作方向有左、右两个。动作过程中要注意动作轨迹圆滑。

(五)下肢动作训练

1. 立

(1)直立、开立(图 5-16)

直立的姿势为身体正直站立,双脚并拢开立的姿势为身体正直站立,双脚分开与肩同宽或略宽于肩。

做这两个动作时上体要抬头挺胸。

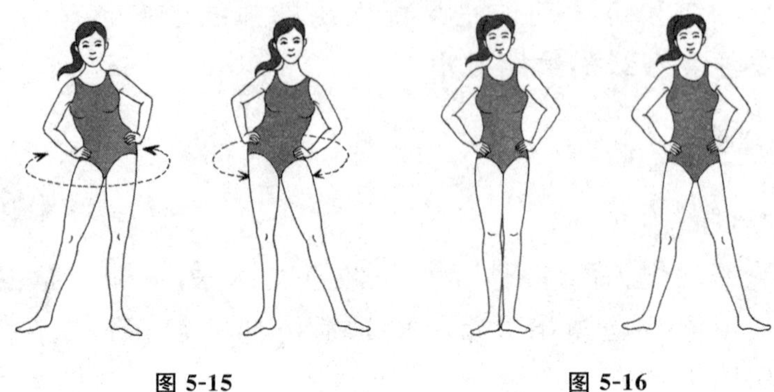

图 5-15　　　　图 5-16

(2)点立

先取直立的姿势,然后伸出一条腿做点立动作。常用的点立方向有前、后、左、右和提踵立几种。

2. 弓步

先取直立的姿势,然后一条腿大步迈出后做屈腿动作。常用的弓步有前、后、侧、三种(图 5-17)。弓步的步子要迈得大。

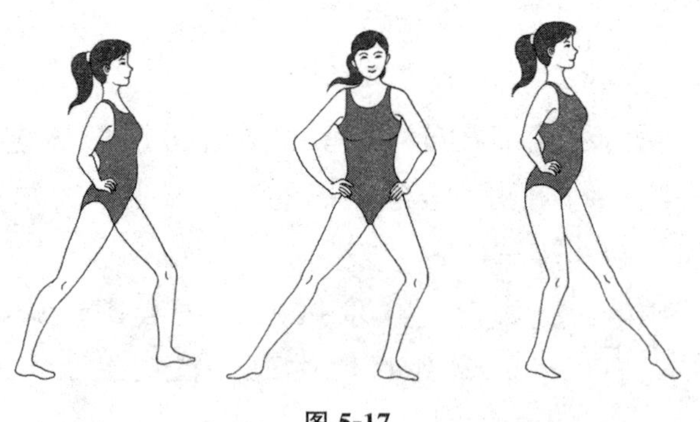

图 5-17

3. 踢

双腿轮流做踢的动作。常见的踢腿有前踢、后踢和侧踢(图 5-18)。踢的动作要短促有力、干净利落。

图 5-18

4．弹

双腿中的一条腿做出的弹动动作。常见的弹腿动作有正弹和侧弹(图 5-19)。弹腿动作要短促有力,真正做到有弹的感觉。

图 5-19

5．跳

腿部做出的跳跃动作。腿部跳跃的方式有开腿跳、并腿跳、开并腿跳、踢腿跳几种(图 5-20)。

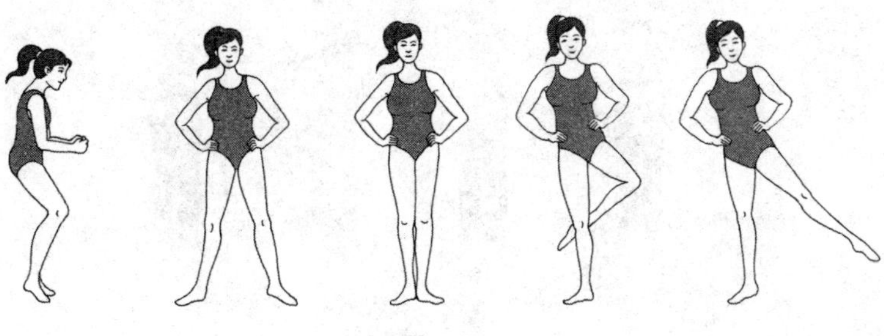

图 5-20

二、健身健美操组合动作指导

(一)健身健美操健身组合一

1. 第一个八拍

如图 5-21 所示,预备姿势:站立。

(1)1～4 拍

步法说明:右脚十字步。

上肢动作:1 右臂向侧面举起,2 左臂向侧面举起,3 双臂向上举起,4 双臂向下举。

(2)5～8 拍

步法说明:向后方走 4 步。

上肢动作:屈臂自然摆臂。

图 5-21

2. 第二个八拍

动作与第一个八拍一致，但走的方向为前方，走4步。

3. 第三个八拍

如图5-22所示。

(1)1～6拍

步法说明：右脚漫步6拍。

上肢动作：1～2右手向前方举起，3双手叉于腰间，4～5左手向前方举起，6双手交叉放置于胸前。

(2)7～8拍

步法说明：右脚向后1/2漫步。

上肢动作：两臂向侧后方下举。

图5-22

4. 第四个八拍

如图5-23所示。

(1)1～2拍

步法说明：右脚向右侧做并步跳。

上肢动作：屈左臂做摆动动作。

(2)3～8拍

步法说明：左脚向右前方做前、侧、后6拍漫步。

上肢动作：3～4 前平举弹动 2 次，5～6 侧平举，7～8 后斜下举。

图 5-23

第五至八个八拍，动作相同，方向相反。

（二）健身健美操健身组合二

1. 第一个八拍

如图 5-24 所示。

(1)1～2 拍

步法说明：左脚向左侧滑步后膝部微屈。

上肢动作：右臂侧上举，左臂侧平举。

(2)3～4 拍

步法说明：1/2 后漫步。

上肢动作：双臂屈臂向后摆，两臂肘关节尽力靠拢。

(3)5～6 拍

步法说明：右脚向前做并步。

上肢动作：击掌 3 次。

(4)7～8 拍

步法说明:左脚向左后方做并步。

上肢动作:双手叉腰。

图 5-24

2. 第二个八拍

如图 5-25 所示。

(1)1～2 拍

步法说明:右脚向右后方做并步。

上肢动作:击掌 3 次

(2)3～4 拍

步法说明:左脚向左后方做并步。

上肢动作:双手叉腰。

图 5-25

(3)5～6 拍

步法说明:右脚向前方做右侧滑步。

上肢动作:左臂侧上举,右臂侧平举。

(4)7～8 拍

步法说明:1/2 后漫步。

上肢动作:双臂屈臂向后摆。

3. 第三个八拍

如图 5-26 所示。

(1)1～4 拍

步法说明:右转 90°,右脚上步做 2 次吸腿。

上肢动作:双臂向前冲拳、向后下做 2 次冲拳。

(2)5～8 拍

步法说明:左脚“V”字步向左转动 90°。

上肢动作:双臂从右向左摆动。

图 5-26

4. 第四个八拍

如图 5-27 所示。

(1)1～4 拍

步法说明:左腿吸腿并做侧点地 2 次。

上肢动作:1 双臂位于胸前做平屈动作,2 左臂贴耳上举,3 的动作与 1 相同,4 还原。

(2)5～8 拍

5～8 拍同 1～4 拍动作,方向相反。

图 5-27

(三)健身健美操健身组合三

1. 第一个八拍

如图 5-28 所示。

(1)1～4 拍

步法说明:右脚向侧方向做并步跳,到第 4 拍时向右转 90°。

上肢动作:双臂做上举,然后做下拉。

(2)5～8 拍

步法说明:左脚做侧向交叉步。

上肢动作:双臂屈臂前后摆动,到第 8 拍时,上体向左扭转 90°朝向正前方,双臂做侧下举,手心朝后。

图 5-28

2. 第二个八拍

如图 5-29 所示。

(1)1～4 拍

步法说明:向右做并跳步,4 拍时身体向左转 90°。

上肢动作:双臂上举和下拉。

(2)5～8 拍

步法说明:向左侧和右侧分别做并步 2 次。

上肢动作:5～6 右臂前下举,7～8 左臂前下举。

图 5-29

3. 第三个八拍

如图 5-30 所示。

(1)1～4 拍

步法说明:左脚向前一步成一字步。

上肢动作:1 双臂两侧向上屈,2 两臂还原,3～4 双臂肩前屈。

(2)5～8 拍

步法说明:先左后右分腿,略宽于肩。

上肢动作:5～6 双臂上举,7～8 双手置于膝部之上。

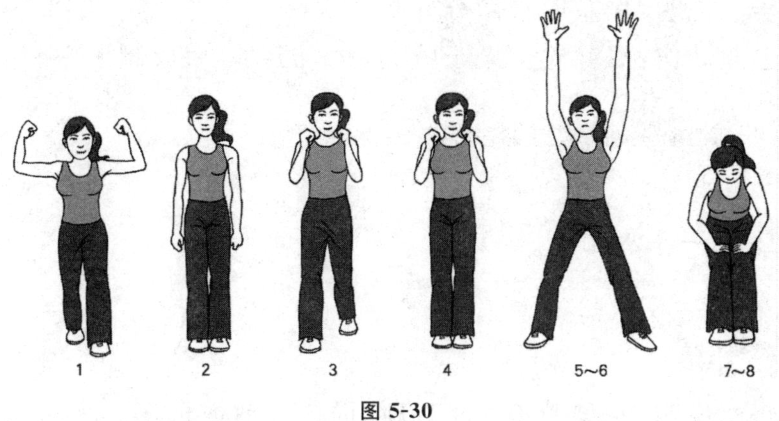

图 5-30

4. 第四个八拍

如图 5-31 所示。

图 5-31

(1)1～4 拍

步法说明:左脚向后一步成一字步。

上肢动作:1～2 双手向侧下举,3～4 双手交叉于胸前。

(2)5～8 拍

步法说明:先左后右做分并腿 2 次。

上肢动作:双臂先交叉于胸前,然后上举,后成侧下举。

(四)健身健美操健身组合四

1. 第一个八拍

如图 5-32 所示。

1～8 拍:

步法说明:左脚做 4 次小马跳,向侧向前成梯形。

上肢动作:1～2 右臂体侧向内绕环,3～4 换左臂,5～8 同 1～4 动作。

图 5-32

2. 第二个八拍

如图 5-33 所示。

(1)1～4 拍

步法说明:右脚做弧形跑,共 4 步,最终右转度数为 270°。

上肢动作:屈臂随脚步做自然摆动。

(2)5～8 拍

步法说明:做 1 次开合跳。

上肢动作:5～6 双手放置在两膝上,7 击掌,8 还原回体侧。

图 5-33

3. 第三个八拍

如图 5-34 所示。

(1)1～4 拍

步法说明:右脚向左前上步后左屈腿。

上肢动作:1 双臂交叉于胸前,身体面向左前方,2 右臂侧举、左臂上举,3 的动作与 1 相同,4 双臂插在腰间。

(2)5～8 拍

步法说明:左脚向右前上步后右屈腿。

上肢动作:动作同 1～4,身体向左转 90°。

图 5-34

4. 第四个八拍

如图 5-35 所示。

(1)1～4 拍

步法说明:先向右再向左各 1 次点地。

上肢动作:1 右手左前下举,2 双手插在腰间,3～4 与 1～2 动作相同方向相反。

(2)5～8 拍

步法说明:右脚上步转脚跟,然后还原。

上肢动作:5 双臂肩前平屈,6 双臂前推,7 的动作与 5 相同,8 还原到体侧。

图 5-35

第二节　瑜伽运动指导

一、瑜伽基本动作指导

(一)基本坐姿

1. 简易坐(图 5-36)

预备动作为直腿并腿坐。两腿先向前伸直,弯右小腿,将右腿插入左大腿下,然后弯左小腿,将其插入右大腿下。双腿位置放好后将双手分别置于两膝之上,上身和头颈保持正直。

2. 雷电坐(图 5-37)

预备动作为直腿并腿坐。双膝跪地,脚背贴地,两脚靠拢。

两脚大拇指相互交叉，如此两脚跟可指向外侧。背部挺直，臀部坐于两脚内侧。

图 5-36　　　图 5-37

3. 至善坐(图 5-38)

预备动作为直腿并腿坐。左腿弯曲，右腿弯曲后将右脚踝关节置于左脚踝关节之上，且右脚脚跟靠紧耻骨，左脚脚跟顶住会阴部位。上身和头颈保持正直。双眼微闭，保持一段时间后两腿位置交换。

4. 半莲花坐(图 5-39)

预备动作为直腿并腿坐。两腿向前伸直，然后右腿弯曲，右脚顶住左大腿，左腿弯曲后置于右腿外侧。上身和头颈保持正直，保持这个姿势直到感觉不舒服为止，然后交换两腿位置。

图 5-38

图 5-39

5. 莲花坐(图 5-40)

首先采取坐姿。将左脚放于右大腿上,脚跟接近肚脐区域下方。再将右脚放于左大腿上,右腿在左腿之上,放置位置同样为肚脐区域下方。两腿膝部要尽量贴地。上身和头颈保持正直,长时间保持这个动作,然后两腿交换继续保持。

图 5-40

(二)常用姿势

1. 前伸展式(图 5-41)

采取坐姿,两腿伸直。躯干后倾,两臂后撑。边呼气,边轻柔地将臀部升离地面,两脚缓慢前移,两膝最终伸直。两臂和双脚支撑身体重量。头部抬起或垂下,该姿势保持 10～30 秒钟。然后呼气,慢慢还原成初始动作。

图 5-41

2．树式（图 5-42）

身体直立，两脚并拢。双臂上举，掌心向内，提臀提踵，身体尽力向上伸展。保持这个姿势 30 秒～1 分钟后还原。

3．骆驼式（图 5-43）

双腿分开与肩同宽，双膝跪地。吸气，两手先放在髋部，脊柱缓慢向后弯曲，呼气时两手掌放在脚底上，此时两大腿始终与地面垂直，头后仰。保持这个姿势，确保颈部向后方伸展，臀部也要收缩。该动作保持 30 秒后两手放回髋部，缓慢还原。

图 5-42　　图 5-43

4．顶峰式（图 5-44）

采取跪姿，臀部坐于两脚脚跟。两手放在地上，抬高臀部，两手两膝着地跪下来。吸气，伸直两腿，臀部更加抬高，脚跟始终紧贴地面，两臂与背部保持在一条直线上。从侧面看身体呈现一个三角形状。此时脚跟可以上下活动辅助跟腱的伸展活动。保持姿势约 1 分钟，然后还原。该动作重复 6 次。

5. 三角伸展式(图 5-45)

身体取直立姿势,两脚分开较宽于肩,脚尖斜向朝外,两臂侧平举。呼气时,缓慢向左侧弯腰,过程中两臂始终与躯干要保持90°角。侧倒过程中躯干要避免有向前倾倒的趋势,完成姿势后保持 20 秒。然后吸气慢慢还原,再向另一侧做该动作。

图 5-44　　　　图 5-45

6. 脊柱扭动式(图 5-46)

挺直坐,两腿前伸,左腿弯曲,脚底放于右大腿内侧。右腿从左腿上方越过放于左大腿外侧,左臂扶住右脚踝。右臂侧伸,然后经右后方来到左腰位置,扶住左腰。保持这个姿势 15～20 秒,然后还原,再向反方向做。

7. 单腿背部伸展式(图 5-47)

两腿向前伸出,膝部稍稍弯曲,两手放于右膝部以下位置。右腿收回,放于腹股沟部位,靠在左大腿上段内侧。两臂向前伸,两手并拢。吸气,两手上升高过头部。呼气,身体向前弯曲,双手抓左腿,身体弯曲的位置尽量靠近左脚,此时身体也尽量贴左腿,两肘向外弯曲,颈部自然下垂。双目微闭。该姿势保持 10 秒,或者更长一些时间。如果身体的柔韧性足够，可以将头放在双膝上。结束动作后缓慢还原，然后改变方向再做一次。

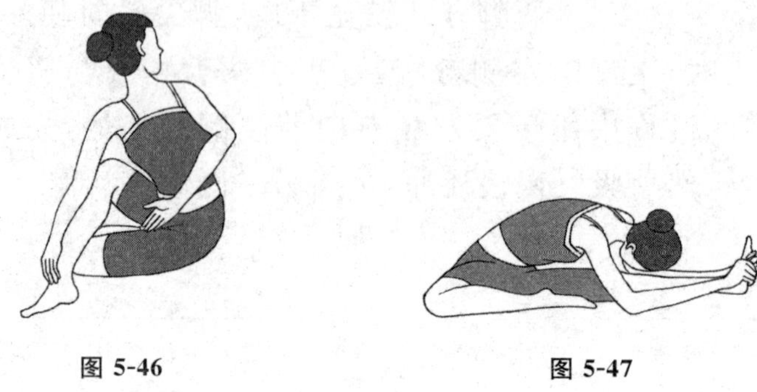

图 5-46　　图 5-47

8. 眼镜蛇式（图 5-48）

采取俯卧的姿势开始。双手贴于身体两侧，两腿并拢，任意一侧脸颊着地。动作开始后，向贴地一侧脸的方向转动头部，使前额靠地。双眼珠向上翻，以颈部力量将头抬起并向后翘起。此时背部肌肉带动双肩和躯干依次抬高，尽力向后翘。动作过程中两手始终在两肩下方，掌心相对。背部肌肉在这个动作中始终是最主要的力量提供部位，只有在必要时手部才能予以辅助发力。在达到动作的最大极限后才可以放松，并保持后翘的最大幅度 10 秒左右。

复原过程为舒缓呼气，先把躯干放回地面，顺序与之前相反。下放躯干时仍旧主要依靠背部肌肉的力量，双手则还原到身体两侧。直到胸部回到地面上，前额接触地面为止。全身贴地后放松 20 秒，然后再重复开始做这一套动作，共做 4 次。

图 5-48

9. 肩倒立式(图 5-49)

肩倒立式是一个全身都参与的动作。采取仰卧的准备姿势，然后双腿并拢夹紧慢慢抬起，当垂直于地面时髋部也抬起，两腿此时向头顶方向伸。借着腰部抬起的空间，双手托腰的两侧，起到支撑躯干的作用。然后收下颌顶住胸部，双腿向上伸，只有肩部和头部触地。这一姿势保持 2 分钟左右。

10. 战士一式(图 5-50)

采取基本站立作为准备姿势。双掌合十，高举过头，尽量向上伸展出去。然后两腿分开，吸气。呼气时将右脚和上身躯体向右方转 90°，左脚向相同方向略转即可。屈右膝，大腿与地面平行，小腿与地面垂直。左腿后伸，膝部挺直。头向上，双眼看手，尽量伸展脊柱。这个姿势保持 20～30 秒，然后还原到准备姿势，换方向再做。

图 5-49　　图 5-50

二、瑜伽组合动作指导

(一)头部动作

(1)取跪坐姿势，屈身使前额贴地，双手置于腿的两侧，臀部慢慢抬起，直至大腿与地面呈90°角。在这个动作中，头颈承担了大多数身体重量，动作需维持20～30秒。然后按相反的顺序还原，重复该动作2～3次。

（2）取平仰卧姿势，双腿上抬然后缓慢下压。接着双手撑腰，辅助臀部向上抬起，待抬起高度稳定后双手放回地面，该动作持续20～30秒，然后缓慢还原，重复做2～3次。

（3）取平仰卧姿势，双腿上抬，双手撑腰，肘关节撑地，使双腿向上伸，慢慢伸直躯干，该动作持续1分钟，然后缓慢还原，重复做2～3次。

（二）肩部动作

（1）双臂从侧面向肩部弯曲，手指指尖点肩，两臂肘关节向前绕圈，幅度由小到大。

（2）两指尖点肩，手背在头后相对，呼气手背分开两肩下沉，重复做这一练习。

（3）两指尖轻点肩上，吸气两肩向内含，呼气挺胸，重复做这一练习。

（4）两腿分开与肩同宽，做两臂体前环绕若干，然后做向后环绕若干。在环绕的过程中要做到与呼吸配合。

（三）胸部动作

（1）双腿伸直坐在地面上，两手身体两侧侧撑。吸气时胸腹向上顶，呼气时还原，重复2～3次。

（2）取跪姿，吸气时胸腹向上，脊柱后弯，呼气时手掌压在脚掌上，保持这个动作5～10秒，然后还原，重复做2～3次。

（3）取仰卧姿势，缓慢抬头，头顶着地，背部、颈部伸直，吸气双腿上抬，双手合掌，撑起，保持这个动作5～10秒，慢慢还原，重复做2～3次。

（4）跪撑，两肘撑地弯曲相抱，呼气，下颚、胸部下沉向地面，同时臀部上提，臀部后坐。这一动作保持30秒～1分钟，重复做2次。

（四）腹部动作

(1)仰卧地面，单腿弯曲，双手抱腿。上身抬起，用下颚碰膝部。落下时吸气，换另一条腿再做。重复做4～6次。

(2)仰卧地面，两臂向前伸出，上身起，同时两腿上抬，呈两头起的姿势，保持2～3次呼吸，然后缓慢下落，重复做2～3次。

（五）髋、腹部动作

(1)站立姿势，双手抱起一条腿，使抱起的腿尽量靠近胸部，维持动作20～30秒，换腿再做。

(2)身体平躺，两腿弯曲离开地面，大腿与地面呈钝角角度。然后两腿依次做蹬自行车动作。

(3)身体平躺，单腿伸直上抬，以脚尖为点，顺时针做画圈运动，然后换腿再做。

(4)取坐姿，两脚底相对，上身挺直，做呼气上身前压动作，当身体前压到最低时保持呼吸，维持动作20～30秒后缓慢还原，重复做该动作2～3次。

（六）腰背动作

(1)两腿左右开立，双手头上伸，十指相交，身体前屈，然后做吸气身体右转动和呼气左转动，重复动作4～6次后缓慢还原到直立状态。

(2)两腿左右开立，两臂侧举。做呼气身体右后扭转，要求左手指尖触右脚，然后还原身体，再向另一侧做这一动作，重复做4～6次。

(3)取俯卧姿势，两臂放于身体两侧。做头、肩、背的上抬动作，在抬到最大极限后维持30～40秒，然后还原，重复该动作4～5次。

(4)取俯卧姿势，双腿后屈，双手抓脚踝，然后头和脚同时向上抬,在抬到最大极限后维持30～40秒,重复该动作2～3次。

(5)取俯卧姿势,双手撑地身体向上抬起,然后双膝弯曲,在抬到最大极限后维持30～40秒,重复该动作2～3次。

(6)取俯卧姿势,双手放在背后,头和腿同时上抬,在抬到最大极限后维持30～40秒,重复该动作3～4次。

(7)取俯卧姿势,双手在额头下,吸气右腿上抬,呼气右腿向左侧压,维持动作10～20秒,反方向再做,重复该动作2～3次。

(七)腿部动作

(1)分腿缓慢下蹲,身体前屈,手触脚面,维持动作20～30秒后还原,重复该动作2～3次。

(2)坐在地面上,双腿伸直,双手相对上举,身体下压,手抓小腿,维持动作20～30秒,然后缓慢还原,重复该动作2～3次。

(3)坐在地面上,右腿弯曲,脚掌贴左腿内侧,双手上举,身体下压抓脚,腹部紧贴左腿,维持动作20～30秒后还原,再反方向做,每个方向重复该动作3～4次。

(4)取坐姿,两腿分开,两手侧举,身体下压,两手抓脚踝,然后缓慢起身,重复该动作3～4次。

(5)取站姿,双手相交于身后,抬头挺胸,身体向前屈,尽量让头贴腿,双手上抬辅助,维持动作20～30秒,缓慢起身,重复该动作2～3次。

(6)跪撑,臀部上抬,腿伸直,肩部下压,脚跟向地面沉,维持动作20～30秒,然后还原,并重复该动作3～4次。

(八)平衡动作

(1)取自然站立的姿势,右腿弯曲放在腹股沟上,双手上举,掌心相对。然后呼气左腿弯曲,两臂侧举,腿慢慢放下。交换腿再做,重复2～3次。

(2)取自然站立的姿势,右脚后点地,双手上举,掌心相对,手臂前伸,右腿上抬,如此使手臂、臀、腿在一个平面上。然后缓慢起身落腿。交换腿再做。

(3)双腿开立,手臂侧平举,右脚尖向右转 45°,右腿弯曲,右侧身体向右腿靠,右手撑地,左腿侧抬,左手向左脚方向伸,缓慢还原。然后交换腿再做,每个方向重复 2～3 次。

第三节　形体运动指导

一、脚位姿态

(1)并立步:两脚合并,脚尖和脚跟都彼此相贴(图 5-51)。

(2)"八"字步:两脚合并,脚跟相贴,脚尖左右分开呈"八"字形(图 5-52)。

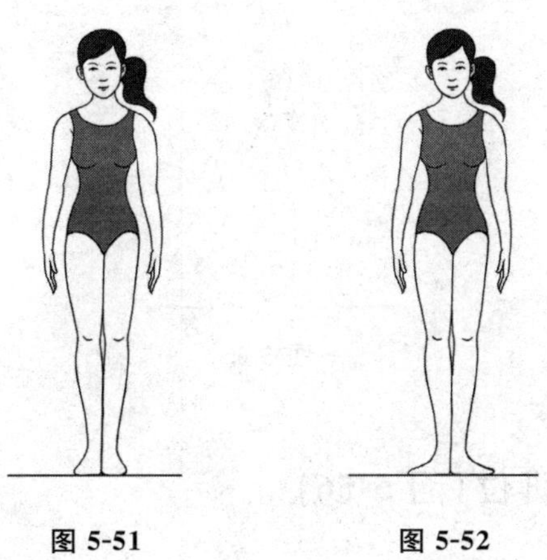

图 5-51　　　　图 5-52

(3)大"八"字步:脚尖左右分开呈"八"字形,但分开的角度更大,约有一脚宽的距离(图 5-53)。

(4)"丁"字步:一脚脚跟落在另一脚的足弓处,两脚呈"丁"字形(图 5-54)。

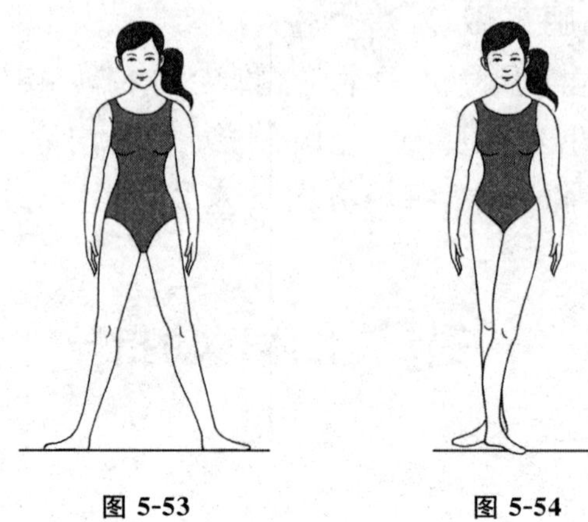

图 5-53　　图 5-54

(5)点步：一脚站立，另一脚向前、向侧或向后伸出，脚尖点地(图 5-55)。

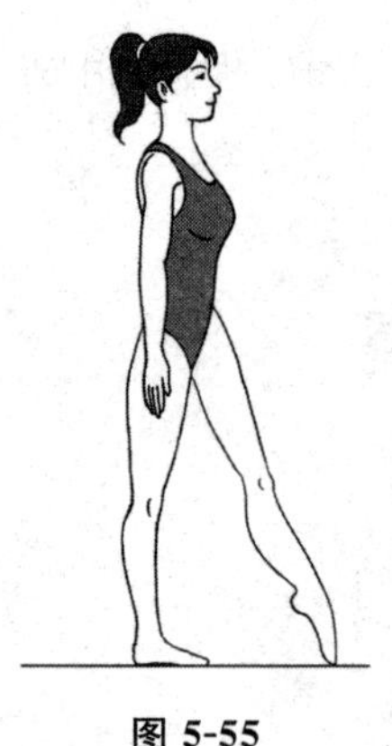

图 5-55

二、芭蕾舞脚位(图 5-56)

一位——两脚脚跟并拢，脚尖分别朝向左右两侧，两脚成一横线。

二位——脚尖分别朝向左右两侧，两脚脚跟分开，相距约一脚的距离，两脚成一横线。

三位——脚尖分别朝向左右两侧，两脚脚踝位置相叠，两脚脚面平行横立。

四位——脚尖分别朝向左右两侧，两脚前后分开平行相对，相距约一脚的距离。

五位——脚尖分别朝向左右两侧，两脚前后分开平行相对，一脚外侧与另一脚内侧相贴。

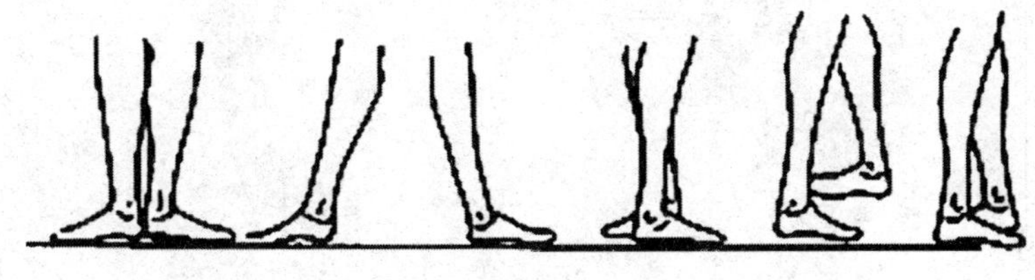

图 5-56

三、手臂姿态

(1)前上举：手臂抬起上举到头部前上方，掌心朝前下方(图 5-57)。

(2)前下举：手臂抬起上举到髋部前方，掌心朝下后方(图 5-58)。

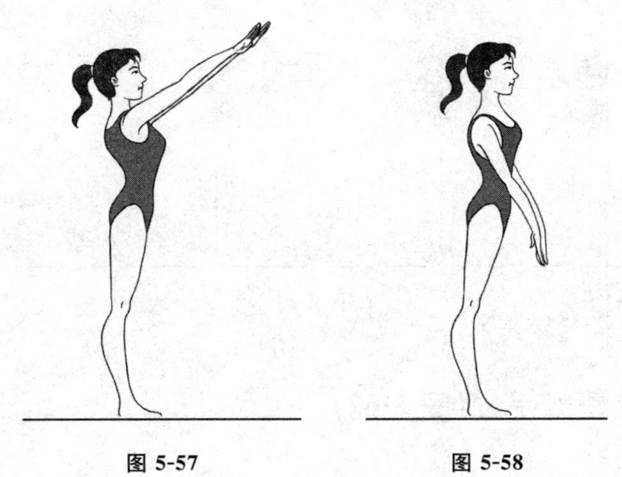

图 5-57　　图 5-58

(3)前举：手臂抬起上举与肩同高，掌心向下(图 5-59)。

(4)上举：手臂抬起上举与身体呈一条直线，掌心向前(图 5-60)。

图 5-59　　图 5-60

(5)侧向举:不同方向的侧举动作相同,只是两臂举起的角度不同(图 5-61)。

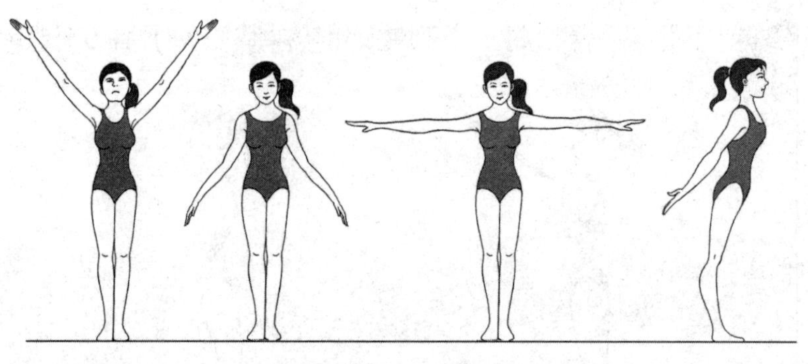

图 5-61

四、芭蕾舞手位(图 5-62)

一位——两臂体前自然下垂,食指、拇指稍稍朝上。

二位——两臂弧形前举,高度在髋部和肩部之间,掌心相对。

三位——两臂弧形上举,上举位置稍偏前,掌心相对。

四位——左(右)臂三位,右(左)臂二位。

五位——左(右)臂三位,右(左)臂七位。

六位——左(右)臂二位,右(左)臂七位。

七位——两臂弧形侧举,高度低于肩部,掌心向前。

图 5-62

五、手臂动作

(1)两臂的前后摆动要以肩为轴,摆动时两肩放松(图 5-63)。

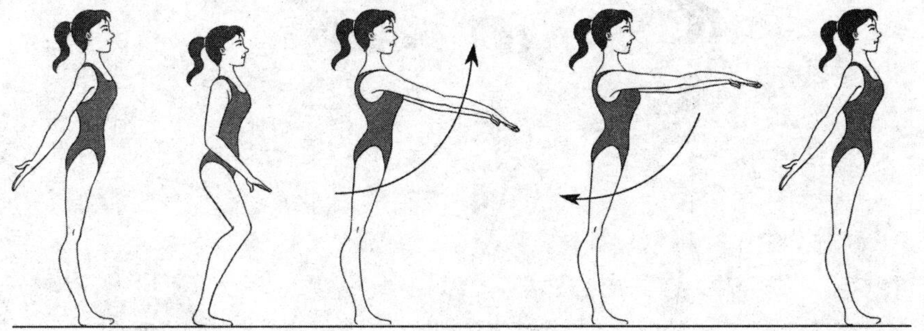

图 5-63

(2)两臂的左右摆动要以肩为轴,摆臂方向为左右两侧,摆动时掌心向下(图 5-64)。

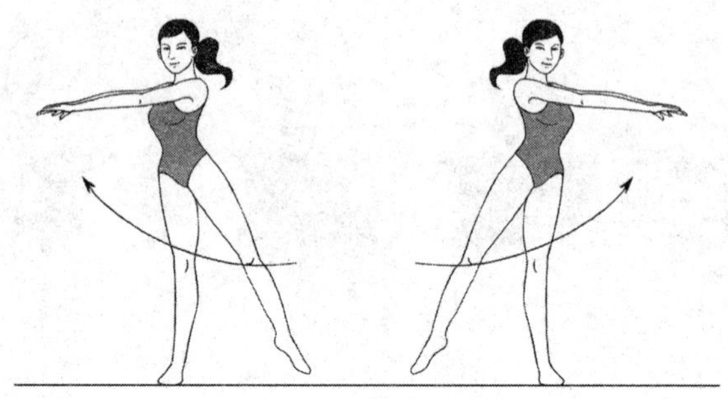

图 5-64

(3)以肩为轴摆动,一臂向前,一臂向后,手心在摆动过程中始终向下和向后(图 5-65)。

图 5-65

(4)一臂向前上摆,另一臂向后下摆(图 5-66)。

图 5-66

(5)两臂绕摆。从一侧方向经体前绕摆到另一边后斜上举(图 5-67)。

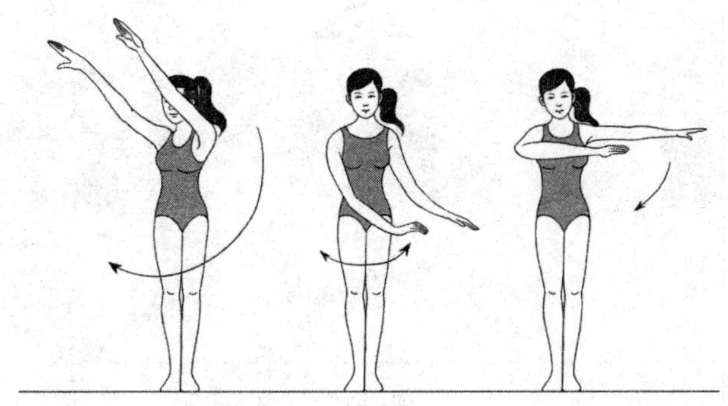

图 5-67

(6)两臂上举,经体侧下摆至体前下部交叉(图 5-68)。

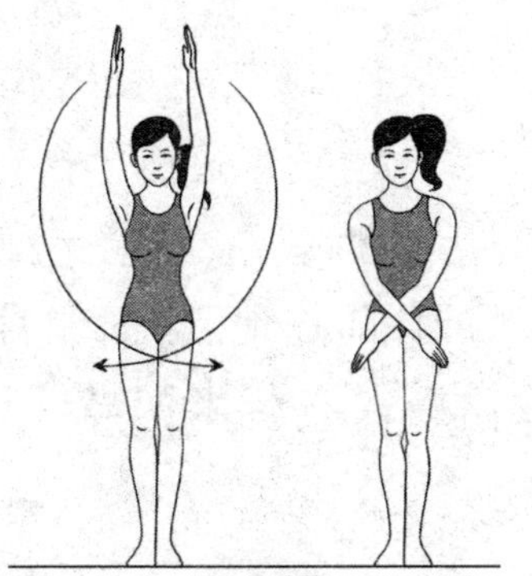

图 5-68

(7)两臂向内大绕环后呈平举(图 5-69)。

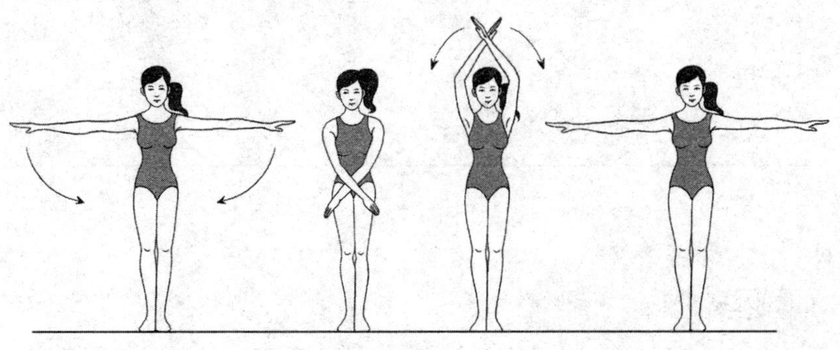

图 5-69

(8)手臂波浪:两臂侧举,以肩带手稍屈肘,手指手腕自然下垂,由肩开始稍下压,随后肘、腕、掌依次做屈伸动作,好似波浪状(图 5-70)。

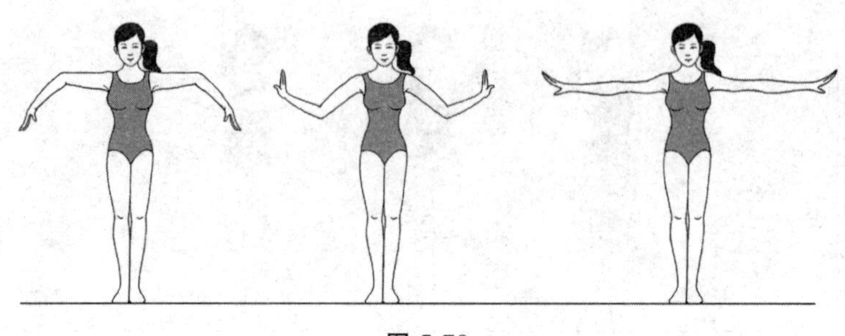

图 5-70

六、基本步法

(一)柔软走步(图 5-71)

预备姿势:取自然站立的姿势,双手叉腰两肘后靠。

动作方法:左脚稍屈膝前点地,脚面绷直,然后从脚尖到脚跟依次柔软落地,右腿蹬直,左右脚来回做。过程中上身始终保持正直,目视前方。

图 5-71

(二)跑跳步

预备姿势:取自然站立的姿势,双手叉腰。

动作做法：节拍开始前右腿原地轻跳的同时左腿屈膝抬起，脚面始终保持绷直的状态，脚尖朝下。在跑跳步中的1拍的上半拍左脚向前落地，在下半拍时左脚原地跳，同时右腿屈膝抬起。然后在下一拍两脚转换做。

（三）波尔卡

预备姿势：取自然站立的姿势，双手叉腰。

动作做法：节拍开始前右腿原地小跳的同时左腿稍屈膝前举。波尔卡步中第1拍的上半拍左腿向前展膝落地，下半拍右脚与左脚并立（或三位）。第2拍的上半拍左脚向前一步，下半拍左脚做一个小跳，同时右腿屈膝前举。然后在下一拍两脚转换做。

（四）华尔兹步

预备姿势：左脚在前的三位提踵立，两手叉于腰间。

动作做法：第1拍左脚向前做柔软步，左膝伸直；第2至3拍，右脚开始向前做二次足尖步。然后在下一拍两脚转换做。

华尔兹步会根据方向和方式有不同的变化，如前华尔兹、侧华尔兹、后华尔兹，以及跑华尔兹和转身华尔兹等。

七、把杆姿态

（1）前、侧、后三个方向的擦地练习（图5-72）。

图 5-72

(2)小踢腿:踢腿至脚尖到达最远点,使它略离地抬起至 20°左右,过程中要经过擦地动作。然后收脚回五位。收腿动作要短促利落。可尝试向多个方向做该练习。

(3)大踢腿:踢腿至脚尖到达最远点,后继续上踢,达到最高点。收腿时,脚尖点地,然后擦地收回成五位。可尝试向多个方向做该练习。

(4)正压腿:采取前弓步姿势,然后身体前屈,向下压胸,尽量贴近大腿。

(5)侧压腿:采取侧弓步姿势,然后身体侧屈,向下压肩,用肩外侧尽量贴近大腿。

(6)后压腿:采取俯卧姿势,身体后屈,头部后仰尽力贴近腘窝。

(7)搬腿:在压腿的基础上,用手搬踝关节向前、侧、后移动。

(8)控腿:以一只腿作为支撑,另一腿被搬起抬高到一定位置,然后从胸廓开始发力,将力经髋传递到被抬起的脚尖,以此拉伸肌纤维。可做向前、侧、后三个方向的控腿。

第六章　时尚体育舞蹈实践指导

体育舞蹈是现如今非常受欢迎的时尚体育运动之一。通过参与体育舞蹈运动，人们不仅能够获得理想的健康效益，还能因其所具备的时尚属性而获得心理上的满足。为此，本章就在体育舞蹈的两大类别（拉丁舞和摩登舞）中精选了几种进行实践指导。

第一节　拉丁舞运动指导

一、伦巴

（一）伦巴舞的风格与特点

伦巴舞是一种典型的拉丁舞蹈，具有舒展优美、婀娜多姿、柔媚抒情的风格。舞蹈过程中，舞者以轻松柔和的髋部动作和人体曲线美表现爱情的浪漫。

伦巴舞属于非行进式的舞蹈，在舞蹈动作上，不强调大幅度的移位，动作有序，舞步婀娜多姿，基本步法的特点是臂、胯、膝、足配合，脚先是柔和地弯曲使脚踝直提起趾尖沿地面向前进，再将重心前移，掌踏下后全脚着地，膝盖伸直胯向后摆转，另一脚则膝部放松准备第 2 步行进，动作韵律自然流畅地通过脚、腿臀、胯，避免动作的夸张和用力。伦巴舞的胯部动作是通过身体拉伸后的自然放胯，而非左右摆动，做胯部动作时，重心脚踏下后，脚跟用力伸至“超伸”，胯部经旁后压转，并注意胯部、脚步、音乐的配合。

伦巴的音乐节拍是 4/4 拍，每分钟 28～31 小节，重音在第一和第三拍。伦巴的舞曲节奏独特鲜明，使用拉丁美洲打击乐器，给人以轻松、甜美之感。伦巴舞音乐缠绵深情，再配以柔美的动作，使整个舞蹈充满了浪漫的情调。

（二）伦巴舞技术动作指导

1. 基本动作

基本动作（Basic Movement）是伦巴舞的最基本的舞步，是其他舞步的学练基础（图 6-1）。

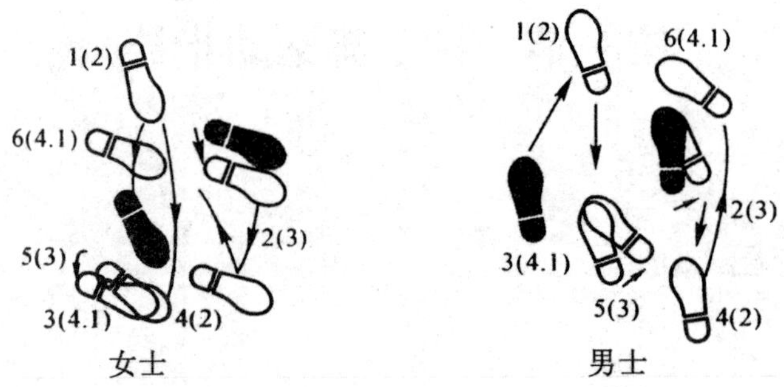

图 6-1

（1）男舞伴左足前进，胯左后摆转（前脚掌平面）；女舞伴右足后退，髋右后摆转（重心脚外展）。

（2）男舞伴重心后移至右足，胯右后摆转；女舞伴重心前移至左足，胯左后摆转。

（3）男舞伴左足横步稍后，胯经前向左后摆转；女舞伴右足横步稍前，胯经前向右后摆转。

2. 扇形步

扇形步是男女舞伴的一种特殊舞姿，节拍 1 小节 3 步（图 6-2）。

（1）男舞伴右脚后退；女舞伴左脚前进，准备向左转。

（2）男舞伴重心前移至左脚，右手带领女舞伴左转；女舞伴上右脚准备左转，右脚后退。

(3)男舞伴右脚步横补与女舞伴分离，左手握女舞伴右手；女舞伴左脚步后退与男舞伴分离（节奏 4)；男舞伴重心移至右脚，右胯摆出；女舞伴重心移至左脚，右胯摆转(1)。

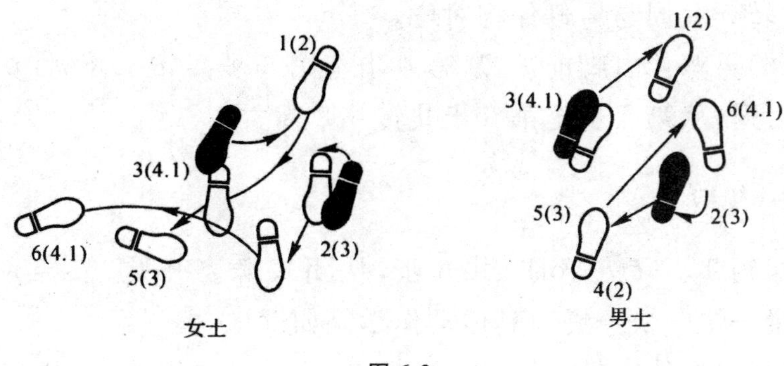

图 6-2

3. 曲棍步

曲棍步(Hockey Stick)节拍为 2 小节 6 步，从扇形舞姿准备(图 6-3)。

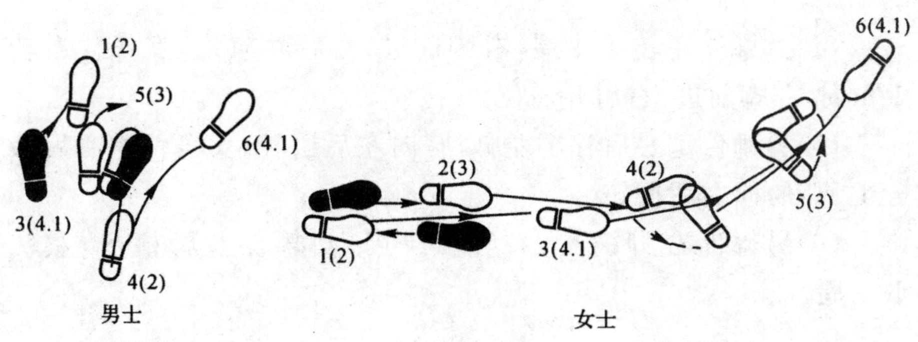

图 6-3

(1)男舞伴左脚前进；女舞伴右脚后退并于左脚，拧胯，重心移至右脚，收腹上提，两脚相夹。

(2)男舞伴重心后移至右脚，收腹上展；女舞伴左脚前进，手臂打开。

(3)男舞伴左脚并右脚，左手拇指向下锁住女舞伴；女舞伴右脚前进，靠近男舞伴左侧，手臂前上。

(4)男舞伴右脚后退，稍向右转 25°，手指相接；女舞伴左脚向左斜出 25°前进，准备左转。

(5)男舞伴重心前移至左脚，身体不变；女舞伴右脚横步稍前，左转 5/8 周与男舞伴相对位。

(6)男舞伴右脚前进，从第 4 步至第 6 步共转 1/8 周；女舞伴左脚后退，从第 4 步至第 6 步共转 5/8 周。

4. *纽约步*

纽约步(New York)共 6 步，从闭式舞姿开始，节奏为快—快—慢—快—快—慢。具体动作学练如下。

(1)男舞伴右转 1/4 周，左脚前进，左肩并肩位；女舞伴左转 1/4 周，右脚前进，左肩并肩位。

(2)男舞伴重心后移至右脚，胯向右后摆转；女舞伴重心后移至左脚，胯向左后摆转。

(3)男舞伴左脚横步，左转 1/4 周；女舞伴右脚横步，右转 1/4 周。

(4)男舞伴左转 1/4 周，右脚前进，右肩并肩位；女舞伴右转 1/4 周，左脚前进，右肩并肩位。

(5)男舞伴重心后移至左脚，胯向左后摆转；女舞伴重心后移至右脚，胯向右后摆转。

(6)男舞伴右脚横步，右转 1/4 周；女舞伴左脚横步，左转 1/4 周。

5. *右陀螺转*

右陀螺转是一种原地旋转舞步，节奏为 2 小节 6 步(图 6-4)。

(1)男舞伴左脚前进由开式合为闭式，肩对肩；女舞伴右脚后退。

(2)男舞伴重心移至右脚(右脚背步)；女舞伴重心前至左脚。

(3)男舞伴左脚横步有转度引带女舞伴；女舞伴右脚向男舞

伴双脚中间前进,成闭式舞姿。

(4)男舞伴右脚掌踏在左脚跟后面右转;女舞伴左脚横步,走直线。

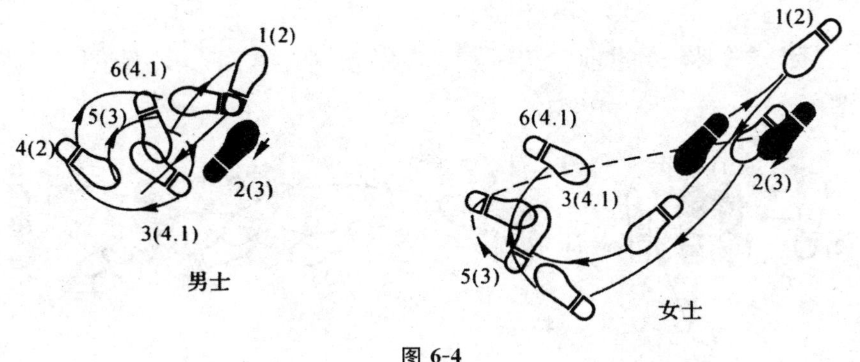

图 6-4

(5)男舞伴左脚横步(保持力度);女舞伴右脚交叉踏在左脚前,脚尖外开。

(6)男舞伴右脚并脚(两腿保持吸力);女舞伴左脚横步,步距不要过大,注意右脚拧胯。

6. *右分展步*

右分展步的舞步节拍为 1 小节 3 步(图 6-5)。

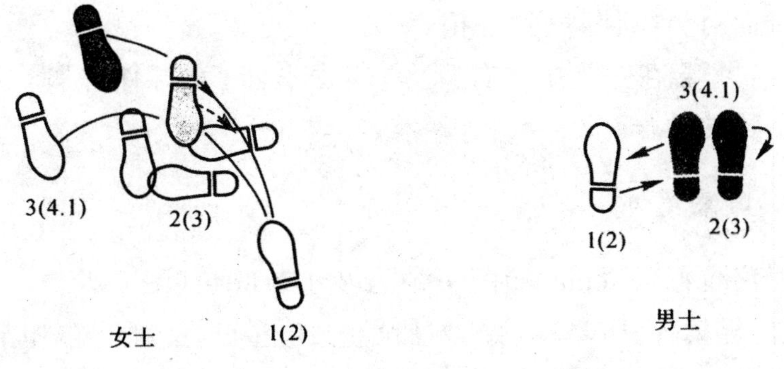

图 6-5

(1)男舞伴左脚横步稍前,右手扶着女舞伴(腰有立度);女舞伴右脚后退,右脚转 1/2 周。

(2)男舞伴重心移至右脚;女舞伴重心移至左脚,向左转 1/4 周。

(3)男舞伴左脚并右脚;女舞伴右脚横步,向左转与男舞伴合成闭式舞姿。

7. 闭式扭胯转

闭式扭胯转的前三步是右分展步,从第四步开始闭式扭转(图 6-6)。

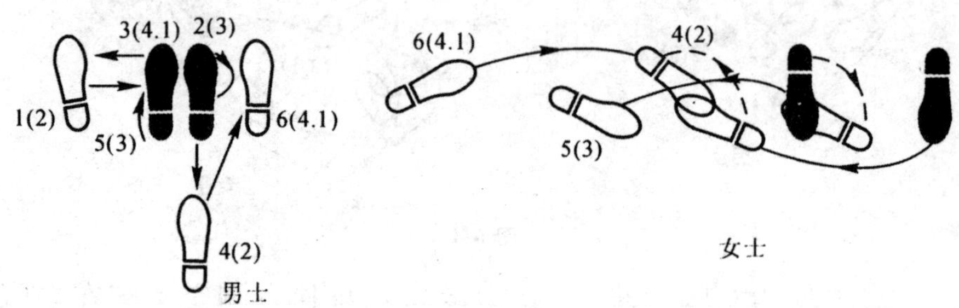

图 6-6

(1)男舞伴在右分展步后,左脚横步,立腰;女舞伴右分展步的最后用力右转,拧胯右转 1/4。

(2)男舞伴重心前移至右脚;女舞伴右脚前进准备左转,展示腿形美。

(3)男舞伴右脚重心,略左转(半拍);女舞伴左转,以右脚掌为轴成面对男舞伴舞姿(一拍,&)。

(4)男舞伴左脚并在右脚旁,成扇形步;女舞伴并脚,这一步应有划腿的动作。

8. 阿莱曼娜

阿莱曼娜(Alemana)的节拍为 2 小节 6 步(图 6-7)。

(1)男舞伴从扇位开始,左脚前进半重心;女舞伴右脚掌向左脚并步,脚跟踏下拧胯。

(2)男舞伴重心后移至右脚,退步要小;女舞伴左脚前进,展示腿形美。

(3)男舞伴左脚并右脚,手过头成 30°角;女舞伴右脚前进靠近男舞伴,不要超男舞伴领带线,在 1 的后半拍(&)时略向右转

(由于男舞伴引带，眼对视)。

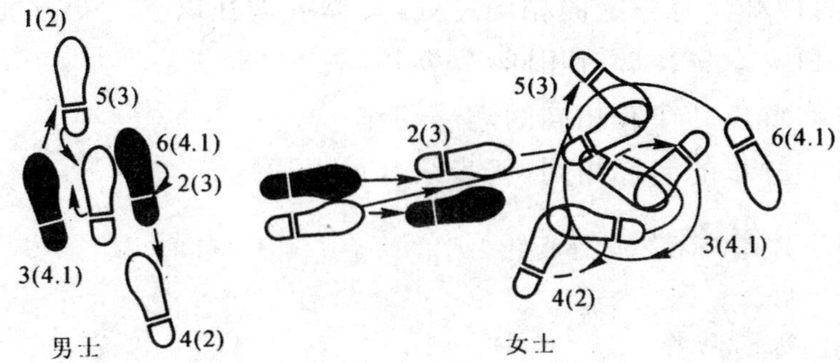

图 6-7

(4)男舞伴右脚后退，步子要小些；女舞伴以右脚为轴，向男左臂下转 1/4 周左脚在前。

(5)男舞伴重心移至左脚；女舞伴左脚为轴，继续右转 1/4 周，右脚前进。

(6)男舞伴右脚并左脚，重心转换清楚；女舞伴左脚前进，右转 1/4 周成闭式。

二、恰恰恰

(一)恰恰恰的风格与特点

恰恰恰的舞蹈动作比较特殊，舞步利落花俏，是模仿企鹅的动作创编而成的舞蹈，每个舞步都在脚掌施加压力，重心在脚上时，放低脚跟，伸直膝关节，用稍离地面的踏步表现欢快的心情。恰恰恰舞蹈过程中，强调线条拉伸的优美，舞者的胯部的扭摆不强调大和多，而是强调自然、顺畅，风格诙谐俏皮，借以表达青年男女之间追逐嬉戏的情景，深受年轻人喜欢。

恰恰恰舞名称动听，节奏欢快易记，音乐很容易辨认，恰恰恰的音乐节拍为 4/4 拍，速度每分钟 31 小节左右，节奏是 two，three，chacha，one。音符通常是短音或是跳音，配以邦伐斯鼓和沙球的“咚咚”“沙沙”，音乐热情奔放。

由于恰恰恰和伦巴均起源于古巴，具有相同的文化背景，因此这两种舞具有一定的相同之处，具体表现在以下三个方面。

(1)男女舞伴握持相同、舞姿相同。

(2)舞步动律有相同的髋部动作。

(3)舞步的名称相同，舞步结合可以通用。

(二)恰恰恰技术动作指导

1. 基本动作

恰恰恰的基本动作(Basic Movement)由 5 步组成，初学者学练可先不加胯部动作(图 6-8、图 6-9)。

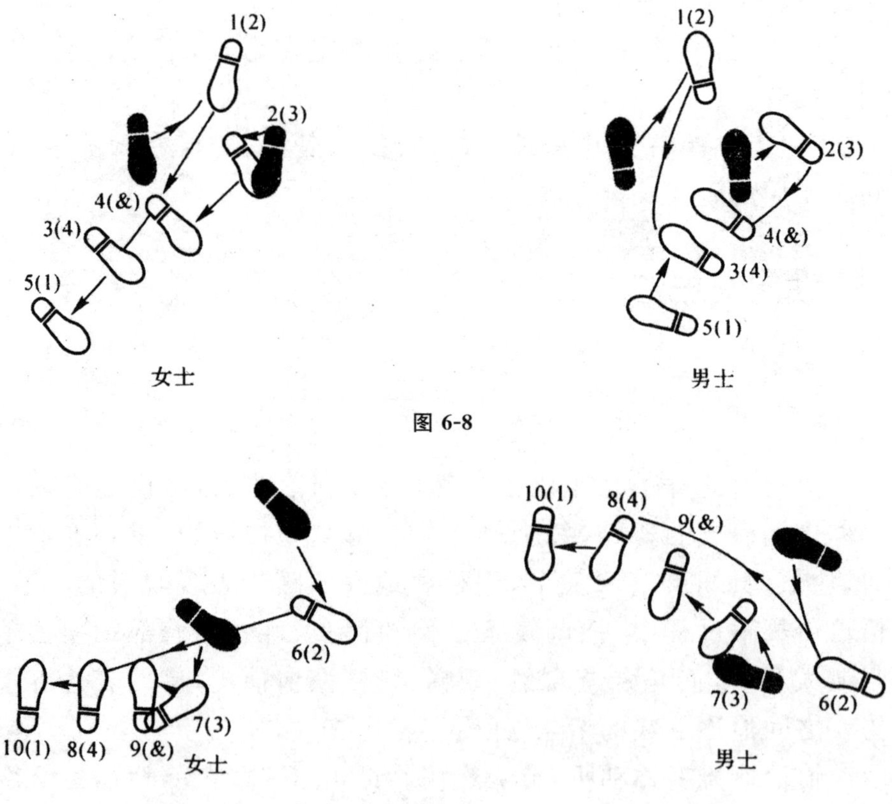

图 6-8

图 6-9

(1)男舞伴左脚前进，先移重心不必出胯；女舞伴右脚后退，步子稍小些，身体上展。

(2)男舞伴重心移回右脚,两腿间有相互的吸力;女舞伴重心移回左脚。

(3)男舞伴左脚横步,注意手臂与腿部动作一致;女舞伴右脚横步。

(4)男舞伴右脚向左脚并步,踮脚跟双膝稍弯;女舞伴左脚向右脚并步,踮脚跟,双膝稍弯。

(5)男舞伴左脚横步,直膝;女舞伴右脚横步,直膝。

(6)男舞伴右脚后退;女舞伴左脚前进。

(7)男舞伴左脚原地踏一步;女舞伴右脚原地踏一步。

(8)男舞伴右脚横步;女舞伴左脚横步。

(9)男舞伴左脚向右脚并步,踮脚跟双膝稍弯;女舞伴右脚向左脚并步,踮脚跟,双膝稍弯。

(10)男舞伴右脚横步,直膝;女舞伴左脚横步,直膝。

2. 扇形步

恰恰恰的扇形步从闭式舞姿开始,两人同时打开扇形位(图6-10)。

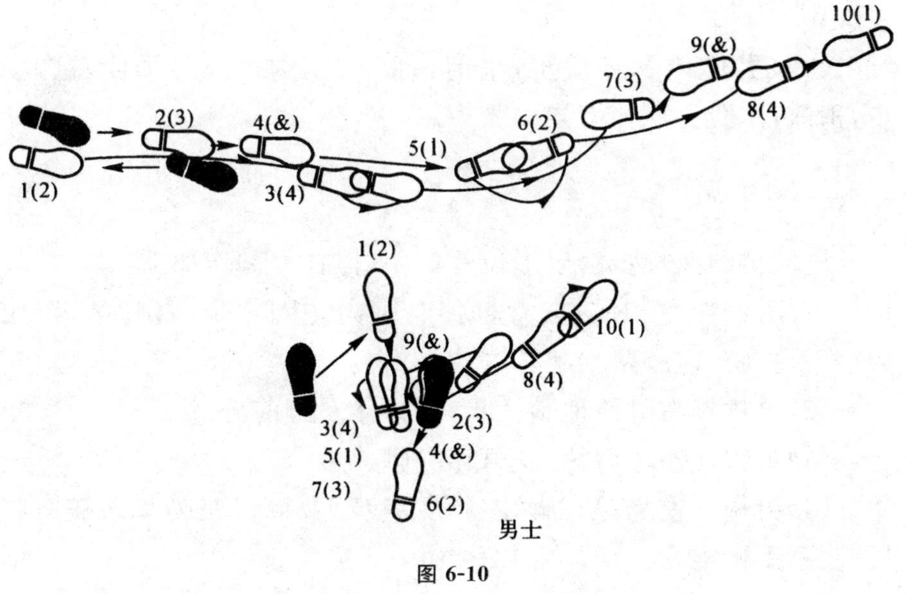

图 6-10

(1)手臂握持正确,运步过程中,男女舞伴的手要有一定的张力和拉力。

(2)同做基本步的前半部分,在合并步时,向左移转 1/8 周,节奏 3 退步要小些,重心不必全落在后脚,女舞伴后退时应在男舞伴拉力下上展。

(3)横步恰恰动作尽可能小,作为一小节的结束拍,可稍休息,为下一步的展示做准备。

(4)上身与下身的感受保持一致,动作与音乐感受保持一致,根据音乐来决定步子的大小和轻重。

(5)男舞伴引导的手臂向上准备做扇形步引导,身体有返身动作。

(6)男舞伴右脚后退,右转 1/8 周;女舞伴左脚前进,准备左转。

(7)男舞伴左脚原地踏一步,身体左转 1/4 周;女舞伴右脚横步稍后,左转。

(8)男舞伴右脚横步;女舞伴左脚后退。

(9)男舞伴左脚并右脚,手臂在胸前向外展;女舞伴右脚并左脚。

(10)男舞伴右脚横步,稍前,打开成扇形步;女舞伴左脚横步,稍前,体会男舞伴引导的张力。

3. 曲棍步

恰恰恰的曲棍步由扇形位开始,具体技术动作如下。

(1)男舞伴左脚前进;女舞伴右脚向左脚并步,右脚掌,跟用力踏下,拧胯,左脚跟抬起,重心在右脚。

(2)男舞伴右脚原地踏一步;女舞伴左脚前进。

(3)男舞伴左脚后拉;女舞伴右脚前进。

(4)男舞伴左脚并右脚,左脚后点步;女舞伴左脚掌踏在右脚后,注意手臂配合。

(5)男舞伴左脚向右脚并步,手臂动作不宜过大;女舞伴右脚前进。

(6)男舞伴右脚后退,略向右转;女舞伴左脚前进注意出脚的速度要快,步子要尽可能小些。

(7)男舞伴左脚原地踏步,并向右转,与前一步共转 1/8 周,左手带领女舞伴在后半拍向左转;女舞伴右脚前进,后半拍左转 1/2 周。

(8)男舞伴右脚踏步;女舞伴左脚踏步,稍后,继续左转,与前一步共转 5/8 周。

(9)男舞伴左脚掌并在右脚跟后;女舞伴右脚后退交叉在左脚前。

(10)男舞伴右脚前进,直膝;女舞伴左脚后退,直膝。

4. 纽约步

恰恰恰的纽约步舞步动作技术(图 6-11)。

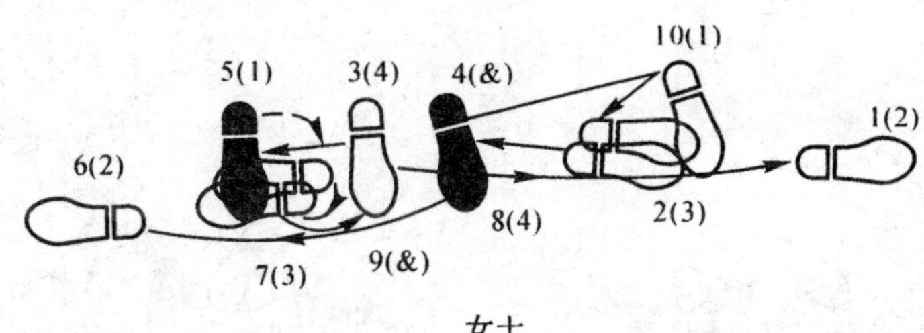

女士

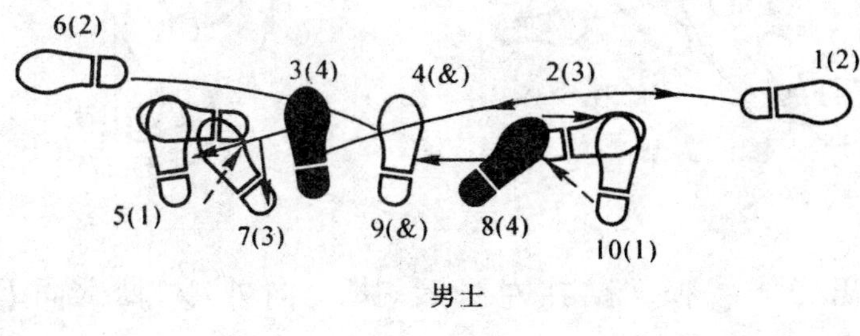

男士

图 6-11

(1)男舞伴右转 1/4,左脚前进,左肩并肩位;女舞伴左转 1/4,右脚前进,右肩并肩位。

(2)男舞伴右脚原地踏一步,后半拍准备左转;女舞伴左脚原地踏一步,后半拍准备右转。

(3)男舞伴左转 1/4,左脚横步;女舞伴右转 1/4,右脚横步。

(4)男舞伴右脚并左脚;女舞伴左脚并右脚。

(5)男舞伴左脚横步,直膝,准备左转;女舞伴右脚横步,直膝,准备右转。

(6)男舞伴左转 1/4,右脚前进,右肩并肩位;女舞伴右转 1/4,左脚前进,右肩并肩位。

(7)男舞伴左脚原地踏一步,后半拍准备右转;女舞伴右脚原地踏一步,后半拍准备左转。

(8)男舞伴右转 1/4,右脚横步;女舞伴左转 1/4,左脚横步。

(9)男舞伴左脚并右脚;女舞伴右脚并左脚。

(10)男舞伴右脚横步,直膝;女舞伴左脚横步,直膝。

5. 右陀螺转

右陀螺转由闭式舞姿开始(图 6-12)。

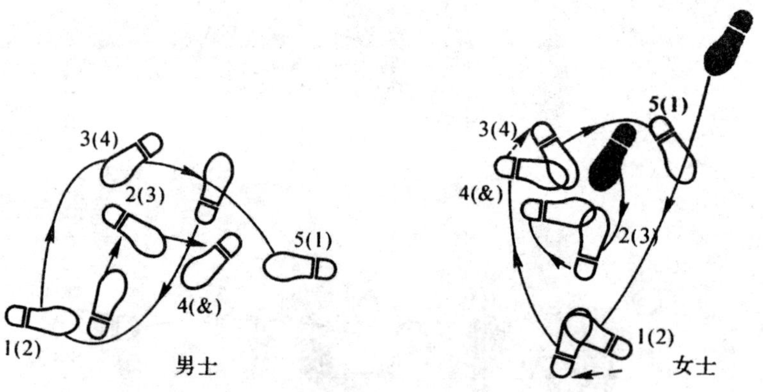

图 6-12

(1)男舞伴右脚掌踏在左脚后,脚尖向外,左脚掌向右转;女舞伴左脚掌横步向右转。

(2)男舞伴左脚横步,继续右转;女舞伴右脚在左脚前交叉,继续右转。

(3)男舞伴动作同第 2 步动作,继续右转;女舞伴同 2 的动作,继续右转。

(4)男舞伴同第 3 步的动作,继续右转;女舞伴同第 3 步的动作,继续右转。

(5)男舞伴右脚横步,右转一周完毕;女舞伴动作同第 2 步动作,右转一周完毕。

6. 点转

点转过程中,男女舞伴应协调配合同时转(图 6-13)。

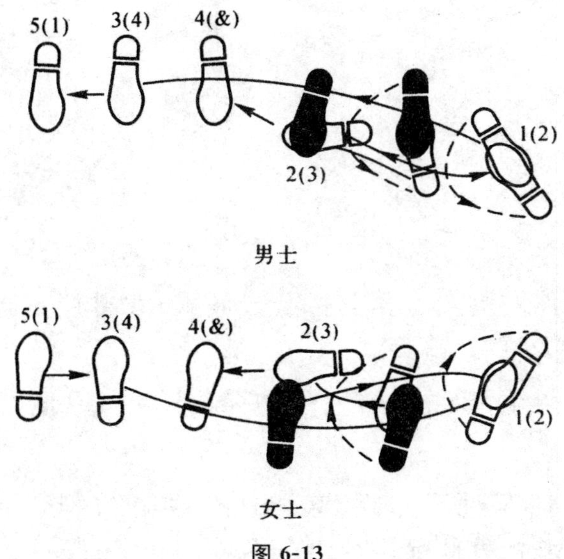

图 6-13

(1)男舞伴右脚进左脚前交叉,脚跟离地,双脚掌为轴左转,转时重心偏右,右肩引导;女舞伴左脚进右脚前交叉,脚跟离地,双脚掌为轴右转,重心偏向左脚,注意视点转换。

(2)男舞伴继续左转,重心在左脚;女舞伴继续右转,重心在右脚。

(3)男舞伴左转一周完成与女舞伴相对,右脚横步;女舞伴右转一周完成与男舞伴相对,左脚横步。

(4)男舞伴左脚并右脚;女舞伴右脚并左脚。

(5)男舞伴右脚横步;女舞伴左脚横步,腿部超伸后放松形成一个自然的胯部动作。

7. 闭式扭胯转

恰恰恰的闭式扭胯转由闭式舞姿开始,结束于扇形位(图 6-14)。

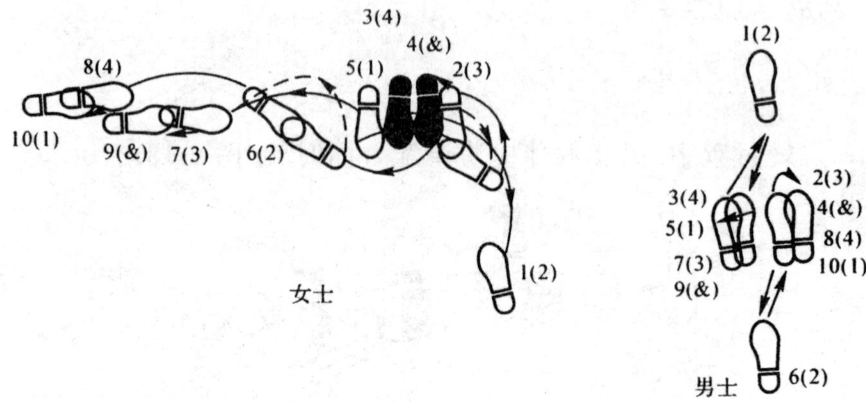

图 6-14

(1)男舞伴左脚向旁稍前打开分展式;女舞伴右脚后退,左脚掌为轴右转 1/2 周。

(2)男舞伴右脚原地踏一步;女舞伴左脚原地踏一步,准备左转。

(3)男舞伴左脚并右脚;女舞伴左脚掌为轴扭胯,左转 1/4 周,右脚向男舞伴外侧前进一小步。

(4)男舞伴右脚原地踏一步;女舞伴左脚并右脚。

(5)男舞伴左脚横步,略前,左转 1/8 周;女舞伴扭胯右转 1/8 周,右脚横步略前。

(6)男舞伴右脚后退,带女舞伴转身;女舞伴左脚前进,左转 1/8 周。

(7)男舞伴左脚原地踏一步,左转 1/8 周;女舞伴右脚横步稍后,继续 1/4 周。

(8)男舞伴右脚横步;女舞伴左转 1/4 周,左脚后退。

(9)男舞伴左脚并右脚;女舞伴右脚向后退,在左脚前交叉。

(10)男舞伴右脚横步稍前,打开成扇形步;女舞伴左脚横步稍前,打开成扇形步,从第 7 步至第 10 步共转 3/8 周。

8. 阿莱曼娜

恰恰恰的阿莱曼娜(Alemana)在扇形步的基础上开始,女舞伴在男舞伴臂下右转1圈的动作。

(1)男舞伴左脚前进;女舞伴右脚向左脚并步,右脚掌、跟用力踏下拧胯,左脚跟抬起,重心在右脚。

(2)男舞伴右脚原地踏1步,女舞伴左脚前进。

(3)男舞伴左脚横步,女舞伴右脚前进。

(4)男舞伴右脚并左脚;女舞伴左脚掌踏在右脚后,膝稍弯。

(5)男舞伴左脚横步;女舞伴右脚向男舞伴两脚间前进,准备右转。

(6)男舞伴右脚后退右转1/8周;女舞伴右脚拧胯,带动左脚前进,右转1/4周。

(7)男舞伴左脚原地重心;女舞伴左脚重心,拧胯,带动右脚前进,继续右转。

(8)男舞伴右脚小步向前;女舞伴左脚前进,继续右转,直到男舞伴右侧。

(9)男舞伴左脚小步向右脚后并步,脚尖外开;女舞伴右脚踏在左脚后。

(10)男舞伴右脚小步向前进;女舞伴左脚稍前进,向右转1/8周,与男舞伴成闭式舞姿。

三、桑巴舞

(一)桑巴舞的风格与特点

桑巴舞态富有动感,舞蹈动作具有弹跳性,舞步弹跳瞬间,重心用踮脚完成。桑巴舞的足步动作完全由脚掌来完成,脚掌应该是平面的踏地,脚跟不着地随着足部的弹动所产生的上下起伏的落差,由膝关节和髋部所吸收,髋部韵律丰富。

桑巴属于游走型的舞蹈。舞步摇曳多变，既有前后的运动，又有左右的摆动，舞蹈过程中，舞者需要不停地游走、移位，因此动律感极强，富有活力。

桑巴舞的音乐为 4/4 或 2/4 拍，每分钟 51 小节左右，音乐热烈，充满激情，积极向上。

（二）桑巴舞技术动作指导

1. 原地桑巴步

从闭式舞姿开始（图 6-15）。

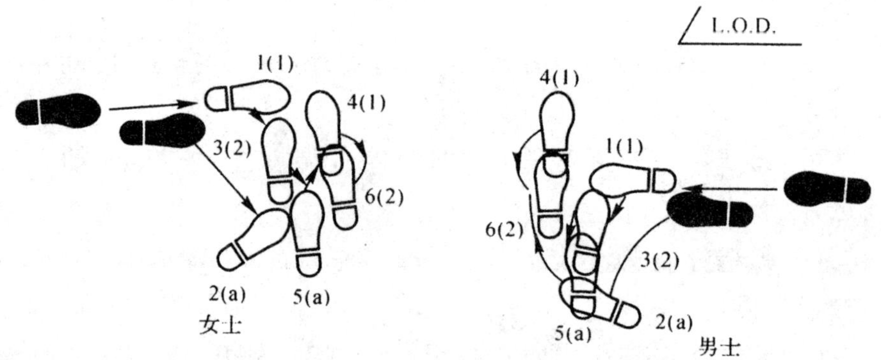

图 6-15

（1）男舞伴左脚前进小步；女舞伴右脚前进，小步。

（2）男舞伴右脚后退，伸直后掌，重心半移至右脚；女舞伴左脚后退，伸直后掌，重心半移至左脚。

（3）男舞伴左脚向右脚方向后拖一步；女舞伴右脚向左脚方向后拖一步。

（4）男舞伴右脚前进小步；女舞伴左脚前进小步。

（5）男舞伴左半腿后退，伸直后撑，重心半移至左脚；女舞伴右脚后退，伸直后撑，重心半移至右脚。

（6）男舞伴右脚向左脚方向后拖一小步；女舞伴左脚向右脚方向后拖一小步。

2. 左进基本步

由闭式舞姿开始,左脚进步(图 6-16)。

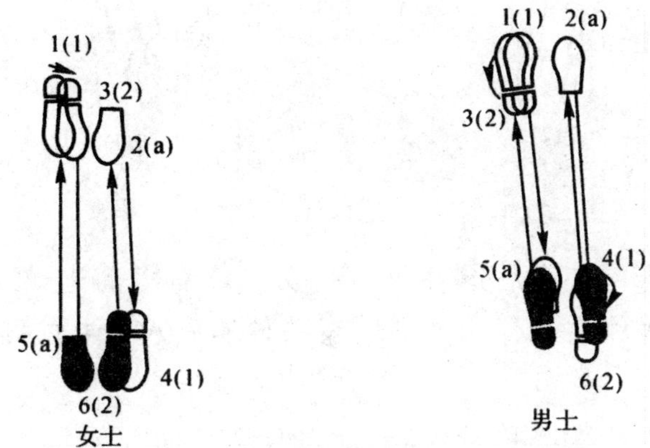

图 6-16

(1)男舞伴左脚前进,膝稍弯,手臂高度与目平;女舞伴右脚后退,膝稍弯。

(2)男舞伴右脚掌并左脚,膝稍伸直;女舞伴左脚掌并右脚,膝稍伸直。

(3)男舞伴重心移至左脚,膝稍弯;女舞伴重心移至右脚,膝稍弯。

(4)男舞伴重心不变,膝稍直;女舞伴重心不变,膝稍直。

(5)男舞伴右脚后退,膝稍弯;女舞伴左脚前进,膝稍弯。

(6)男舞伴左脚掌并右脚,膝稍弯;女舞伴右脚掌并左脚,膝稍弯。

(7)男舞伴重心移至右脚,膝稍弯;女舞伴重心移至左脚,膝稍弯。

3. 右进基本步

由闭式舞姿开始,右脚前步(图 6-17)。

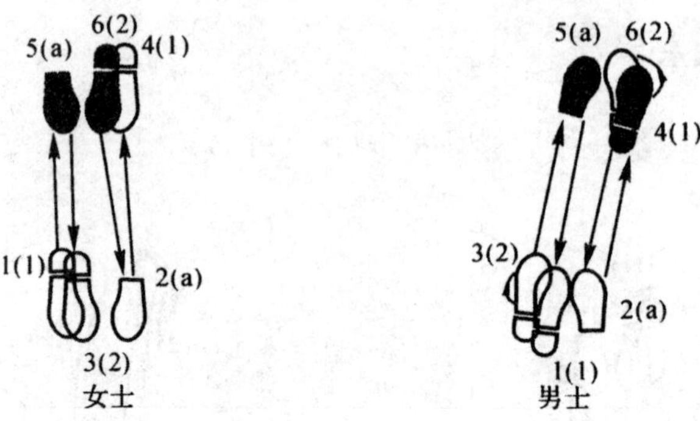

图 6-17

(1)男舞伴左脚后退,膝稍弯;女舞伴右脚前进,膝稍弯。

(2)男舞伴右脚掌并左脚,膝稍伸直;女舞伴右脚前进,膝稍伸直。

(3)男舞伴重心移至左脚;女舞伴重心移至右脚。

(4)男舞伴右脚前进,膝稍弯;女舞伴左脚前进,膝稍弯。

(5)男舞伴左脚掌并右脚,膝稍直;女舞伴右脚掌并左脚,膝稍直。

(6)男舞伴重心移至右脚,膝稍弯;女舞伴重心移至左脚,膝稍直。

4. 叉形步

叉形步,即一脚叉在另一脚后的舞步动作(图 6-18)。

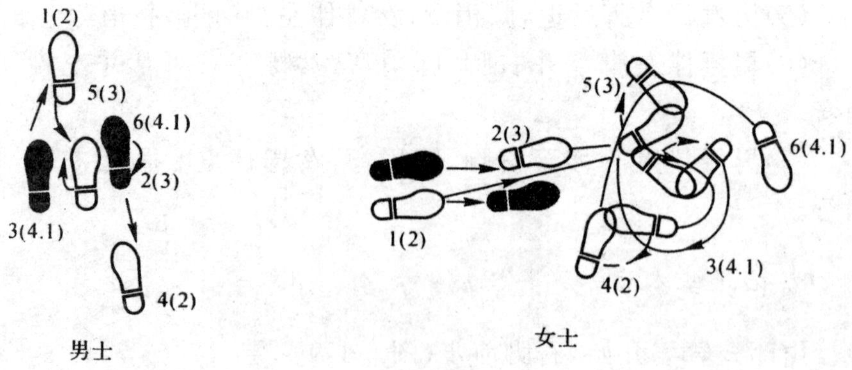

图 6-18

(1)男舞伴左脚横步;女舞伴右脚横步。

(2)男舞伴右脚尖点踏在左脚跟后交叉点;女舞伴左脚尖点踏在右脚跟后交叉点。

(3)男舞伴重心移至左脚,膝稍弯;女舞伴重心移至右脚,膝稍弯。

(4)男舞伴右脚横步;女舞伴左脚横步。

(5)男舞伴左脚尖点踏在右脚跟后交叉点;女舞伴右脚尖点踏在左脚跟后交叉点。

(6)男舞伴重心移回右脚;女舞伴重心移回左脚。

5. 旁步

桑巴的旁步的完整舞步技术动作(图 6-19)。

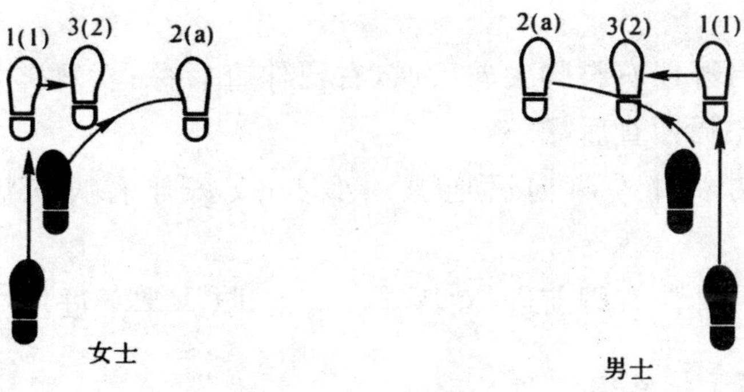

图 6-19

(1)男舞伴右脚前进;女舞伴左脚前进。

(2)男舞伴左脚向旁横步,重心移一半,右转 1/4 周;女舞伴右脚向旁横步,重心移一半,左转 1/4 周。

(3)男舞伴右脚向左拖退一小步;女舞伴左脚向右拖退一小步。

6. P. P. 舞姿的桑巴走步

P. P. 舞姿的桑巴走步技术动作(图 6-20)。

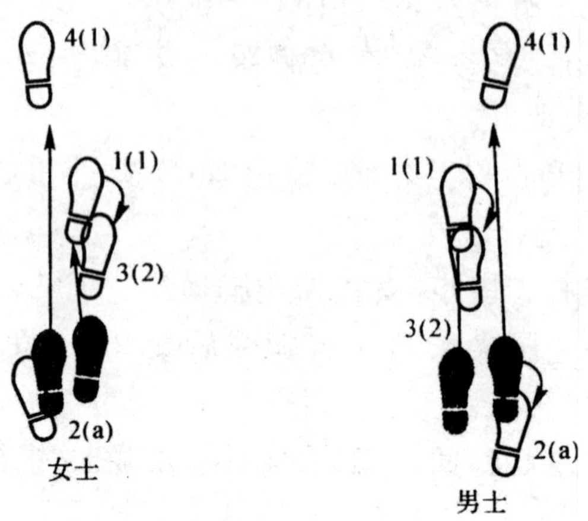

图 6-20

(1)男舞伴左脚前进(脚掌平进);女舞伴右脚前进(脚掌平进)。

(2)男舞伴右脚脚尖向后退,右腿伸直后撑;女舞伴左脚脚尖向后退,左腿伸直后撑。

(3)男舞伴左脚向后拖退一小步;女舞伴右脚向后拖退一小步。

(4)男舞伴右脚前进;女舞伴左脚前进(脚掌平进)。

7. 影子位点滑步

影子位点滑步从 P. P. 舞姿开始(图 6-21)。

(1)男舞伴左脚前进,左转准备;女舞伴右脚前进,右转准备。

(2)男舞伴右脚向旁横步,重心移一半,向左转;女舞伴左脚向旁横步,重心移一半,向右转。

(3)男舞伴重心移至左脚,1～3 步共左转 1/4 周;女舞伴重心移至右脚,1～3 步共右转 1/4 周。

(4)男舞伴右脚前进,右转准备;女舞伴左脚前进,左转准备,此时舞伴正处于交叠姿态。

(5)男舞伴左脚向旁横步,重心移一半右转;女舞伴右脚向旁横步,重心移一般左转。

(6)男舞伴重心移至右脚，1～3 步共转 1/4 周；女舞伴重心移至左脚，1～3 步共转 1/4 周。

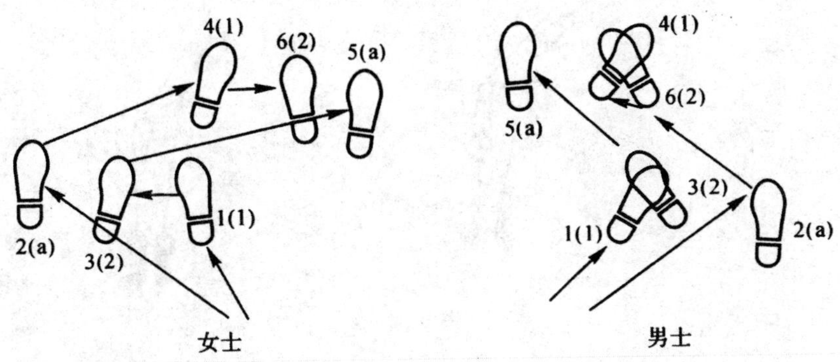

图 6-21

四、斗牛舞

(一)斗牛舞的风格与特点

斗牛舞的舞蹈风格充满阳刚与热情、彪悍兴奋，舞者在舞蹈过程中始终保持一种敏捷、自豪的状态。

斗牛舞没有胯部的扭动动作，脚步干净利落，舞步奔突进发。男舞伴的舞蹈动作多表现斗牛士的勇猛、坚强、潇洒；女舞者则要突出线条优美，突出斗篷挥舞的自由流畅，有大幅度的旋转及跳跃动作。

伴奏音乐多用西班牙斗牛士风格的进行曲，音乐雄壮威武，节奏为 2/4 拍。

(二)斗牛舞技术动作指导

1. 基本动作

由闭式舞姿开始(图 6-22)。

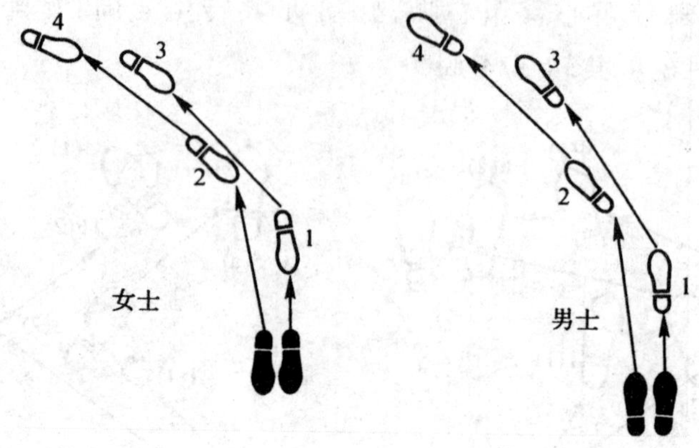

图 6-22

(1)男舞伴右脚前进,女舞伴左脚后退。

(2)男舞伴左脚前进,女舞伴右脚后退。

以上动作反复做,共跳八步形成向左行进的弧线。

2. 突刺换步

(1)男舞伴右脚原地踩步,女舞伴左脚原地踩步。

(2)男舞伴左脚向旁迈步,左转 1/8 周成 P. P.;女舞伴右脚向旁迈步,右转 1/8 周成 P. P.。

(3)男舞伴右脚在 P. P. 位上前伸,脚尖外缘点步,无重心;女舞伴左脚在 P. P. 位上前伸,脚尖外缘点步,无重心。

(4)男舞伴右脚回向左脚并步,右转 1/8 周成闭式;女舞伴左脚回向右脚并步,左转 1/8 周成闭式。

(5)男舞伴左脚后退,左转 1/8 周,成 P. P. 倒步;女舞伴右脚后退,右转 1/8 周,成 P. P. 倒步。

(6)男舞伴右脚向左脚并步,右转 1/8 周成闭式;女舞伴左脚向右脚并步,左转 1/8 周成闭式。

3. 右追步

由闭式舞姿开始,男舞伴面对中央,女舞伴背对中央(图 6-23)。

图 6-23

(1)男舞伴右脚掌向右横步,女舞伴左脚掌向左横步。

(2)男舞伴左脚并右脚,女舞伴右脚并左脚。

第三、四步反复第一、二步的动作,一般连续跳四步即可。

4. 左追步

左追步(Chasse to Left),也称左并合步,由闭式舞姿开始,男舞伴面对墙壁,女舞伴背对墙壁(图 6-24)

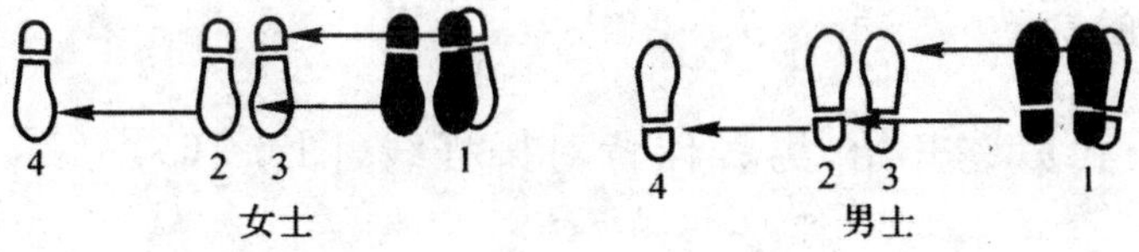

图 6-24

(1)男舞伴右脚掌原地踏步,女舞伴左脚掌原地踏步。

(2)男舞伴左脚横步,女舞伴右脚横步。

(3)男舞伴右脚并左脚,女舞伴左脚并右脚。

(4)男舞伴左脚横步,女舞伴右脚横步。

5. 攻进步

由闭式舞姿开始,开始时男舞伴面对中央,结束时男舞伴背对舞程线(图 6-25)。

(1)男舞伴右脚原地踩步;女舞伴左脚原地踩步。

(2)男舞伴左脚前进一大步,左手轻推女舞伴,后半拍时左转 1/4 周;女舞伴右脚后退一大步,后半拍时左转 1/4 周。

(3)男舞伴右脚向旁大步滑出,屈膝成大弓步,左脚直腿旁伸,左臂向外划弧旁伸,与腰同高,身向左倾斜;女舞伴由男舞伴带领做相反的动作。

(4)男舞伴左脚收回并步，女舞伴右脚收回并步(图 6-25)。

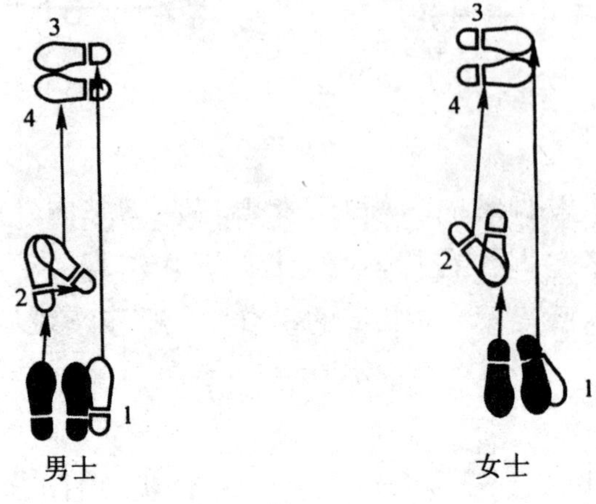

图 6-25

6. 推离步

由闭式舞姿开始，男舞伴背对舞程线(图 6-26)。

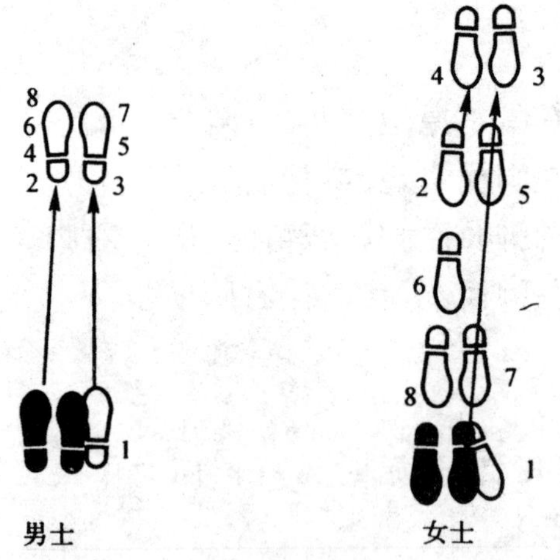

图 6-26

(1)男舞伴右脚原地踩步，左手下放至腰部；女舞伴左脚原地踩步，右手下放至腰部。

(2)男舞伴左脚前进一大步，左手前推女舞伴(不放开手)，右手放开，使其后退；女舞伴右脚借男舞伴推势后退一大步，膝稍弯。

(3)男舞伴右脚向左脚并步;女舞伴左脚小步后退,渐渐直膝。

(4)男舞伴左脚原地踏步与女舞伴成开式舞姿;女舞伴右脚向左脚并步,直膝。

(5)男舞伴右脚原地踏步;女舞伴左脚前进小步。

(6)男舞伴左脚原地踏步,女舞伴右脚前进小步。

(7)男舞伴右脚原地踏步,女舞伴左脚前进小步。

(8)男舞伴左脚原地踏步,女舞伴右脚前进小步。

7. 变位十六步

由闭式舞姿开始,男舞伴面对墙壁(图 6-27)。

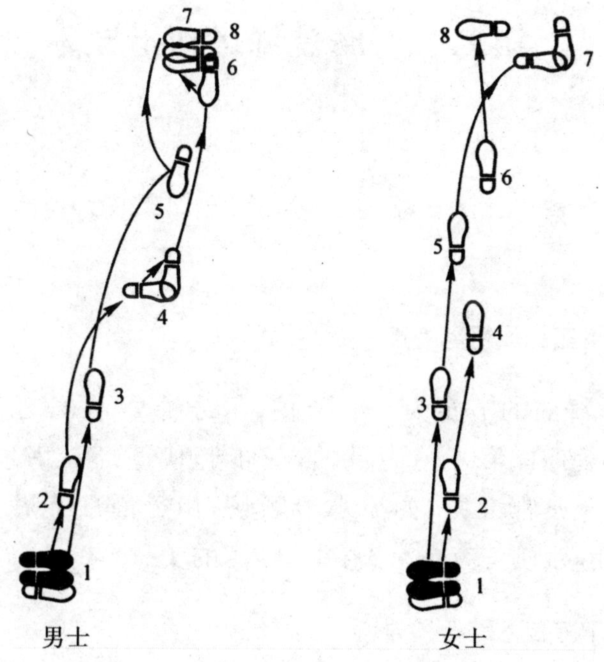

图 6-27

(1)男舞伴右脚原地跺步,左手向旁平打开,头右转;女舞伴左脚原地跺步,右手与男舞伴相握向旁打开,头右转。

(2)男舞伴左脚向旁迈步,同时左转 1/4 周成 P. P. ;女舞伴右脚旁步,左转 1/4 周成 P. P. 。

(3)男舞伴右脚 P.P. 前进,女舞伴左脚 P.P. 前进。

(4)男舞伴左脚前进右转 3/8 周,左脚横步成闭式;女舞伴右脚前进,成闭式。

(5)男舞伴右脚后退,右肩引导;女舞伴左脚前进,左肩引导。

(6)男舞伴左脚后退,女舞伴右脚前进外侧步。

(7)男舞伴右脚并左脚,右转 1/4 周成 P.P.;女舞伴左脚横步,右转 3/8 周成 P.P.。

(8)男舞伴左脚原地踏步,女舞伴右脚重心前移。第 9 至第 16 步同前第 5 动作(变位 8 步),但注意,第 9 至第 10 两步男舞伴仍原地踏步。

第二节　摩登舞运动指导

一、华尔兹

(一)华尔兹的风格与特点

华尔兹舞曲的节奏为 3/4 节拍,每分钟 20～30 小节,并且每一个小节有三拍,第一拍为重拍,三步起伏循环。华尔兹舞的动作潇洒自如,典雅大方,如流水般顺畅,像云霞般光辉,波浪起伏接连不断的潇洒旋转,享有“舞中皇后”的美称。

(二)华尔兹技术动作指导

1. 前直步

预备姿势:松膝降重心,右腿支撑左腿前出(图 6-28)。

(1)右脚推撑地面,将重心移至左脚经脚跟过渡全掌成支撑,此时重心处于最低点,右腿前出。

(2)左脚推撑地面,将重心移至右脚前脚掌成支撑,后半拍中心开始上升。

(3)右腿撑伸将左脚拉移靠并右腿,前 3/4 拍重心升至最高点,后 1/4 拍松膝降重心。

图 6-28

2. 后直步

预备姿势:松膝降重心,右腿支撑,左腿后出(图 6-29)。

(1)右脚推撑地面,将重心移至左腿经脚前掌过渡全掌成支撑,此时重心处于最低点,右腿后出。

(2)左脚推撑地面,将重心移至右腿脚前掌成支撑,后半拍重心开始上升。

(3)右腿撑伸将左腿拉移靠并右腿,前 3/4 拍重心升至最高点,后 1/4 拍松膝降重心。

图 6-29

3. *左转步*

如图 6-30 所示。

(1)男士左脚前进,开始左转;女士右脚后退,开始左转。

(2)男士经右脚横步,1～2 转 1/4 周;女士左脚经右脚横步,1～2 转 3/8 周,身体稍转。

(3)男士左脚并于右脚,2～3 转 1/8 周;女士右脚并于左脚,身体完成转动。

(4)男士右脚后退,4～5 转 3/8 周;女士左脚前进,继续左转。

(5)男士左脚经右脚横步身体稍转;女士右脚经左脚横步,4～5 转 1/4 周。

(6)男士右脚并左脚,身体完成转动;女士左脚并右脚,5～6 转 1/8 周。

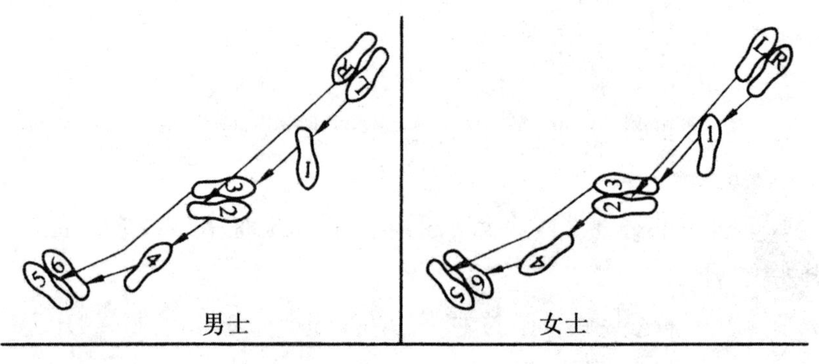

图 6-30

4. *右转步*

如图 6-31 所示。

(1)男士右脚前进开始右转;女士左脚后退开始右转。

(2)男士左脚经右脚横步,1～2 转 1/4 周;女士右脚经左脚横步,1～2 转 3/8 周,身体稍转。

(3)男士右脚并于左脚,2～3 转 1/8 周;女士左脚并于右脚,身体完成稍转。

(4)男士左脚后退,4～5 转 3/8 周;女士右脚前进,继续右转。

(5)男士右脚经左脚横步,身体稍转;女士左脚经右脚横步稍前,4～5 转 1/4 周。

(6)男士左脚并于右脚;女士右脚并于左脚,5～6 转 1/8 周。

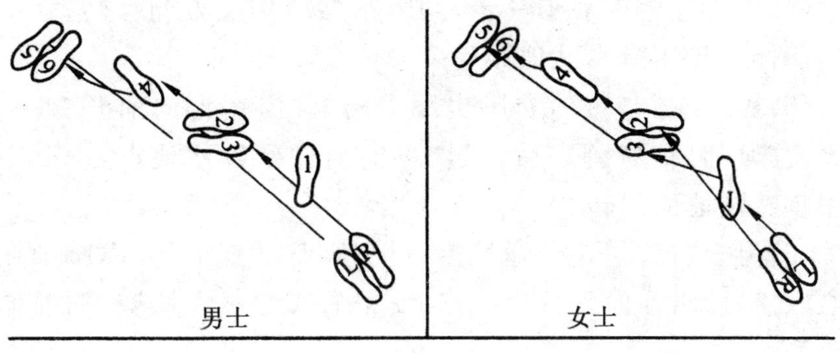

图 6-31

5. 向右急转

在舞程进行中,向右急转共有六步,第一步至第三步做一个右转身;第四步至第六步做一个急速的 180°反方向转身(图 6-32)。

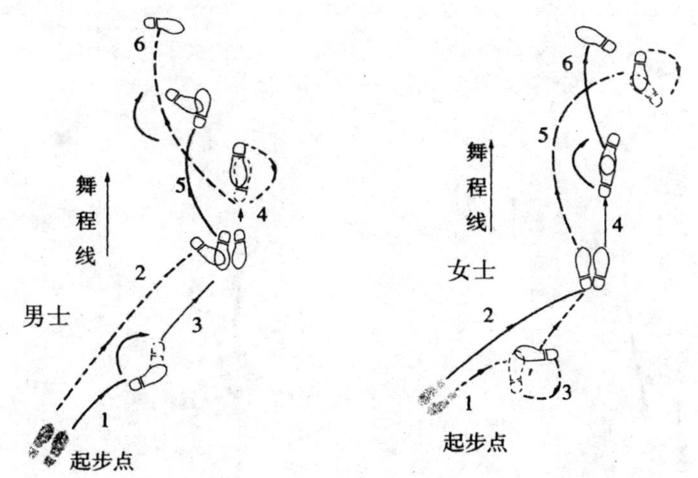

图 6-32

(1)男士右脚向前进一步,用脚掌贴地而转,同时左脚在右脚之后横过配合右脚移动;女士左脚向后退一步,用脚掌贴地移转。

(2)男士左脚在右脚贴地转移时,应顺势自后横过到达合适地点;女士右脚横过左脚之前,向前伸出。

(3)男士右脚向左脚拍合的时间非常之短,右脚几乎一到,左脚就要后退;女士左脚向右脚拍合。

(4)男士左脚向后退一步,用脚掌贴地作反方向移转;女士右脚向前伸一步用脚掌贴地做整个身体180°转向。

(5)男士左脚转好,右脚也跟着转好之后,再向前开出一步;女士左脚同时在右脚之后横过,再向前伸到合适地点,仍旧不停的用脚掌贴地面而转。

(6)男士右脚到达合适地点,仍用脚掌贴地而转,左脚则在右脚之后横过,再横向平伸出一步;女士右脚经过左脚旁,向前伸出一步。

6. 后退锁步

在华尔兹中,后退锁步是一种简单的花式舞步,一共6拍,每拍一步,共6步(图6-33)。

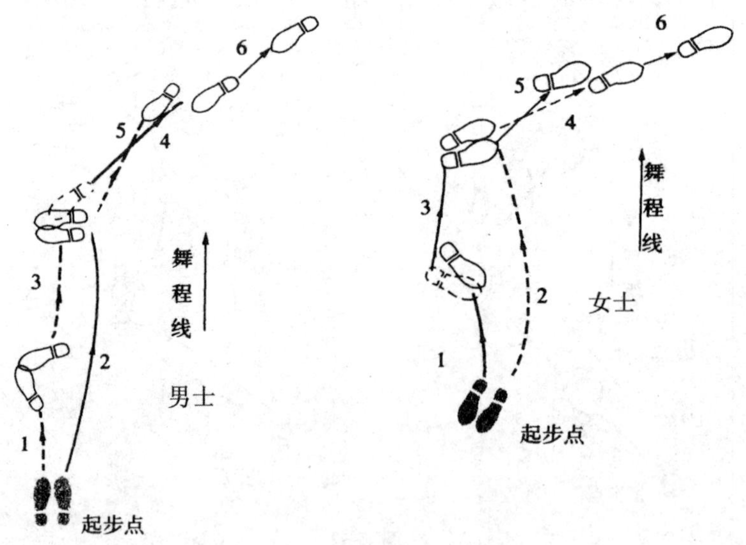

图 6-33

(1)男士左脚向前一步,同时左脚掌贴地而转,整个身体都移转方向;女士右脚向后退一步,用脚掌转移,整个身体一起移转方向。

(2)男士右脚横过左脚后方，再向右移出，到达合适地点；女士左脚横过右脚之前，再向左方移出。

(3)男士左脚向右脚拍合，女士右脚向左脚拍合。

(4)男士右脚后退一大步是直线的后退；女士左脚向前一大步，直线向前。

(5)男士左脚在右脚之后后退。左脚不能后退到超过右脚所在的位置，只能达到右脚之前右方就要停止；女士右脚伸向左脚左后方。

(6)男士右脚后退一步，女士左脚向前伸出一步。

7. *右脚并换步*

右脚并换步 1 小节 3 步。右脚并步指男士而言(图 6-34)。

(1)男士右脚前进；女士左脚后退。

(2)男士左脚横移并稍向前；女士右脚横移并稍后退。

(3)男士右脚并左脚；女士左脚并右脚。

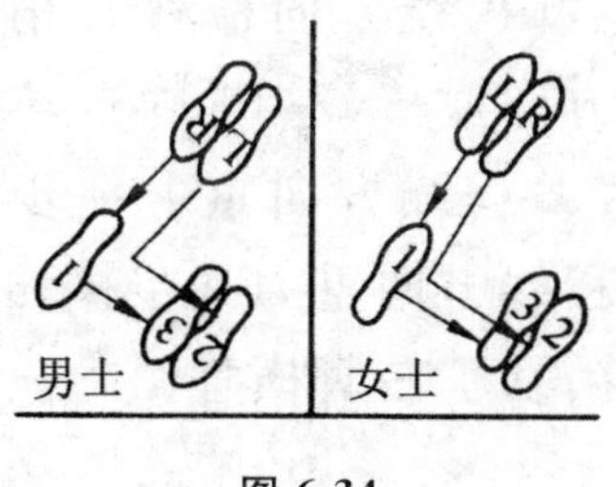

图 6-34

8. *叉形步*

叉形步 1 小节 3 步，男士不转体，女士 1/4 向右转体形成侧行位置开始舞姿(图 6-35)。

(1)男士左脚前进，低位运行；女士右脚后退，低位运行开始左转。

(2)男士右脚横移，到位后重心完全升起；女士左脚横移，右转 1/4。

(3)男士高位运行，左脚交叉于右脚后；女士右脚在侧行位置交叉于左脚后，身体完成转动。

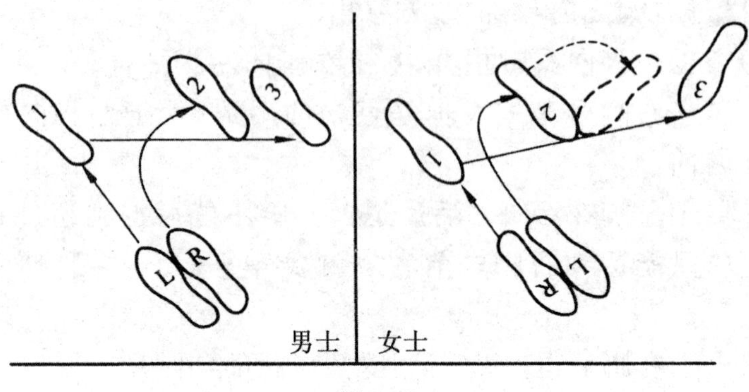

图 6-35

9. 侧行追步

侧行追步 1 小节 4 步，男士不转体，女士 1/4 左转（图 6-36）。

（1）男士右脚沿着舞程线方向前进；女士左脚沿着舞程线方向前进。

（2）男士左脚沿着舞程线方向横移并稍前进；女士右脚在身体左转中沿着舞程线方向横移，左转 1/8。

（3）男士右脚沿着舞程线方向重力拖步横移并步；女士左脚在身体左转中沿着舞程线方向重力拖步横移并步，左转 1/4。

（4）男士左脚横移；女士右脚横移。

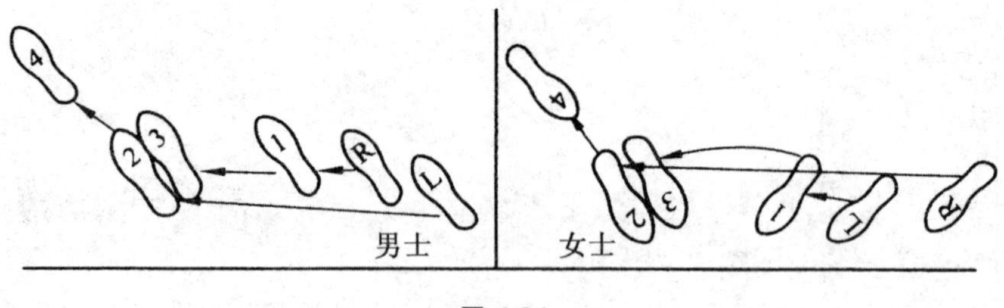

图 6-36

10. 扫步

（1）男士左脚前进，着地时先脚跟后脚掌（跟掌）；女士右脚后退，着地时先脚掌后脚跟（掌跟）。

(2)男士右脚横步稍前，着地时用脚掌(全掌)；女士左脚斜后退，着地时用脚掌。

(3)男士左脚在右脚后交叉，着地时先脚掌后脚跟，结束时成开式舞姿；女士右脚应在左脚后交叉，着地时先脚跟后脚掌，结束时成开式舞姿。

11. *右旋转步*

右旋转步有六步，节奏为1、2、3、1、2、3。

(1)男士右脚前进开始右转；女士左脚后退开始右转。

(2)男士左脚经过右脚横步，1～2转1/4周；女士右脚经左脚横步，1～2转3/8周，身体稍微转。

(3)男士右脚并于左脚，2～3转1/8周；女士左脚并于右脚，身体完成稍微转。

(4)男士左脚后退，左脚保持在反身动作位置中(轴转)右转1/2周过渡到跟，掌转；女士右脚前进(轴转)右转1/2周，跟脚。

(5)男士右脚要前进继续右转跟掌；女士左脚后退，并向左侧继续右转跟掌。

(6)男士左脚横步稍微后，5～6转3/8周，掌跟；女士右脚经过左脚斜进，5～6转3/8周，掌跟。

二、探戈

(一)探戈的风格与特点

探戈舞的舞曲为2/4拍子，速度为每分钟30～34小节。其音乐特点主要是以分音为主，并带有停顿和附点。探戈舞的舞步分为快步(Q)和慢步(S)，并且快步占半拍，慢步占一拍。探戈舞的运步非常独特，被人们形象地称为“蟹行猫步”。在跳探戈舞时，要保持膝部放松、微屈，舞步要平稳，运步的路线成弧线，没有华尔兹舞中明显的升降。

(二)探戈技术动作指导

1. 二常步

二常步有两步,节奏为 S、S。

男士:左脚前进,跟掌;女士:右脚后退,掌跟。

男士:右脚前进,右肩引导,跟掌,左转 1/8 周;女士:左脚后退肩引导,掌跟,左转 1/8 周。

2. 四快步

四快步有四步,节奏为 Q、Q、Q、Q。

男士:左脚前进,跟掌;女士:右脚后退,掌跟。

男士:右脚横步稍后,掌跟,1～2 左转 1/8 周;女士:左脚横步稍前,全脚,1～2 左转 1/8 周。

男士:左脚后退,掌跟;女士:右脚外侧前进,跟掌。

男士:右脚后退并于左脚,全脚,3～4 右转 1/8 周;女士:左脚前进并于右脚,重心在左脚,全脚,3～4 之间右转 1/8 周。

3. 行进旁步

行进旁步有三步,节奏为 Q、Q、S。

男士:左脚前进,跟掌;女士:右脚后退,掌跟。

男士:右脚横步,右肩引导,跟掌;女士:左脚后退,右肩引导,掌跟。

男士:左脚前进,跟掌;女士:右脚后退,掌跟。

4. 侧行右转

侧行右转有四步,节奏为 S、Q、Q、S。

男士:左脚横步侧行,跟掌;女士:右脚在侧行位置下横步,跟掌。

男士:右脚在侧行位置及反身位置交叉前进,跟掌;女士:左脚在侧行位置及反身位置下交叉前进，跟掌。

男士：左脚横步稍前，掌跟，右转 3/8 周；女士：右脚前进，跟掌，右转 1/8 周。

男士：右脚前进，跟掌，右转 1/4 周；女士：左脚横步，掌跟，右转 1/4 周。

5. 左足摇步

左足摇步有三步，节奏为 Q、Q、S。

男士：重心转移至左脚，掌跟；女士：重心转移至右脚，跟掌。

男士：重心转移至右脚，跟掌；女士：重心转移至左脚，掌跟。

男士：左脚后退，掌跟；女士：右脚前进，跟掌。

6. 右摇转步

右摇转步有三步，节奏为 Q、Q、S。

男士：右脚前进，右肩引导，跟掌；女士：左脚后退，右肩引导，掌跟。

男士：左脚向侧并稍后，掌跟；女士：右脚前进，稍向右侧，跟掌。

男士：重心回到右脚，右肩引导，跟掌，1～3 之间右转 1/4 周；女士：左脚后退，稍向右侧，左引导，掌跟，1～3 之间右转 1/4 周。

7. 开式左转步

开式左转步有六步，节奏为 Q、Q、S、Q、Q、S。

男士：左脚前进，跟掌转，左转 1/8 周；女士：右脚后退，掌转，左转 1/8 周。

男士：右脚横步，掌跟，左转 1/8 周；女士：左脚横步稍前，掌跟，左转 1/8 周。

男士：左脚后退，掌跟，左转 1/8 周；女士：右脚外侧前进，跟掌，左转 1/8 周。

男士：右脚后退，掌跟，左转 1/8 周；女士：左脚前进，跟掌，左转 1/8 周。

男士:左脚横步稍前,脚内侧,左转 1/8 周;女士:右脚横步稍后,脚内侧,左转 1/8 周。

男士:右脚并于左脚,全脚,左转 1/8 周;女士:左脚并于右脚,全脚,左转 1/8 周。

三、狐步舞

(一)狐步舞的风格与特点

狐步舞轻快活泼,有着非常丰富的动感和表现力,舞步轻柔、圆滑、流畅、流动性较强。狐步舞的舞曲为 4/4 拍,重拍在 1 和 3(1 强烈些)。其音乐速度为每分钟 28～30 小节,动作节奏为 SSQQ,一个 S 等于两拍,一个 Q 等于一拍。

(二)狐步舞的技术动作指导

1. 羽毛步

预备姿势:闭式位(男士面向斜中央,女士背向斜中央)。

(1)男:面向斜中央,右脚向前。

女:背向斜中央,左脚后退。

(2)男:左脚向前左肩引导准备到舞伴外侧,不转。

女:右脚向后右肩引导,不转。

(3)男:右脚向前成反身动作到舞伴外侧,方位不变。

女:左脚向后成反身动作,方位不变。

2. 左转步

预备姿势:闭式位(男士面向斜中央,女士背向斜中央)。

(1)男:面向斜中央,左脚向前,开始转向左,有反身动作。

女:背向斜中央,右脚向后,开始转向左,有反身动作。

(2)男:右脚向侧,1、2 步间左转 1/4 周,背向斜壁。

女:左脚并向右脚(跟转),1、2 步间左转 3/8 周,面向舞程线。

(3)男:左脚向后,2、3 步间左转 1/8 周,背向舞程线。

女:右脚向前,不转。

(4)男:右脚向后,方位不变,继续转向左。

女:左脚向前,方位不变,继续转向左。

(5)男:左脚向侧稍向前,4、5 步间左转 3/8 周,指向斜墙,身体转少些。

女:右脚向侧,4、5 步间左转 1/4 周,背向墙,身体转少些。

(6)男:右脚向前成反身动作到舞伴外侧,不转动,结束于面向斜墙。

女:左脚向后成反身动作,5、6 步间左转 1/8 周,结束于背向斜墙。

3. 三步

预备姿势:闭式位(男士面向斜墙,女士背向斜墙)。

(1)男:面向斜墙壁,左脚向前,有反身动作。

女:背向斜墙壁,右脚后退,有反身动作。

(2)男:右脚向前。

女:左脚向后。

(3)男:左脚向前。

女:右脚向后。

4. 右转步

预备姿势:闭式位(男士面向斜墙,女士背向斜墙)。

(1)男:面向斜墙壁,右脚向前,开始转向右,有反身动作。

女:背向斜墙,左脚向后,开始转向右,有反身动作。

(2)男:左脚向侧,1、2 步间右转 1/4 周,背向斜中央。

女:右脚并向左脚,1、2 步间右转 3/8 周,面向舞程线。

(3)男:右脚向后,2、3 步间右转 1/8 周,背向舞程线。

女:左脚向前,不转。

(4)男:左脚向后,方位不变,继续转向右,有反身动作。

女:右脚向前,方位不变,继续转向右,有反身动作。

(5)男:右脚向侧小步(跟拖),4、5 步间右转 3/8 周,面向斜中央。

女:左脚向侧右脚刷向左脚,4、5 步间右转 3/8 周,背向斜中央。

(6)男:左脚向前,不转动,方位不变,有反身动作。

女:右脚刷步经过左脚向后,不转动,方位不变,有反身动作。

5. 换向步

预备姿势:闭式位(男士面向斜墙,女士背向斜墙)。

(1)男:面向斜墙,左脚向前,开始转向左,有反身动作。

女:背向斜墙壁,右脚向后,开始转向左,有反身动作。

(2)男:右脚斜向前,右肩引导,左脚并向右脚,稍向前,卸力,1、2 步间左转 1/4 周,结束时面向斜中央。

女:左脚斜向后,左肩引导,并且右脚并向左脚,稍向后,卸力,1、2 步间左转 1/4 周,结束时背向斜中央。

(3)男:左脚向前成反身动作,不转。

女:右脚向后成反身动作,不转。

6. 右扭转步

预备姿势:闭式位(男士面向斜墙,女士背向斜墙)。

步序与步位:

(1)男:面向斜墙壁,右脚前进。开始向右转。

女:背向斜墙壁,左脚后退。开始向右转。

(2)男:左脚向侧。1、2 步间右转 1/4 周。背向斜中央。

女:右脚并左脚(脚跟运转)。1、2 步间右转 3/8 周。面向舞程线。

(3)男:右脚交叉于左脚后面。2、3 步间右转 1/8 周。背向舞程线。

女:左脚前进,左肩引导,向舞伴外侧移动。几乎面向斜墙,继续转动。

(4、5)男:双脚扭转结束时右脚小步向侧,侧向拉步。4、5 步间右转 1/2 周。结束在面向舞程线位置。

女:在反身动作位置外侧舞伴中右脚前进。2、4 步向右转 1/8 周。面向斜墙。左脚向侧右脚刷步。4、5 步间右转 3/8 周。背向舞程线。

(6)男:左脚向侧并稍前进。5、6 步间左转 1/8 周。指向斜中央。

女:右脚向侧。方位不变,身体稍向左转。

(7)男:在反身动作位置外侧位置中右脚前进。身体不转动。面向斜中央结束。

女:在反身动作位置外侧位置中左脚后退。6、7 步间左转 1/8 周。结束在背向斜中央位置。

7. *左转波纹步*

预备姿势:闭式位(男士面向斜中央,女士背向斜中央)。

(1)男:面向斜中央,左脚前进。开始向左转。

女:背向斜中央,右脚后退。开始向左转。

(2)男:右脚向侧,1、2 步间左转 1/4 周。背向斜墙壁。

女:左脚并右脚(脚跟运转),1、2 步间左转 1/4 周,面向斜墙壁。

(3)男:左脚后退,2、3 步间左转 1/8 周。背向舞程线。

女:右脚前进,不转动。

(4)男:右脚后退,背向舞程线,继续左转。

女:左脚前进,面向斜中央,继续左转。

(5)男:左脚后退,4～6 步间左转 1/8 周。背向斜中央。

女:右脚前进,4～6 步间左转 3/8 周,面向中线。

(6)男:右脚后退。方位不变。

女:左脚前进。

(7)男:左脚后退,方位不变,身体开始向右转。

女:右脚前进,身体开始向右转。

(8)男:右脚小步向侧(脚跟拉步),7、8 步间右转 1/8 周。背向斜墙。

女:左脚向侧,右脚刷步向左脚,7、8 步间右转 3/8 周。面向斜墙。

(9)男:左脚前进。不转动。

女:右脚刷步经左脚后退。不转动。

8. 迂回步

预备姿势:闭式位(男士逆舞程线面向斜中央,女士背向舞程线之斜中央)。

(1)男:面向斜中央,左脚前进。开始向左转。

女:背向舞程线之斜中央,右脚后退。开始向左转。

(2)男:右脚向侧,1、2 步间左转 1/8 周。背向舞程线。

女:左脚向侧,1、2 步间左转 1/4 周。指向斜中央。

(3)男:在反身位置中左脚后退,2、3 步间左转 1/8 周。背向斜中央。

女:在反身位置中右脚前进,方位不变,不转动。

(4)男:右脚后退,方位不变,继续左转。

女:左脚前进,方位不变,继续左转。

(5)男:左脚向侧并稍前进,4～6 步间左转 1/4 周。指向斜墙。

女:右脚向侧,4～5 步间左转 1/8 周。背向墙。

(6)男:在反身动作与外侧舞伴位置中右脚前进。不转动。

女:在反身动作位置中左脚后退,5、6 步间左转 1/8 周,身体稍转。背向斜墙。

第七章　时尚球类运动实践指导

在众多时尚运动之中，时尚球类运动有着最广泛的受众，这类运动内容多样，过程多变，具有丰富的娱乐性。为此，本章选择其中最有代表性的台球、保龄球和高尔夫球进行分析，以提供实践指导。

第一节　台球运动指导

一、台球运动概述

台球，也叫“桌球”，它是一项高雅的室内体育运动。关于台球运动的起源的记载并不多，但在一些史料中还是可以发现一些关于这项运动的记载。事实上，历史上首次出现“台球”这个词语是在15世纪的法国。而在英国詹姆斯一世统治时期，他的宫廷中就出现了非常类似于今天人们熟知的台球运动。到了18世纪，台球运动的各方面都不断得到了完善。19世纪，巧克粉出现，成为台球运动中必不可少的器材之一，而英式打法也是在这个时期诞生的。

台球从出现到今天已经走过了几百年的发展历程。在长期的发展历程中，人们一直在尝试对其进行完善和改进。早期的台球桌是在桌子中心开一个洞，后来为了增加台球的娱乐性，索性在桌子的四角各设置一个洞。一时间，人们发现洞口越多趣味性就越强，于是人们又增加到六个洞口，而这种六洞口的设置也一直流传下来，成为主流台球运动的标准设置。台球桌也在发展过程中历经了不同形状后最终固定为四角球桌。

台球桌的材质起初是木板，但后来人们慢慢发现木质球桌很容易受到气候的影响而使木材变形，如此难以保证台面的平整，这会直接影响球手的娱乐体验和技术发挥。于是，从 19 世纪 20 年代开始，便开始尝试用石板来做球台台面。

球台上的球是台球中的重要元素，也是台球不同玩法的关键。早期的台球运动中球台上的球只有两颗，到 1775 年时法国人又增加了一颗，后来这个改变也流传到了英国，英国人将这种玩法叫作“开仑”。具体的玩法为，击球人用主球把对方的球顶进球袋，或通过击打主球同时击中两个球，上述两种方式都可以得分。这种玩法就是现代三球落袋式台球的原始玩法，也称为“比力球”。

世界上最早建立起台球运动组织的是英国。英国于 1885 年组建了英国台球协会，并制定了一套正式的台球比赛规则。1908 年，英国又建立了一个组织——台球管理俱乐部。1919 年，英国的这两大台球组织合并，组建了台球联合会，该机构主要负责举办英式台球和斯诺克台球比赛以及相关规则的制定。世界台球联盟成立于 1940 年，这是世界上最大的台球运动组织机构，总部设在比利时布鲁塞尔，行政中心设在西班牙巴塞罗那。

我国的台球运动开展较晚，国际上最为流行的斯诺克台球和美式台球直到 20 世纪 80 年代才引入我国。1986 年，中国台球协会成立，此后各省市也相继成立了相应的台球协会，以与中国台球协会的相关工作对接。如今，台球运动已经成为我国大众体育运动项目中最受人青睐的运动之一。在竞技台球领域，我国也涌现出了“台球神童”丁俊晖以及其他众多名将。

台球运动总体显现出一种“静”的感觉，但确切地说，应该是一种“静中有动、动中有静”的感觉。在比赛中，选手在走动中思考，在平稳中击球。经常参加台球运动有助于促进身体的血液循环，加强机体的新陈代谢，非常有益于减肥瘦身。台球运动是由两个人共同完成的运动，为此，在打台球的过程中还能增进人与人的交流和沟通。台球运动的多重特点决定了其可以使玩家陶冶情操，锻炼意志品质，提升自信心，使人在安静舒适、气氛祥和的环境中保持健康乐观，获得强健身心的效果。这些优势是很多其他运动所不能比拟的。

此外，从组织开展台球运动的角度上来说，台球还有许多优点，如它所需要的运动场地小，并且由于是在室内进行，所以也不受天气影响；台球对身体素质的要求较低，适合各年龄段的人群参加等。台球运动集技术和智力于一体，能够使人获得精神层面上的愉悦，是排解压力的良好方式。

二、台球运动技术指导

(一)基本技术动作

1. 握杆位置

握杆位置三要素包括找准球杆的重心、适当的击球力量、击打主球的位置。首先找准球杆的重心后，再判定握杆的位置，通常握杆位置为球杆重心往杆尾方向的 6～9 厘米处。但这只是参考位置，面对不同情况的击球，这个位置还需要适当调整。

2. 身体姿势

正确的身体姿势对提高击球的稳定性和准确性有很大的帮助，不仅如此，它还保证了选手击球的优雅与美观。正确的身体姿势涉及的要素有站立位置、脚的位置、上体姿势以及面部位置。

(1)站立位置

面向球台中主球的出球方向，身体与主球保持在一条线上。身体正对主球，球杆指向主球，握杆手置于体侧。

(2)脚的位置(图 7-1)

以右手持杆为例,在确定了站立位置后,左脚向左侧前方迈出一小步,两脚之间的距离约与肩同宽。右腿伸直,左腿稍弯。

图 7-1

(3)上体姿势(图 7-2)

确定好站位和脚的位置后,身体向下弯,右肩向后拉,身体接近台面,头抬起,下颌中间位置落于球杆上方,两眼分居球杆左右两侧,目视主球。

图 7-2

(4)面部位置

面部的横轴与球杆垂直,纵轴则与球杆处于同一方向。

3. 握杆方法

一个好的握杆有助于提升击球的稳定性。正确的握杆为以拇指和食指扣成一个环,用这个环握住球杆,其余三指自然放松虚握。握杆手的手腕要保持自然放松且垂下,手背与地面几乎垂直。

一个良好的握杆可以确保手指、手腕和整个手臂始终保持适度放松，这种放松对运杆和最后击打都有好处。

(二)瞄准方法

1. 瞄准的基本方法

瞄准的最基本原则为确保眼睛、主球和目标球三点成一线。眼睛与主球保持在一条线上较为容易实现，关键的点就在于目标球的击打点。这个点的确定方式为目标球的进球点投影到球台上的那一点向进球线反方向延长一个球半径后的点位。

2. 不同位置球的瞄准

(1)击球台中央球的动作

台球规则中对脚离地做出了限定，选手可以爬上球台击球，但身体(包括衣物)不可触碰到其他球，且必须始终保持有一条腿着地。

(2)击边缘球的动作

击边缘球的技术核心就是手架的位置与舒适度。对于击边缘球来说，应尽可能利用库边作为手架的一部分，其余击球方式与正常击球相同。

(3)主球在边沿时的动作

主球在边沿时的动作与击边缘球类似，但需要注意的是，此类球只能击打到主球的上半部分，因此可供使用的杆法较少，同时还要注意滑杆现象。

(4)使用杆架时的动作

以右手持杆为例，左手扶住架杆，右手持杆尾，球杆正对鼻梁。使用架杆时右手的运杆仍旧需要稳定和正直，击球时注意将球杆直线平稳地向前推进，切不可晃动。

(三)击球的技术动作

1. 架杆

(1)平背式

将手掌平放在台面上,除拇指外的其余四指分开构成稳定的支撑,手掌稍稍弓起,手心虚空。拇指翘起和食指的根部相贴形成一个"V"形,球杆就架放在"V"形内(图 7-3)。

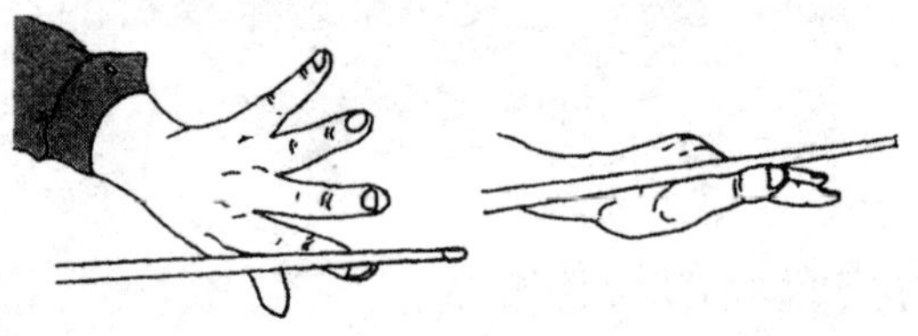

图 7-3

(2)凤眼式

凤眼式架杆也被称为"圈指架杆"。具体方法为左手手指张开,食指弯曲构成一个圆环,将球杆套入这个圆环之中,拇指与其余手指左右展开落于桌面,形成稳定的支撑(图 7-4)。

图 7-4

凤眼式架杆多用于美式台球。这种架杆方法有利于不同杆法在击打主球点上的准确运用,如可以打出更为强烈的拉杆等。

(3)特殊的架杆方法

①当主球贴近台边时,架杆手可将四指压在台边上作为支撑(图 7-5a)。

②当主球离台边很近且有一定距离时,架杆手以四指抓住台边作为支撑,这样会使手架更加稳固(图 7-5b)。

③在主球后有一球造成障碍的情况下，架杆时作为支撑的四指要格外抬高，高于障碍球。运杆时也要注意避免球杆碰到障碍球（图 7-5c）。

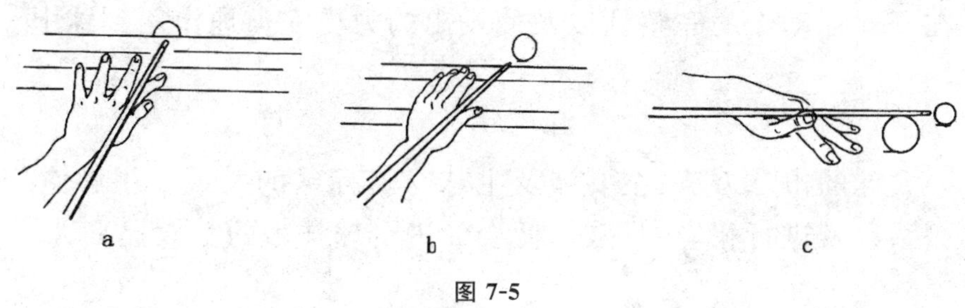

图 7-5

2. 运杆

运杆的作用在于在击球前获得稳定的出杆动作。运杆时，首先确定主球的击打点，然后开始做来回运杆动作，每次运杆都要瞄准之前确定的主球击打点。运杆的次数不宜过多，也不应太少，来回运杆大约三四次即可。运杆时拉杆后摆的幅度取决于意图击球的力量，想要大力击球则拉回的距离更长，相反则更短一些。

3. 出杆击球

出杆击球在众多台球技术中是最核心的一项，出杆击球技术掌握得如何，直接决定了击球效果。在出杆的准备中，出杆击球是在运杆停顿之后开始的最终击球动作。这项技术以肘关节为轴，前臂要在这个固定轴上做前后摆动，使球杆在运行中保持水平状态，此时大臂也是要保持不动的。在最后送杆击球时，手臂的力量要有所控制，特别是在大力击球时，如果对手臂手腕的控制不到位，就会出现晃杆的现象，不能打到之前预瞄的主球的点。出杆时，肩部和身体不要用力，出杆动作要果断、清晰，即使是打个轻缓的球。

4. 随势跟进

击球后球杆要有一个随势跟进的动作。这个动作的实际意义在于保证动作的完整性以及使发出的力更完整地作用到球上。

(四)击球的方法

台球的击球方法,主要涉及主球与目标球的关系。了解它们的关系以及进行相应的练习,便会促进台球技术的有效提高。

1. 基本击球方法

(1)直线球

直线球是主球、目标球和袋口在一条直线上的击球,是最为基础的击球方法。在面对直线球时,球杆瞄准主球的点为中心点,运杆后将球击出,主球撞击目标球后,目标球入袋。

(2)偏击球

偏击球是主球、目标球与袋口不在一条直线上的击球。以目标球的半径为分界,入球点在目标球半径之内的为厚球,在半径之外的则为薄球。在台球运动中,偏击球是最为常见的。角度越大,也就是需要打得越薄的偏击球,难度越大。90°的偏击球是无法实现的。

2. 特殊击球方法

(1)反弹球

反弹球是在击打主球后,主球撞击目标球并利用台边反弹使目标球入袋的击球。常见的反弹球有直击和偏击两种。

①直击反弹球。直击反弹球是主球、目标球和反弹入袋的袋口延长线汇聚的反弹点在一条直线上的反弹球。如图 7-6 所示,要将目标球击入袋中,关键就在于计算好目标球入袋的反弹角,然后确定反弹点。

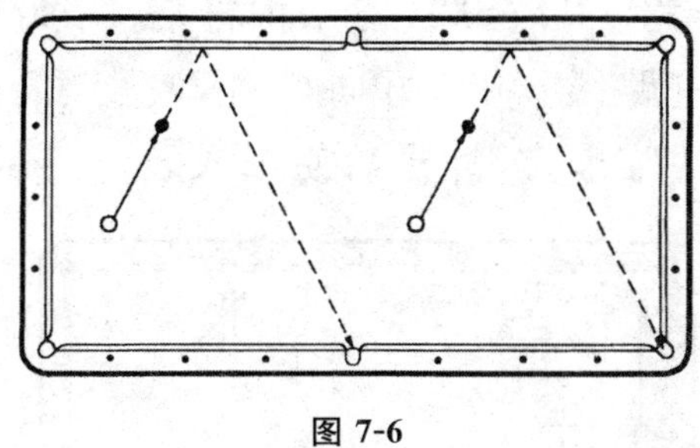

图 7-6

②偏击反弹球。偏击反弹球是当主球、目标球和要利用台边反弹球入袋的反弹点不在一条直线上时，主球需偏击目标球反弹入袋的击球方法。如图 7-7 所示，用主球薄击目标球右侧，使目标球反弹后入中袋，其关键也在于对反弹角和反弹点的确定，难度要大于直击反弹球。

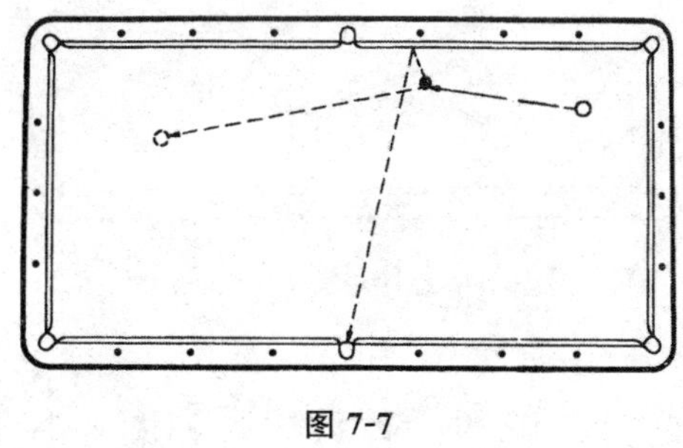

图 7-7

(2)吻击球方法

有时球台上会出现主球直接撞击目标球而目标球没有入袋，需要借助其他球才能帮助目标球入袋的情况，这就是吻击球。如图 7-8 所示，当台面上出现目标球与其相吻的另一目标球的中心连线和袋口中心点成 90°时，被击打到的目标球会呈 90°角行进，而相吻的另一球则按中心连线的延长线行进。这种吻击球实际上是组合球中的一种形态。

(3)双着击球方法

双着击球是主球通过借助一个球改变方向后奔向目标球，并将目标球击入袋中的击球方法。其技术核心在于准确计算主球在撞击第一球后的运行角度及线路。如图 7-9 所示，目标球在袋口附近，为第二目标球，附近还有一颗球为第一目标球。双着击球时，主球首先击第一目标球，使用中杆后主球在碰撞第一目标球后会沿该球行进路线 90°角方向前进，改变了行进方向的主球撞击第二目标球的瞄准点，撞击后使球入袋。

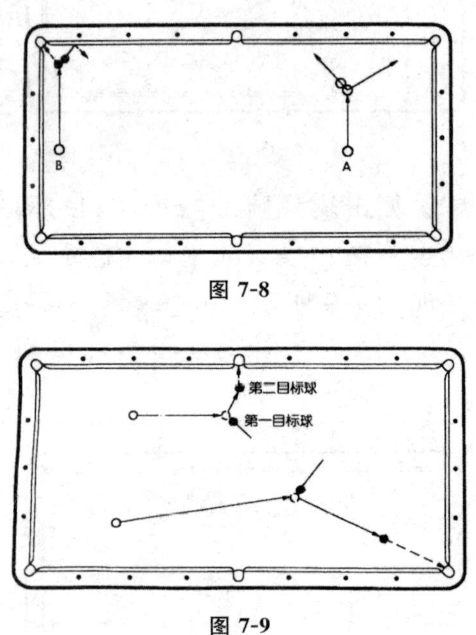

图 7-8

图 7-9

(4)联合击球方法

联合击球法是组合球的一种打法。如图 7-10 所示，是主球撞击第一目标球，这个球再撞击第二目标球，使第二目标球入袋的打法。这种击球法的关键在于计算好第一目标球的行进路线刚好经过第二目标球的下球点，实战中这并不容易。为了提升准确性，采用联合击球法时尽量使用中杆或中低杆，如不必要尽量少使用左右塞。

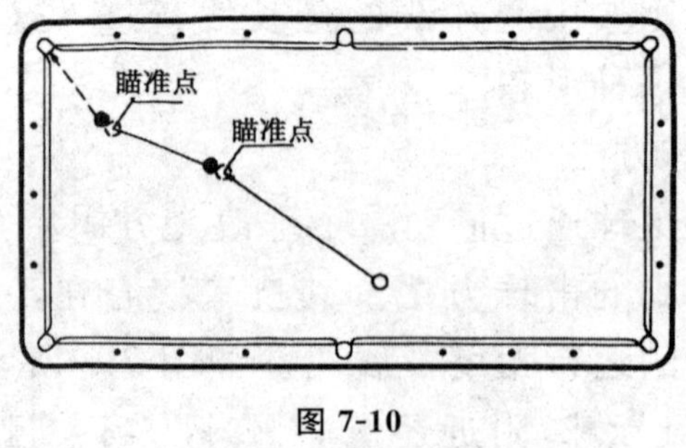

图 7-10

(5)弧线球击球方法

弧线球打法,也称“剁杆”。当台面上出现主球与目标球之间有一球阻碍的情况时采用这种杆法。弧线球击球的关键在于正确调整握杆手的高低(即握杆手抬高,球杆向前倾斜大,则弧线程度大,反之则小)以及调整击球点的左右塞和击球的力量。最终能否打出优美而有效的弧线取决于上述所有因素。如图 7-11 所示,面对图中的情况,击球时握杆手抬高 10～15 厘米,击主球的左侧击点,出杆时发力要集中,确保给球施加一个使球向左旋转的力。

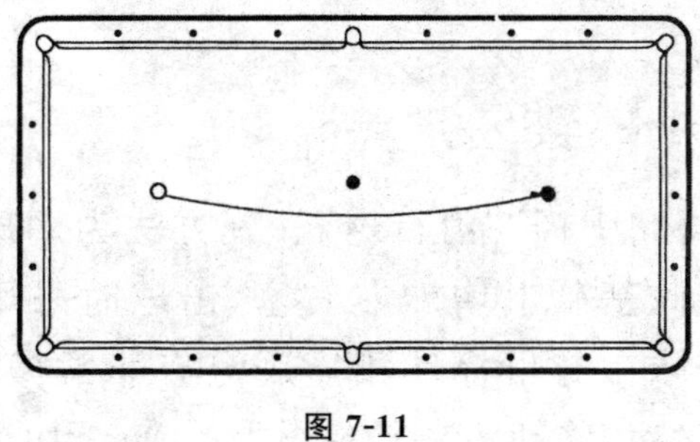

图 7-11

(五)基本杆法及其应用

1. 定位球技术

定位球,也称为“定杆”。定位球的方法为出杆时击打主球中点靠下的位置,施加给球一个微弱的下旋,当球在前行过程中下旋转换为滑行,此时击打到目标球后主球原地停留(图 7-12)。

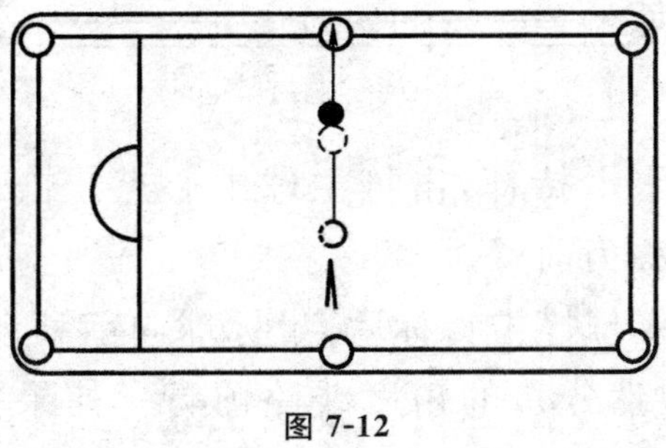

图 7-12

技术动作:水平持杆,标准手架,直线运杆,如果主球距离目标球较近的话可以直接击打主球的中心点,如果距离较远,则需要适当降低击球点。

技术效果:中杆击球,如果是直线球则主球停留在撞击点原地,如果是偏击球则主球基本停留在撞击点原地,或往自然分角方向有一个微弱的移动。

应用说明:定位球击打的关键在于要确保主球在撞击目标球时是滑动的状态。如果主球距离目标球较远,主球则在前行的过程中由滑动状态转变为上旋状态,击球后的效果就变为了推进球甚至是跟进球。

2. 推进球技术

推进球,也称"中杆""滑行球"。其方法为用球杆击打主球的中心,也可以在此基础上增加左右塞,击球时采用中等力量。推进球击出后,主球在与目标球相撞后只有非常微小的上旋转,效果为缓缓向前移动,移动距离较短(图 7-13)。如果是偏击球的推进球,当 3/4 球击和半球击时,此种击法主球与目标球的分离角大致在 50°~60°。理论上认为这是推进球的自然偏角。

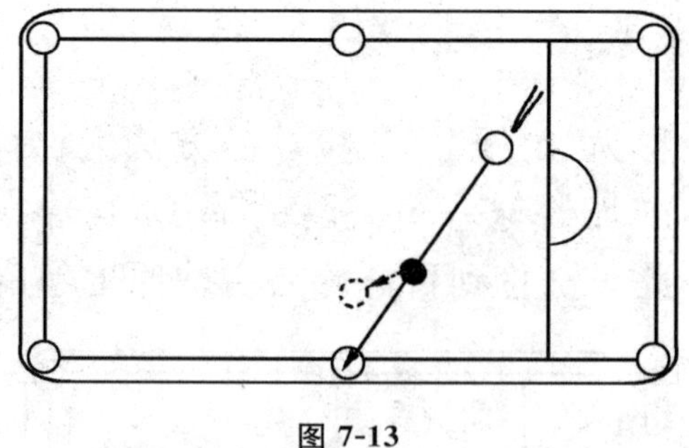

图 7-13

技术动作:水平持杆,击打主球中心点。击球发力注意控制力度,主要发力源为前臂。

技术效果:主球撞击目标后,目标球向前移动一段距离,如果有偏离角则按自然分角的角度线路前行。如果主球与目标球之间有一定的距离,为了能够打出推进球的良好效果,需要在出杆时将主球击球点适当向下移动，使主球在刚刚出球时自身带有一个微弱的下旋，然后在前行的过程中由下旋转为滑行，再从滑行转为微弱的上旋，此时刚好撞击到目标球，打出推进球的效果。合理运用推进球可以控制主球的走位。

应用说明：只有当主球与目标球重叠1/2以上时这种打法才算是推进球。

3. 跟进球技术

跟进球，又称“高杆”，就是用球杆击打主球中心以上的点，或是增加了左右塞的中点以上的点的打法。直线跟进球，当主球碰撞目标球后会出现一个短暂的停留，然后利用自身上旋继续跟进较长距离（图7-14）。偏击跟进球，当3/4球击和半球击时，此种击法主球与目标球的分离角小于自然分角的度数，大约在20°～40°。

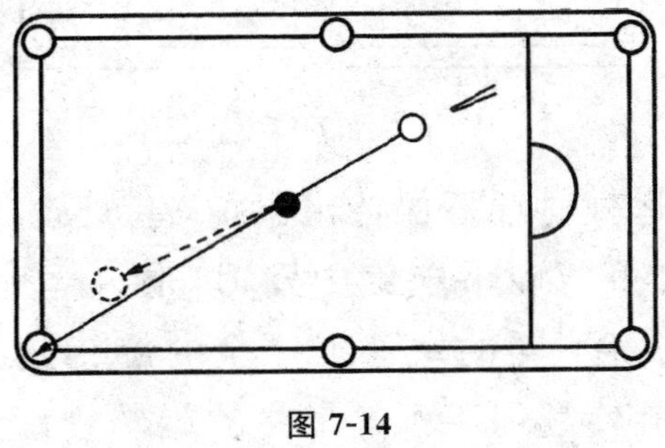

图 7-14

技术动作：水平持杆，击打主球中上点，或加左右塞的上点。击球时主要运用前臂和手腕的力量。

技术效果：当具有强烈上旋的主球撞击目标球后，由于旋转的作用使得主球在短暂停留后会快速跟进向前行进一段距离。与推进球相比，跟进球的前行距离更长，以此获得一个预期中的走位。

应用说明：跟进球的使用是为了获得一个较长距离的主球走位，或是应用于大力撞击球堆。

4. 缩杆球技术

缩杆,也叫“拉杆”。缩杆球的技术方法为击打主球中心之下位置的点,击打瞬间发力要集中,击打后要有继续推送球杆的动作,如此使主球产生强烈的向下的旋转。保持回旋球状态的主球在碰到目标球后会先停顿一下,然后凭借自身的旋转往目标球前进的相反方向行进。如果用缩杆球来偏击球的话,不同的偏击角度会让主球在不同线路上行进。如图 7-15 所示,3/4 球击和半球击时,此种击法主球与目标球的分离角大致在 110°~160°。

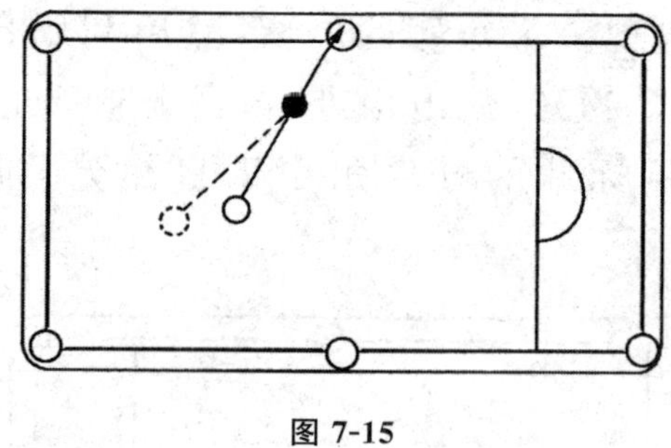

图 7-15

技术动作:运杆时球杆保持水平位,手架放低,杆头对准主球中下部。出杆时手臂和手腕集中发力,击打主球的中下点,并随势出杆跟进。击打不同的主球点产生的旋转效果不同,理论上,击打的点越低,旋转越强。不过最终的旋转程度还与击打力量和主球行进的线路长短有关。

技术效果:用低杆击打主球使主球产生下旋,当与目标球相撞时,目标球向前运动,主球则在自身旋转的影响下向反方向运动。如果是同一力度,主球和目标球的距离不同,缩杆的效果也有差别。理论上,主球与目标球越近,缩杆效果越明显。

应用说明:缩杆球技术主要应用在击打袋边球,需要主球退回安全位置的情况下。更多的情况下,运用缩杆球的目的在于控制主球的走位。

第二节 保龄球运动指导

一、保龄球运动概述

保龄球的开展场所为室内，在狭长的木质球道上的一端摆放10个木瓶，选手用手掷球将球瓶击倒。保龄球这项运动集竞技、休闲、趣味于一体。现代保龄球运动既是一项竞技体育运动，同时又是人们在休闲时间非常乐于选择的娱乐项目，它适应性广泛，任何年龄段和性别的人群都可以参与，而且其由于在室内开展，几乎不会受到天气的影响。

保龄球早期也被称为“九柱戏”，这项游戏起源于公元3—4世纪，最早在德国出现，是公认的贵族游戏。起初这项运动是作为宗教仪式出现的，人们在教堂的走廊里放置9根柱子，这些柱子象征教徒和邪恶，人们用球滚地击倒它们，寓意将这些邪恶击倒。后来以马丁·路德为首的人士发现了这项运动的健身娱乐价值，他们对其进行了完善并赋予了新的含义，创建了9只球瓶的保龄球标准模式。此后，这项运动在德国民间流行开来，后来逐渐传播到英国、比利时、荷兰等西欧国家以及德国的邻国奥地利。

17世纪20年代，一名荷兰人将九柱戏传播到美国。然而这项运动在美国的发展并不顺利，主要是因为其被普遍作为赌博项目，在19世纪初期被美国政府取缔。后来，这项运动经过改头换面后，重新回到人们的视野之中。改变后的九柱戏在原有的9个瓶子的基础上又增加了一个瓶子，排列为四排，第一排1个，第二排2个，第三排3个，第四排4个，看起来是一个三角形的排列，这种排列方法一直延续至今，并冠以“保龄球沙龙”的美誉。

1875年，世界上第一个保龄球运动组织在美国纽约成立。这个组织为保龄球运动在美国乃至世界范围内的进一步推广做出了卓越贡献。其主要贡献有两个，一是规定了球道的距离；二是决定了球瓶的规格。这些贡献为保龄球运动在日后的发展奠定了坚实的基础。

1901 年，世界上第一场具有一定规模的保龄球比赛在芝加哥的维鲁巴克大厦举办。这次比赛带来的轰动效应使保龄球运动在日后蒸蒸日上，荣登高雅运动殿堂。

1952 年 1 月 27 日，国际保龄球联合会（FIQ）成立，总部设在芬兰的赫尔辛基。

1954 年第 1 届世界保龄球锦标赛举办。这项赛事在 1963 年后每 4 年举办一届。

1964 年在第 1 届世界杯保龄球赛举办。

1968 年在第 1 届亚洲保龄球锦标赛举办。在 1974 年，保龄球运动被正式列为亚运会比赛项目。

1988 年第 24 届汉城奥运会上，保龄球运动被列为表演项目。

1992 年第 25 届巴塞罗那奥运会上，保龄球成为正式比赛项目。而到下一届亚特兰大奥运会时，保龄球降格成为表演项目，此后保龄球运动在奥运会中消失。

我国的保龄球运动起步较晚，但发展较快。特别是 20 世纪 80 年代以来，我国各大城市兴建起许多保龄球场地，大众对这项运动的认可度也急剧增加。但毕竟起步较晚，我国的保龄球运动整体水平偏低，与世界保龄球强国差距较大。中国保龄球协会成立于 1985 年 5 月，其积极推动保龄球运动在我国的发展，并组织一系列赛事。我国于 1986 年开始举办全国保龄球锦标赛、“AMF”精英赛和全国青年保龄球锦标赛。1987 年，中国加入世界保龄球联盟。到 1998 年，我国已成为继德国、美国、日本之后第四大保龄球国。

保龄球运动具有休闲、健身和技巧等特点，就大众体育来说是非常理想的运动项目，它对人体的运动系统、循环系统等都有非常理想的保健功效。不仅如此，它还是放松精神、休闲娱乐的好方式，这对人心理层面的健康也有较大帮助。这项运动还能增进人与人之间的交流，提升人的社会适应能力。这些都体现了保龄球运动对人体健康的促进作用。

二、保龄球运动技术指导

(一)握球方法

在握保龄球时，左手靠左腹把球托住，右手的中指和无名指先插入球上指孔，然后大拇指插进拇指孔，手心贴球。

保龄球的握球手法分为以下几种。

1. 传统握球法

传统握球法就是中指、无名指插入指孔，手指的第一二指节都插入球孔之中。这种握球法的优势在于便于手指对球的控制，因此在初学者和女性选手中较为常用(图 7-16)。

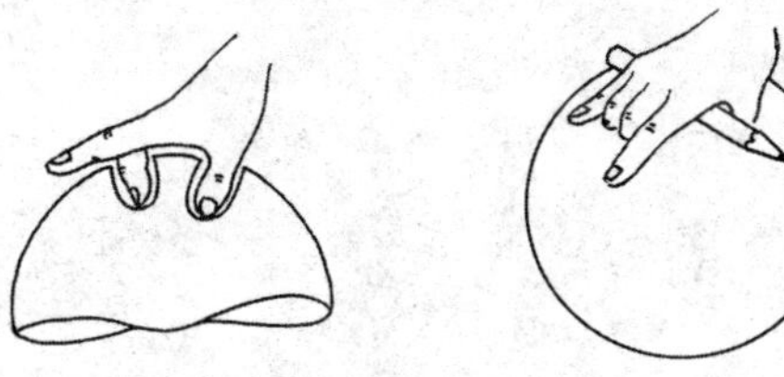

图 7-16

2. 半指节握球法

半指节握球法是中指、无名指插入指孔，手指深入到第一指节和第二指节之间。这种握法的优势在于可以投出旋转较强的球，是一种半专业球员较为常用的握法(图 7-17)。

3. 满指节握球法

满指节握球法是中指与无名指插入指孔，手指只深入第一指节。这种握法有一定的难度，其难度在于由于手指插入指孔的深度较浅,因此在摆动环节中手指的受力负荷较大,对球的控制性降低,但其优势在于能投出旋转更强的大曲线球。鉴于此,这种握法更适合优秀选手使用(图 7-18)。

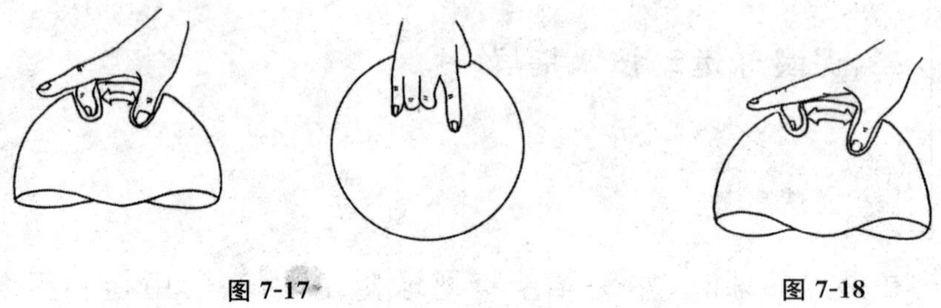

图 7-17　　图 7-18

(二)持球

1. 持球手型

持球的手型有手腕挺直、手腕向内弯和手腕向外张三种(图 7-19)。前两种持球手型最为常用。无论是哪种持球手型,其动作在任何阶段都要始终如一,不能出现变形。

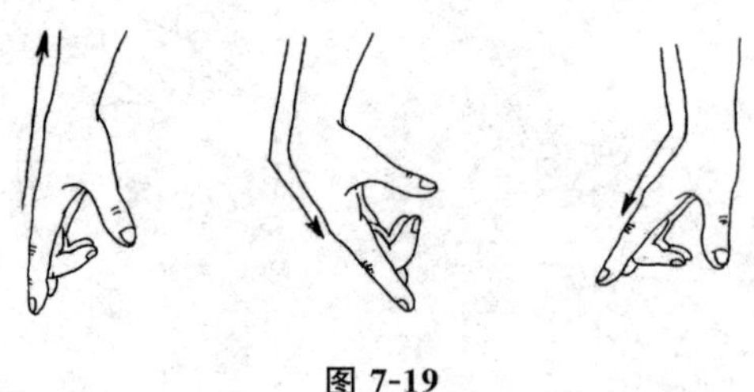

图 7-19

2. 持球姿势

(1)选择站立点。站立点的选择要根据助走步数而定,这里以最常使用的 4 步助走为例进行说明。首先以投球线为准,运动员背对投球方向向前跨出四步,然后再跨出半步,这个位置就是适当的站立点与投球线的距离。当确定这个距离后,再根据自身习惯适当往左或往右移动,最终确定站立点。

(2)持球站立。拿到球后,走到站立点位置。整体正对前方,双脚并拢，脚尖、瞄准点的连线和右肩摆动线三点一线（图 7-20）。然后左手托球，右手手指插入指孔，手腕伸平，牢固握球。此时为了不消耗手臂力量，手臂与腰部尽量靠拢，手臂与肩膀垂直，持球的高度在胸部附近。此时右手主要分担球的重量。两肩水平正对目标，集中精神，准备投球。

图 7-20

（三）投球

1. 推球

以右手持球 4 步助走为例，在站立点站定后，身体重心移到左脚之上。右脚起步，同时双手将球向瞄准点平直推出，左手离球。此时右脚脚尖、球与目标应在一条直线上（图 7-21）。

2. 摆动

摆动是准备投球前的预动动作，这种摆动与钟摆的摆动原理几乎一致，这个摆动的动作在体侧完成（图 7-22）。摆动时，手臂和肩膀除了钟摆动作外不能有其他无效的摇晃，手肘也不能出现弯曲。后摆时注意高度不能太高，保持与肩同高的自然后摆高度即可，整个摆动过程的方向要与瞄准点在一条直线上。注意摆动要顺畅。摆动的具体分解动作如下：

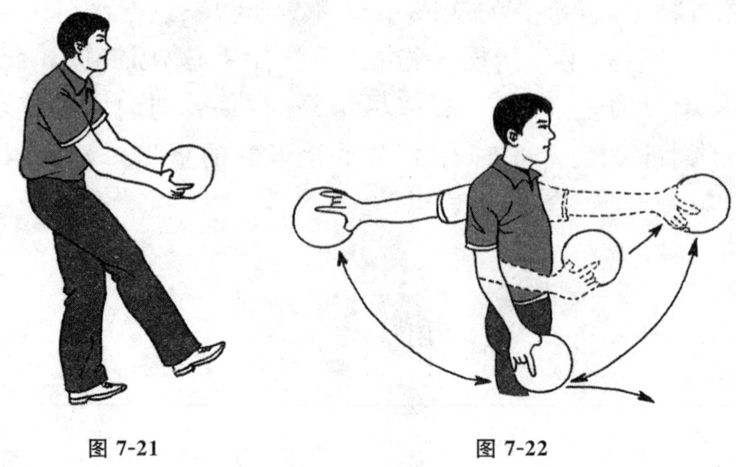

图 7-21　　图 7-22

(1)直下摆:第一步迈出后,手上的球已推出,此时球凭借自身的重量向下坠落,左脚跨出稍大一步,左手外展。当持球手臂下摆至最低点时,走动的第二步完成(图 7-23)。

(2)垂直后摆:当第一步完成的同时,握球的右手从下摆到最低点继续后摆,此时右脚迈出第三步(图 7-24)。

图 7-23　　图 7-24

(3)垂直前摆:第三步完成后,球凭借自身重力开始向前回摆,此时应跨出左脚并滑行 20～40 厘米,要注意控制滑行的速度和距离,避免踩踏投球线。右脚向左后方伸出以保持身体平衡,左手侧平伸(图 7-25)。

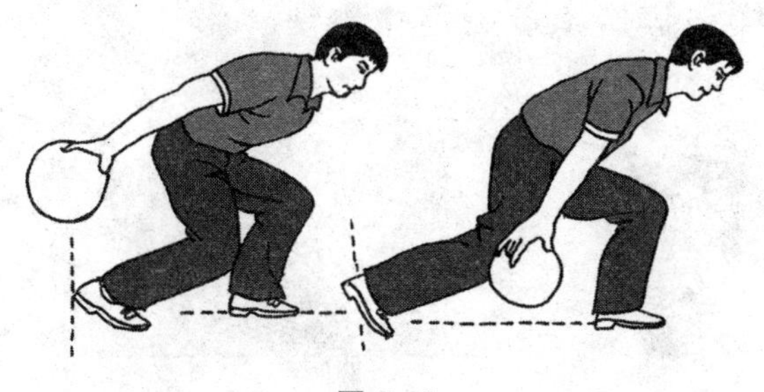

图 7-25

3. 投球

当滑步完成后，球在自身重力的作用下已回摆到距投球线15～20 厘米处的高度，此时手腕保持原有位置，不做其他加力和转动，如此顺势把球朝向目标点投出(图 7-26)。整个过程要保持身体的平衡，眼睛始终看瞄准点。除了要合理运用手臂的力量外，还要借助身体惯性投球。球行将离手时，拇指先离开球孔，然后依次是中指和无名指离开球孔，中指和无名指在离球时还要做出一个旋拉动作。

图 7-26

4. 延伸动作

球出手后，投球手随出球方向做一个垂直上举的随动动作，上身充分向前伸展(图 7-27)。

(四)摆动助走

常用的保龄球助走方式有 3 步、4 步、5 步三种。下面就以右手投球为例，详细解析 4 步助走投球法。

图 7-27

1. 第一步——右脚（图 7-28）

（1）重心移向左脚，右脚准备起步。

（2）重心在左脚，右脚离开地面，右手将球向前伸出，左手继续辅助持球。

（3）右脚悬空，左手即将离球。

（4）右脚落地，右手前伸到最前点，左手离球。

第一步出右脚的关键点在于踏出右脚的同时，两手持球向前伸出，这一步的步幅不要太大，身体微微前倾。持球前伸到达最前点后让球自然下落开始摆动。

图 7-28

2. 第二步——左脚（图 7-29）

（1）左脚抬起，与此同时保龄球开始落下。左手离球向侧方伸展。

(2)左脚离开地面,右手持球继续下落。

(3)当球下落到最低点时左脚着地,持球手臂与身体侧方在一条线上。

该动作的重点为要借助球自身的重量使球下落,不要给球施加外力。第二步的步幅比第一步稍大。左手离开保龄球向体侧摆动,以维持身体的平衡。左脚落地后,右臂伸直,球在摆动的最低点和上身成一条直线。

图 7-29

3. 第三步——右脚

(1)右脚踏出,球此时摆动到身体后方。左手继续伸展以保持身体平衡。

(2)球在右脚行将落地时后摆达到最高点,高度几乎与肩齐平。第三步的步幅比第二步要更大一些,速度也更快。

(3)右脚完全落地,左脚准备抬起,上身稍前倾。球在达到后摆的最高点后有一个短暂的停顿,然后准备下落回摆。

该动作的重点为后摆要自然,自然达到最高点即可,如果人为给球施加力量让后摆过高,则会增大投球的力度,如此便不适合迈出第四步,这对整个身体的平衡都是一种破坏。

4. 第四步——左脚(图 7-30)

(1)第四步开始于球后摆到最高位置。在这一时刻,左脚顺势朝前迈出，右手持球下落。

(2)左脚尖着地进入滑步状态。与此同时右手持球下落到最低位置。

(3)滑步距离大约为 20～40 厘米，避免脚触碰投球线，球也要在这条线前投出。

(4)球出手后右手顺势上扬。身体重心移至左腿，右腿顺势从身后经过绕到身体左侧。

该动作的重点为球出手后才进入滑步与收势阶段。向前回摆的标志是后摆到达最高点后。第四步包含落脚与滑步两个部分。落脚时球的回摆也到了最低位置。

图 7-30

5. *滑步——左脚*(图 7-31)

(1)滑步是第四步中的一个组成部分，它从第四步脚尖落地开始，滑行到投球线前结束。

(2)滑步时右手持球在最低点，这是最有利于出手的位置。

(3)在投球线前投球。

滑步时，身体重心落于左腿，左膝稍弯曲。右腿经体后交叉于左腿后，左手向侧后方伸展以保持身体平衡。

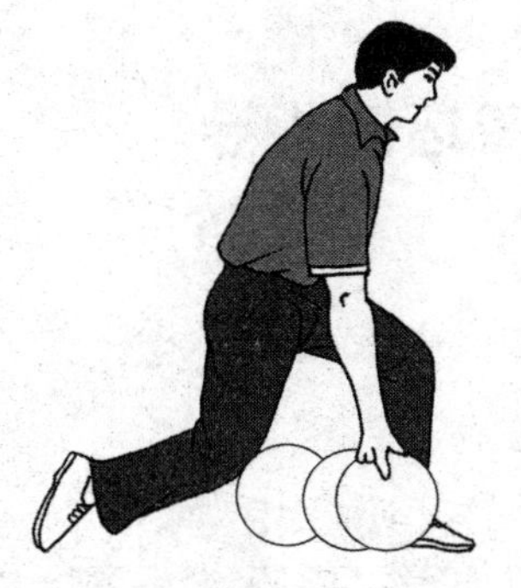

图 7-31

6. 出球

(1)确保正确的步法。

(2)确保正确的后摆。

(3)左腿膝关节微屈,右手低位投球,滑步前进。球在摆动到与左脚脚踝齐平后出手。

(4)出手时的手腕动作依习惯而定。

该动作的重点为投球时手腕的翻转动作要快,时机为三个手指离球的瞬间。投球不应只是手臂发力,还要发挥腰腹、肩部的力量。

7. 收势

球出手后的一系列动作就是收势,收势是投球动作的完结。在收势中包含着一个完整的投球出手的继续动作。正确的收势有利于动作的稳定性和完整性,它包括六点因素。

(1)左腿微屈,承担大部分的身体重量。

(2)目视投出的球。

(3)右脚经体后交叉于左腿后。

(4)左手在左侧扬起以保持身体平衡。

(5)上身保持稳定。

(6)右手随势上举成敬礼状。

第三节　高尔夫球运动指导

一、高尔夫球运动概述

高尔夫球的历史较为悠久，从15世纪开始就出现在英伦三岛地区，至今已有500多年的历史。因受场地、器材等因素的限制，这项运动早期多在王公贵族中流行。而后随着社会经济的发展进步以及人们对业余文化生活的期待，高尔夫球运动逐渐向更多社会阶层敞开怀抱，一时间，越来越多的人加入到了这项运动之中。在21世纪的今天，高尔夫球运动蓬勃开展，登上了新的高度。高尔夫球所具有的革新、比赛规则与制度的建立、国际性赛事的举办都提升了这项运动的关注度和参与度，由此使这项历史悠久的运动获得了新的生机。

高尔夫球运动向世界的传播还要追溯到17世纪，当时这项运动由欧洲人传入美洲，19世纪20年代传入亚洲，最后传入非洲。如此大范围的传播使得高尔夫球运动在世界各地都有开展，是人们较为熟知的休闲体育运动。现今高尔夫球运动已经是最为商业化和职业化的运动项目之一，其赛事众多，奖金丰厚。目前世界上主要的高尔夫球赛事有美国职业高尔夫球锦标赛、美国高尔夫球公开赛、美国职业高尔夫球名人赛、英国高尔夫球公开赛、世界杯高尔夫球赛等。众多赛事的开展，为不同国家的选手提供了良好的交流平台，无形之中也使这项运动进一步走向国际化。

我国高尔夫球运动的开端要追溯到1896年，当时，上海成立了我国第一家高尔夫球俱乐部。但限于当时的国内形势以及人民生活水平，这项运动并没有获得快速发展，更多只是作为上层社会消遣的活动。近些年来我国高尔夫球运动的发展非常喜人，举办的一些高尔夫球赛事也颇具影响力，其中以沃尔沃中国高尔夫公开赛最为成功。该赛事吸引了众多国内外高手参加，我国选手在这一比赛中也曾有过出色的发挥，如我国选手程军获得了1997年的冠军，张连伟获得了2003年的冠军。时至2019年，这项赛事已经举办了25届。

高尔夫球运动植根于大自然，又亲近爱护大自然，既体态优雅、动作优美，又能怡心健体。打高尔夫球时，每次击球前都要细心揣磨挥杆击球的幅度大小、力量及其方法，凝神协调全身各部位的力量，奋力打向心中的目标。高尔夫球运动不仅是一项单纯的体育活动，同时还是一项产业，更是一种文化，一种社会地位以及个人奋斗成功的象征。它是现代社会生活中非常受欢迎的社交方式，也是促进人们身心健康的手段，人们参加高尔夫球运动可以增进健康、调节精神、陶冶情操，生活质量也能得到提升。

二、高尔夫球运动技术指导

（一）握杆

1. 重叠握杆法

重叠握杆法是一种最为常见的握法。左手掌贴在球杆握柄处，球杆握柄从食指的第二关节起斜向通过掌心，小指、无名指和中指握杆，食指自然收拢握杆。拇指沿球杆伸出，按于握柄正中间稍偏右侧，并与食指指根形成一个“V”形。右手掌张开，贴在球杆握柄的右侧方，球杆纵长通过食指第二关节并穿过中指与无名指指根，小指搭在左手的食指与中指间的缝隙上，食指呈钩状弯曲，大鱼际压住左手拇指，拇指与食指指根形成一个“V”形（图7-32）。

2. 连锁式握法

其大部分手型与重叠式相似。不同点在于原本要相叠的右手小指与左手食指变为相互勾锁(图 7-33)。这样握杆的优势在于更容易获得一种握杆的整体感,同时也有利于对右手力量的使用。

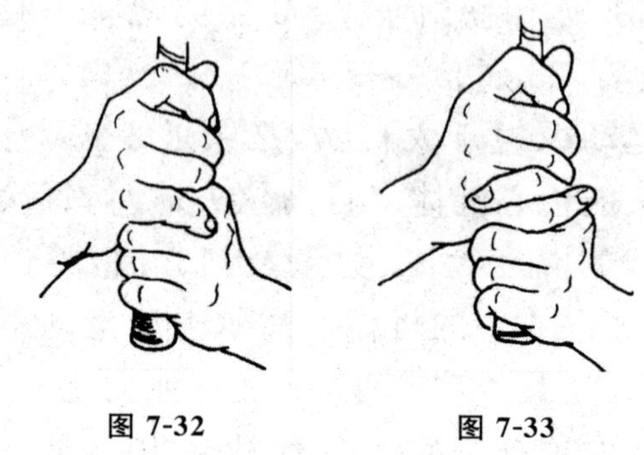

图 7-32　　图 7-33

3. 十指式握法

两手手掌相向握杆,没有重叠的手指,十指全部握住球杆,右手小指与左手食指相贴。这种握杆方法的优势在于有利于对右手力量的使用,而缺陷则在于难以获得握杆的整体感,这对击球方向的准确性也可能有影响(图 7-34)。

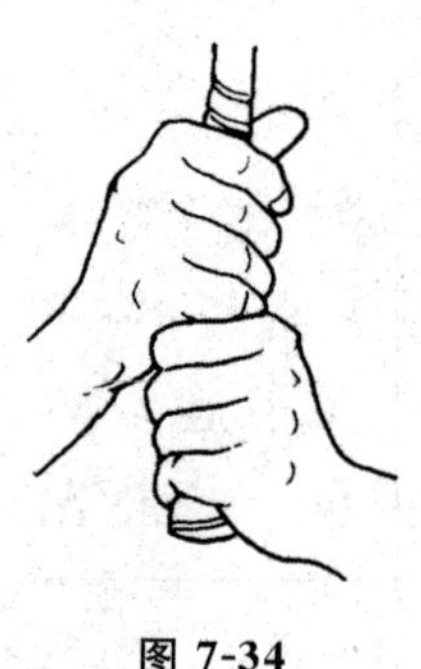

图 7-34

(二)击球姿势

1. 脚位

高尔夫球运动中的脚位,是指球手在做击球准备时两脚的站位。不同的脚位有不同的实战意义,常见的脚位有下面三种。

(1)正脚位

正脚位的站法为球手两脚尖连线与球和目标方向相互平行(图 7-35)。使用较大力量击球时更多会采用这种站位方法。

图 7-35

(2)开脚位

开脚位的站法为球手左脚略后,右脚稍前(图 7-36)。使用短铁杆击高球或想打出右曲球时更多会采用这种站位方法。

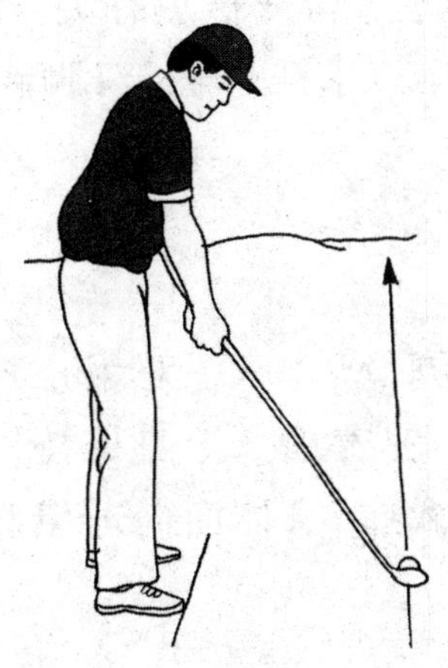

图 7-36

(3)闭脚位

闭脚位的站法为球手左脚略前,右脚稍后(图 7-37)。当使用木杆开球、击远球或想打左曲球时更多会采用这种站位方法。

这种站位的缺陷在于下挥杆击球时不利于身体的回旋。

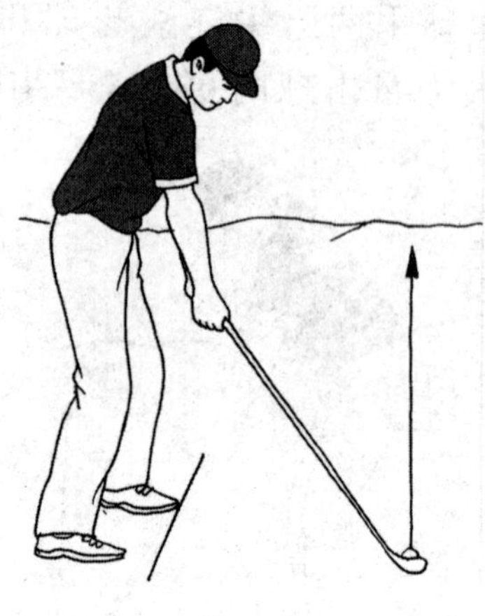

图 7-37

2. 球位

球位,是球在被击出前所处的位置。

正确的球位与球手的脚位、球杆有紧密联系。确定球位的方式为:球手持杆站在击球位上,左脚不动,球放在靠近左脚内侧脚尖的位置。球位还与球杆长短有关,球杆越短,双脚之间的距离越窄,离球也越近。球杆越长,双脚距离也要扩大,离球也更远。

3. 身体姿势

在确定好球位与脚位后,球手双手持杆自然前伸,两脚分开约同肩宽,球杆底部轻轻着地。上身保持挺直并前倾,头部自然向下俯视看球。双膝微屈,身体面向球但侧向目标。

(三)击球动作

1. 瞄球

杆面正对目标,身体与杆面垂直站立。两脚尖的连线与球和目标的连线保持平行。球手的右臂与球在一条直线上,球和目标也在一条直线上，这就是所谓的“目标方向线”。在确定了这条线后，就可以将手中球杆的击球面对准球。

2. 挥杆击球

挥杆击球在众多高尔夫球技术中是最核心的一项，可以说所有技术都是为击球做准备的。掌握良好的挥杆技术可以提升击球的稳定性和准确性，或是打出理想的力量和旋转。一个挥杆击球动作通常包括如下几个环节。

(1)引杆

引杆，是将杆头从击球准备时的静止状态向身体右侧上方摆动的动作。引杆过程中身体纵轴始终要保持稳定，手臂的动作要缓慢且舒展。在引杆到位时会有一个短暂的停顿，这个停顿标志着引杆动作的完成。

①后引。杆面在瞄准球后，双臂保持伸直的状态，并与两肩构成一个稳定的三角形，然后双臂向球的正后方挥摆引杆大约30厘米。此时上体向右后方转动，身体因为这个转动形成扭转拉紧的状态。在后引结束时，身体的正确姿态为右腿较直，重心略高。当然由于球手习惯的不同，此时的姿态也会因人而异。

②上挥。后引动作结束后便开始上挥环节。上挥时，两肩与手臂的形态仍旧为三角形。此时杆头带动两臂，左臂伸直，右臂与躯干夹紧，眼睛看球。胸部几乎对着与目标相反的方向，左肘关节微屈，右肘屈曲到最大限度。重心从两脚间移到右脚外侧，右膝伸直，左膝向右微屈。球杆几乎与地面平行，上挥球杆达到最高点时，背部朝向目标，身体的转动幅度达到最大。

(2)下挥杆

下挥杆，是在挥杆到最高点后开始的向下挥杆的动作。下挥前，身体重心开始向左脚转换，左腿伸直作为身体的支撑。下挥时，手臂向下挥杆，此时要借助身体的转动来增加挥杆的力量。左肩也在下肢及腰部的作用下向左转动，带动左臂作为杠杆向下拉引球杆，此时右肘应位于右髋附近。此时的杆头仍在击球点后上方的位置。

(3)击球

击球是挥杆结束后击打球,使球飞向预定目标位置的技术。确切地说,击球应该是挥杆过程中击到球,而不应是有意识地挥杆打向球。手腕在下挥时保持放松弯曲的状态,当杆头距离球还有30厘米的位置时,开始甩腕发力。当两臂位置位于之前准备姿势时的位置时,手臂、手腕施加给球杆一个加速度,击打球背的正中部位,将球击出。击球过程中头部应继续维持稳固。

(4)顺摆

顺摆,是击出球后球杆继续向前挥动的动作。确切地说,顺摆动作是击球后的一个延续,这一动作保证了击球动作的完整性和延续性。在击球结束后,右踵提起,右膝向左膝靠拢,腰部继续向左转动,身体斜对球的飞行方向,而右肩则在杆头的带动下正对击球方向。杆头向目标方向大幅度挥出。

(5)结束动作

结束动作是挥杆的自然终止动作。结束动作开始时,右臂继续带动右肩向下颌下方转动,杆头向左后上方运动。腰和肩向左转动,左臂肘部向上弯曲,左膝固定,左腿承担身体重量。左臂到达右肩平直高度时,头部才随着转动轴转向目标方向。

(四)特殊情况下的击球

1. 飞越树障碍

高尔夫球场地中会设置一些障碍,其中就包含很多树木。最麻烦的局面为果岭前方有一棵树,为此很多球手就会选择其他击球线路,如此必然会浪费一定的杆数。为此,掌握击球飞跃的技术就显得非常重要。这样的击球首先要确定正确的站位,然后身体侧对大树,左肩低于右肩,用这种姿势挥杆,更容易将球击到空中。至于身体姿势的倾斜程度和杆头深入球下的深浅要根据树的高度和击球点到果岭之间的距离而定。此时,要将球放置于左脚脚尖左侧，上挥时要早些做屈腕动作，下挥后自然随动。在打飞跃球时要注意选择恰当的球杆，劈起杆或沙坑挖起杆是最常被选用的。如果球手感觉难以使球飞跃树木，还可以选择打曲线球来绕过大树。

2. 土地球

土地球，是击打位于土地上的球。击打土地球通常选择4号或5号木杆。击球时，将球置于两脚中间稍右的位置。挥杆击球过程中身体要保持绝对的稳定，在击打球时务必确保杆头先触球然后触地。为此，要特别注意保持挥杆平面稍陡的状态。

3. 湿草球

湿草球，是击打位于湿草地上的球。击打湿草球要注意控制力度，原因在于附着在球杆或球上的水会使球杆与球之间的摩擦力减小，这使得击出的球难以产生旋转。鉴于此，在打湿草球时应选用杆头角度稍大的球杆。在雨中击球的动作与打湿草球基本一致。

4. 各种斜坡球

在斜坡上击球对于球手的击球技术是一个较大的考验。在斜坡上击球的难度较大，为此，在击球时要遵循如下几点要求：

一是采用适合斜坡的稳定站位。

二是在击球动作过程中要保持好身体平衡。

三是尽量不使用大力击球。

常见的斜坡有下斜坡和上斜坡两种。

(1)下坡球

在击打下坡球时，由于下坡角对杆面的倾角所有抵消，因此在选杆时尽量选择“P”杆、“S”杆等倾角大的球杆。确定站位后让球位稍偏向右脚，左脚承担身体重量，保持两肩、两膝的连线与坡面平行，如果面对的坡度较大，则更要加大两脚之间的距离。由于球较易于偏向右边，因此要适当往左边瞄准一些。在挥杆时要控制挥杆幅度，这个幅度应为正常击球的四分之三，然后顺着坡势进行击球。击下坡球时应遵循以下几点要求：

①要选择比平常更大一号的球杆，在握杆时要采取短握的方式。

②要顺着坡的角度向后引杆，以免球杆在挥动过程中碰到地面。

③挥杆击球过程中头部位置始终保持不变。

(2)上坡球

身体要顺坡势打上坡球，也要随坡面角度挥杆。左膝稍弯曲，右腿支撑身体重量，站好后使球在两脚中央靠右的位置。这种站位很容易打出左曲球，为此在瞄准时要稍偏右一些。在挥杆时要保持瞄准时右膝弯曲的姿势。在挥杆时要控制挥杆幅度，这个幅度应为正常击球的四分之三，顺着坡势挥出。击上坡球时应遵循以下几点要求：

①为了抵消坡面角度，选杆时应选择倾角小的球杆。

②左膝稍弯，重心在右腿。

③对挥杆动作和力度要有所控制。

第八章　时尚户外运动实践指导

在户外大自然环境中开展的时尚运动现如今非常受大众的青睐。人的动物属性本来就决定了人对于大自然的亲近，然而现代城市生活却让人们逐渐远离大自然。因此，到户外参加各种时尚运动就成为众多健身者所期待的运动形式。为此，本章重点对几种时尚户外运动的实践方法进行分析。

第一节　轮滑运动指导

一、轮滑运动概述

轮滑，也叫作“旱冰”。它是一种运动者穿着装有4个轮子的轮滑鞋进行的以竞速或花式动作为主要形式的时尚运动。随着轮滑运动的不断发展，其形式更加多样，如轮滑球就是较为新颖的比赛形式。

轮滑运动的历史较为悠久，这是一项在世界许多国家都很流行的时尚运动。轮滑起源于1815年，是由一位名叫加尔森的法国人创造的。他创造这项运动的初衷是想在没有水冰的夏季依旧能进行滑冰活动，没想到这一颇具开创性的发明为世人带来了一项具有十足影响力的时尚休闲运动项目。轮滑运动在20世纪30年代初期传入我国，但在发展初期并没有得到大众的关注，参与率较低。1980年9月，我国正式加入国际轮滑联合会。1985年，我国第一次举办了全国轮滑比赛，项目包括轮滑竞速和花样轮滑。1992年，在巴塞罗那奥运会中，轮滑运动被列为表演项目。在2010年的亚运会中,轮滑运动被列为正式比赛项目。

轮滑运动是一项集健身、娱乐、休闲、技巧于一身的时尚运动。它更多在空旷的户外开展,受气候和场地条件的限制较小,其技术在经过一段时间的练习后可以基本掌握,轮滑鞋的价格也并不高昂,休闲健身效果显著,是儿童、青少年,乃至更多年龄段大众的理想健身方式。

二、轮滑运动技术指导

(一)轮滑基本技术

1. 原地站立

"丁"字站立:脚穿轮滑鞋,扶物成丁字步站立,前脚跟卡住后脚的脚弓,上体稍前倾,双膝自然弯曲。身体重心落在后脚上。然后两脚交换位置,再呈丁字步站立,到站稳为止(图8-1)。

"八"字站立:站立时两脚跟靠近,脚尖自然分开,上体稍前倾,双膝自然弯曲,身体重心落在两脚之间。重心稳定后双脚换成平行站立,上体仍前倾,使重心落在两脚之间(图8-2)。

平行站立:两脚平行分开,与肩同宽,脚尖稍内扣,膝部微屈,重心落在两脚之间(图8-3)。

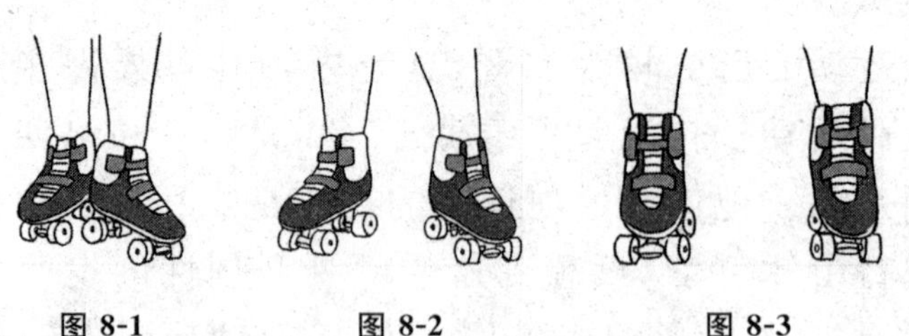

图8-1　　图8-2　　图8-3

2. 移动重心

(1)原地移动重心

原地左右移动:两脚平行站立,上体稍向一侧倾移,逐渐将重心完全转移至一条腿上，待稳定后再向另一侧移动。

原地抬腿：两脚平行站立，上体稍前倾，重心移至左腿，右腿稍抬起、放下；然后左腿以同样方法练习。练习时要注意放腿时应保持脚下的轮子同时着地。

原地蹲起：两脚平行站立，做下蹲并站起的动作。可先做半蹲，逐渐加大下蹲的幅度，直至快速深蹲并做短时间的静蹲后再站起。练习时要注意在屈伸踝、膝、髋三个关节时的协调配合。

(2)外“八”字脚移动重心

两脚呈外“八”字站立，重心移至左脚，右脚向前迈一小步，重心随之移至右脚上，然后左脚向前迈进一步，重心随之移至左腿上。反复进行练习，逐渐加快迈步频率和加大迈进距离。注意收脚时应尽量保持脚下的轮子同时着地。

(3)侧向移动重心

两脚平行站立，重心向右侧移动，随之左脚向左侧横跨一步，右脚迅速靠拢，待稳定后再向右侧移动。如此反复移动5～6步后再向左侧做相同练习。

(4)横向交叉步移动重心

两脚平行站立，先将重心移至左腿上并继续向左移动稍超出左腿支撑点，收右腿，右腿向左腿前外侧迈步成双腿交叉姿势，重心随之移至右腿上，成右腿支撑重心，接着收左腿向侧跨一步，成开始姿势。如此反复移动5～6步后再向右侧做相同练习。

3. 蹬地技术

单脚蹬地，双脚向前滑行：左脚在前成“丁”字形站立，右脚用内侧轮向身体的侧后方蹬地，左脚尖稍向外撇向前滑行，身体重心随之移至左腿上，同时右脚收成双脚着地，向前滑行。双脚滑行阶段应长些，两脚交替进行，两臂在体侧自然地摆动，肩要放松，上体前倾幅度应比走步时稍大。

两脚交替蹬地，两脚交替单足向前滑行：左脚在前成“丁”字形站立，屈双膝，右脚用内侧轮向身体的侧后方蹬地，左脚屈膝向前滑行,身体重心逐渐移至左腿,成单脚支撑向前滑行。右脚蹬地后收至左脚的侧后方并自然放松地滑出,脚尖稍向外展,再用左脚内侧蹬地,重复交替进行。蹬地时身体重心应及时地转向支撑腿,单脚滑行阶段的距离尽量长些,两脚滑行的时间和距离尽量相等。

4. 滑行技术

(1)向前滑行技术

双脚滑行:用右脚内刃向侧后方蹬地,身体重心移到左脚上,蹬地后的右脚迅速收回与左脚平行成双脚向前滑行,再用左脚内刃向侧后方蹬地,蹬地后迅速收回与右脚平行成双脚向前滑行。两脚依次交替蹬地连续向前滑行。

前葫芦步:开始以双脚内刃站立,起滑时身体稍前倾,两膝弯曲用力,两脚尖向外,两臂自然张开帮助维持身体平衡。当双脚向前外滑出至最大弧线时(两脚稍宽于肩),两脚尖迅速内收靠拢,恢复至开始姿势。连续做双脚的分开与靠拢,就能够不断向前滑进(图 8-4)。

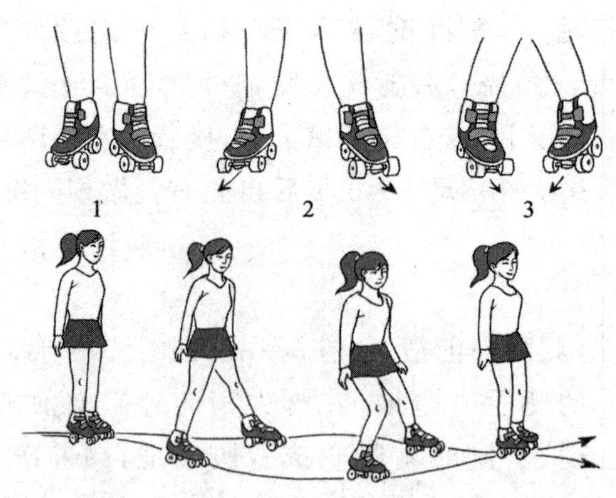

图 8-4

前双曲线滑行:两脚平行站立,左脚以内刃向侧后蹬地(四轮不离地),身体重心在右脚,向右滑双脚曲线,然后右脚用内刃向侧后方蹬地，重心偏向左脚，向左滑双脚曲线，依次连续进行（图 8-5）。

图 8-5

（2）向后滑行技术

向后葫芦滑行：两脚稍稍分开，平行站立，脚尖稍向内，两腿弯曲，用两脚内刃向前蹬地，同时两脚跟向两边分开，向后外滑至最大弧线时，两脚跟收拢，两膝用力伸直，恢复至开始姿势，随后重复上述滑行动作，连续向后滑行（图 8-6）。

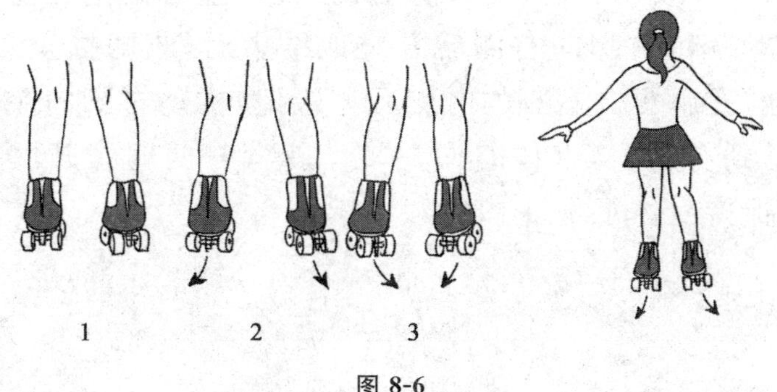

图 8-6

向后蛇形滑行：两脚分开约一脚距离，两腿弯曲，脚尖稍向内转。用右脚内刃向前下方蹬地，身体重心移向左侧，成左脚向后滑行。右腿伸直，随即右脚放在左脚侧面，恢复开始的姿势。然后再用左脚蹬地，身体重心移向右侧，成右脚向后滑行。左腿伸直，随即左脚放在右脚的侧面。依次重复上述动作，连续向后滑行。上体始终保持稍前倾姿势，两膝弯曲，两臂自然张开。

（3）转弯与转体技术

转弯就是改变滑行方向，主要有前滑压步转弯、后滑压步转弯。转体是指前滑转体变后滑、后滑转体变前滑的方法。

双脚前滑转体变后滑：以向左转体为例，两脚平行前滑，左脚后轮支撑，前轮离地向左转。右脚前轮支撑，后轮离地在左脚后滑行。同时上体和手臂也配合向左转体 180°，接后滑。向右转体与向左转体动作方法相同，方向相反。

双脚后滑转体变前滑：以向左转体为例，重心移至右脚，左脚提起，随上体和手臂向左转体 180°落地支撑。重心移至左脚，同时右脚蹬地接前滑。

后滑压步转弯：以向左转弯为例，两脚前后分开后滑，右脚在前，左脚在后，身体重心落在右脚上。左脚提起，在右脚的左后方落地，身体重心移到左脚上；左脚向右侧蹬地，右脚移至左脚左前方，右膝弯曲，两脚交叉，形成压步动作，身体重心移至右脚上，上体向左倾斜。转弯时，两臂张开，配合蹬地摆动，以保持身体平衡。

前滑压步转弯：以向左转弯为例，身体重心先落在左脚上，身体略向左倾斜；右脚向右侧后方蹬地结束后，收腿提至左脚的左前方着地；左脚再向右脚的右侧后方蹬地，推动右脚向左滑行，重心随势移到右脚上，上体略向左转。转弯时两臂张开，配合蹬地摆动，以保持身体平衡(图 8-7)。

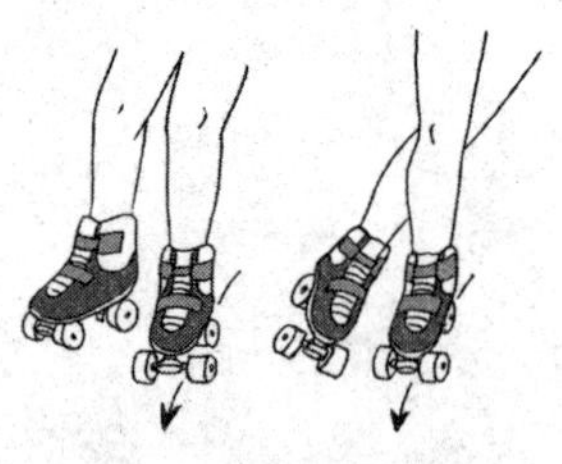

图 8-7

(4)停止技术

内“八”字停止法：向前滑行中，两脚平行分开站立，然后脚尖内转，两脚以内侧轮柔和地压紧地面，两腿弯曲，上体稍前倾、下蹲，两臂前伸维持身体平衡，逐渐减速至停止(图 8-8)。

“T”形停止法：单脚向前滑行，浮足在滑行脚的后跟处成“T”

形放好后，再慢慢放在地面上，以内侧轮柔和地压紧地面，减速向前滑行直到停止（图 8-9）。

双脚急停：在向前滑行时（以顺时针为例），两脚同时做顺时针方向急转，左脚以内刃、右脚以外刃与滑行方向成 90°角压紧地面，同时身体向右急转，重心移到右腿上，两膝弯曲，两臂向前侧伸，减速停止下来。

向后滑行停止：在向后滑行的过程中，抬起两脚脚跟，用两脚的制动器摩擦地面，减速停止下来。停止时，身体稍前倾，两臂侧举维持平衡。

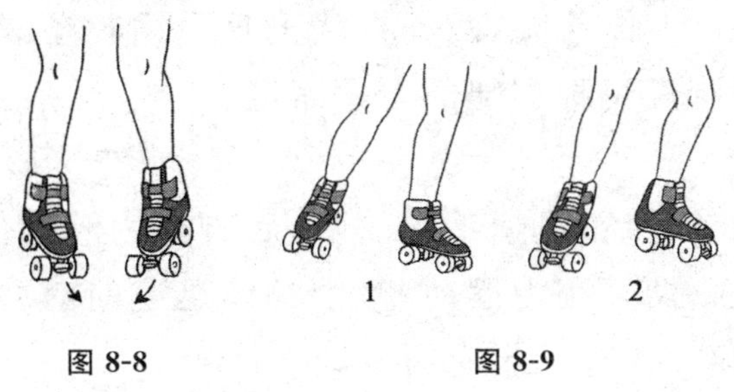

图 8-8　　图 8-9

（二）速度轮滑技术

速度轮滑是一种比速度的轮滑竞技项目，其技术由准备姿势、起跑、直道滑行、弯道滑行、冲刺几个环节组成。

1. 身体姿势

滑跑时，上体前倾，目视前方 5～6 米处，身体保持放松，摆臂与蹬地的动作协调配合，左腿向前滑出时，右臂向前摆；右腿向前滑出时，左臂向前摆。身体重心随着两腿的交替蹬地不断变化，滑行的膝关节保持放松并稍弯曲前弓。蹬地脚用内侧轮向身体的侧后方（与身体横轴成 45°角）用力蹬地，然后以大腿带动小腿，尽快收腿，在靠近滑行腿的内侧着地。

身体姿势有高姿和低姿两种。短距离的滑跑一般采用高姿，上体前倾角度小、上体抬得高，滑行腿的膝关节弯曲角度要大。低姿滑跑适用于长距离，滑跑时上体前倾角度大（肩背略高于臂),滑行腿的膝关节弯曲度要小一些。如遇长距离的顺风滑跑,上体要抬起以减小前倾角度。

2. 起跑

(1)预备姿势

目前有多种预备姿势,如"丁"字形、平行、"八"字形和前点地预备姿势等,相比较而言,前点地预备姿势更优越一些。

前点地预备姿势:面对起跑方向,两脚分开35~55厘米,两脚间开角50°~70°。前脚与起跑线成65°~70°角,后脚与起跑线成10°~15°角。上体前倾,两臂自然下垂。重心在两脚中间或偏前一些。蹲屈程度可根据腿部力量而定。

(2)起动

听到起跑信号后,迅速抬起前脚,后脚用力蹬地伸直,上体前倾,髋关节前送,两臂用力摆动,整个身体迅速向前冲出。由于预备姿势不同,第一步起动也有所不同。

(3)疾跑

起动后,疾跑五六步进入滑行,疾跑时姿势较高,频率快,蹬地有力。

以"丁"字形起跑法为例:预备姿势是上体稍前倾,身体重心在两脚之间,两臂自然下垂,两膝适度弯曲。两脚成斜向"丁"字形站立,两膝顺脚尖方向朝外。前脚的位置从内侧前轮算起距起跑线10~20厘米;当听到起跑的信号后,立即起跑,在起跑后的头几步滑跑中,大腿积极有力地踏蹬,蹬力通过身体重心,踏蹬动作应是内侧后轮先着地,然后前轮再着地,两脚仍成"丁"字形,这样有利于腿部蹬力的发挥。两臂迅速有力地摆动,大腿在踏蹬后积极迅速收腿,脚掌离地面尽量低一些。迅速踏蹬3~5米后,利用已获得的速度进入途中滑跑。

3. 直道滑行

采用蹲屈的滑行姿势,上体前倾与地面夹角为25°左右,背部稍凸起，膝关节弯曲120°左右。头部自然抬起，两眼注视前方10米左右的地面。如果右脚支撑前滑，左脚在左后侧蹬地，左脚蹬地后，屈腿后摆再前收，靠近右脚后落地支撑滑行，接着右脚在右后侧蹬地，交替滑行。摆臂方法是：如左脚蹬地时，左臂向右前上方摆，而右臂向右后上方摆。以肩为轴，协调配合腿部动作。

全身配合是完成滑行技术和快速滑行的重要因素。首先是两腿之间的配合，当左腿惯性滑行时收右腿，左腿蹬地时右轮开始着地；其次是上体和臀部与腿的配合，即上体和臀部随着两腿交替移动而不断地转移重心；最后是两臂与两腿的配合，滑行时两臂的摆动速度要稍快于两腿的动作速度，以增强轮子的蹬地力量，提高滑行频率。

速度轮滑与冰上速滑有很大的差别，身体姿势不能过低，否则蹬地角度太小，会使轮滑鞋的轮子向外侧打滑，影响轮子的蹬地效果。因此，速度轮滑是以高姿势、快频率为基本特征。滑行过程中不要过分地减少自由滑行时间，身体重心一般是在前后两轮之间，否则将会影响滑行的惯性，过多地消耗体力。

4. 弯道滑行

从直道进入弯道时，利用交叉步使身体重心落在左脚外侧和右脚内侧，滑行姿势比直道滑行稍低。由于离心力的存在，上体必须向左倾斜，倾度的大小，必须与滑行速度和弯道圆弧的半径相适应。如左脚滑行时，右脚在右后侧蹬地之后，右大腿带动小腿落在左前侧支撑滑行，重心移到右脚；同时左脚在右后侧蹬地收回支撑滑行。如此交替压步转弯至直道滑行。摆臂方法有别于直道滑行，右臂摆动较大，以肩为轴，大臂带动小臂前后摆动，可略高于肩。左臂却是贴身摆动，幅度相对小些。

蹬地采用交叉步。沿着圆弧的切线滑行，步幅不能过长，惯性滑行时间比直道短。当左轮拉收到右支撑腿时，右脚开始蹬地；右腿“压收”超过左轮时，左腿则开始蹬地。

(三)花样轮滑技术

1. 前外弧线

以左脚开始,右脚内刃蹬地,用左脚外刃滑出,身体稍向左倾斜,左臂在前,右臂在后,右腿蹬地后直腿后举。身体缓慢左转。右腿前移靠近左腿,两臂侧平举。在滑过弧线一半时,右臂向前,左臂向后,交换右脚向前落地滑行,左脚内刃蹬地,其他动作同前,只是左右互换,两脚交替滑行。

2. 前内弧线

以左脚开始,用右脚内刃蹬地,左脚内刃滑出,右臂在前,左臂在体侧,右脚蹬地后直腿后举。滑过弧线一半时,两臂交换位置,右脚移至左脚前面落地以内刃滑行,左脚蹬地后的动作同前,只是左右互换。两脚交替滑行。

3. 后外弧线

以右脚滑后外弧线,可先向右做后压步。左脚用内刃蹬地后,用右脚外刃落地向后滑弧线。头从右肩上向后看,右臂在后,左臂在前,身体向右倾,右脚微屈膝。当滑过弧线一半时,头仍向右看,两臂随身体左转互换位置,右腿逐渐伸直,同时,左脚放到体后。当滑速减慢时,再做后压步,然后再进行右后外弧线滑行。

4. 后内弧线

以右脚内刃做向后弧线滑行。先做向左的后压步,左脚蹬地后,右脚内刃着地向后滑弧线时,右臂在前,左臂在后,身体稍向左倾,头左转向后看。滑过弧线一半时,左脚移至右脚的侧前方,上体姿势不变。滑速减慢时,再做向左后压步,继续做右后内弧线滑行。

5.“3”字跳

这是一个用前外刃起跳，在空中转体 180°，用后外刃落地的半周跳。从右后外弧线滑行接左前外弧线滑行。左腿屈膝，右浮腿伸直在后，两臂后摆，接着左脚蹬地跳起，同时两臂和右浮腿配合向左前上方摆动，并逆时针转体 180°，然后右脚屈膝缓冲落地，成后外刃滑行。左腿伸直后摆，右臂侧平举，左臂前平举。

6. 双足原地旋转

两脚平行站立，两臂先向左摆，接着右臂向右快速平摆，身体同时右转。用左脚的后轮和右脚的前轮支撑旋转。两臂放于体侧或抱在胸前，可加速旋转。

第二节　攀岩运动指导

一、攀岩运动概述

攀岩是一项基本不依靠辅助工具而靠克服自身重力以攀爬岩壁的运动。这项运动是当下时尚运动中的重要内容，受到广大休闲人士的欢迎。

攀岩运动与登山运动有着很多相似之处，可以说它就是登山运动的一个分支。攀岩运动起源于 18 世纪末期的“阿尔卑斯运动”，也就是登山运动。当时，登山是人们展现自身综合运动能力和意志品质的重要方式。但真正攀登高山的活动并不是人人都能参与的，为此，为了让更多人能体会到登山运动的魅力，一些热爱登山运动的登山家把惊险、刺激且具有非凡观赏性的攀登悬崖峭壁的技术、方法移到郊外的自然岩壁和室内外的人工攀岩壁上，如此就创造了一种“微缩”的登山运动。到 20 世纪 50 年代后，攀岩才真正开始成为一项体育运动，其首先在欧洲开展起来，并且当时人们所攀爬的岩壁主要为自然岩壁。

世界攀岩运动于20世纪60年代末兴起并迅速传播。这一时期举办的攀岩活动所使用的大多为自然岩壁。攀登自然岩壁受自然环境的影响较大，所以阻碍了攀岩运动的发展。这个问题在1985年得到了解决，当时一位法国人使用可自由装卸的仿真沙子、石头、玻璃纤维和其他原料混合制成岩壁，这种岩壁最大化地模拟了岩壁的棱角和攀爬着力点，有利于攀岩运动的开展，而这种人造岩壁也可以在城市中的任何地方建设。

目前，世界攀岩运动的风格主要有两大类，一个是以前苏联为代表的“速度”派，另一个则是以西欧国家为主的“难度”派。早期攀岩比赛的形式是结组攀登，以速度为主。后来攀岩运动的发展越发朝着个人竞速的方向转变。后来当人工岩壁出现后，对于攀爬着力点的设计更加方便，如此就使攀岩比赛倾向于以难度为主。1987年，国际攀登联合会（UIAA）规定正式的攀岩比赛必须采用人工岩壁，同年首届人工攀岩比赛在法国举办。1989年，首届世界杯攀岩分站赛分别在法国、英国、西班牙、意大利、保加利亚和前苏联举行。1991年举行了首届攀岩锦标赛。攀岩运动进入亚洲的时间较晚，标志为1991年亚洲竞技攀登联合会在香港成立。1992年9月，韩国汉城举办了第1届亚洲攀岩锦标赛。

1987年，我国举办了第1届全国攀岩比赛，当时吸引了众多的攀登爱好者，使攀岩运动在我国逐渐被人们所知。从1997年开始，我国每年都要举行多次全国或国际性的比赛，大大促进了我国攀岩运动的发展。经过30多年的发展，特别是近五年来突飞猛进式的发展，我国攀岩运动已初具规模，参与人数越来越多，年龄跨度越来越大，特别是已经成为众多少年儿童选择的运动，这对于培养他们的身体机能和良好的意志品质具有重要意义。

二、攀岩运动装备

攀岩运动带有一定的惊险刺激性，如此也就带有一些风险性。为此，在参与攀岩运动时就必须做好必要的防护准备以及选择质量可靠的装备。了解攀岩运动中的常用装备并且能正确使用装备是很重要的。

攀岩运动中所需要的装备主要有个人装备和技术装备两大类。

(一)个人装备

1. 攀岩服装

(1)攀岩服装要防风和透气

防风、透气是攀岩服装必须具备的功能。这种服装主要是对攀登户外岩壁的运动者有较大作用，它可使穿着者保持身体的干爽和舒适，并且现代高分子材料也使得攀登服的耐磨性更好。此外还有一类快干、透气的衣服可以作为打底衫和打底裤，这些衣服具有独特的速干性，洗后 10～15 分钟即可变干，可以有效减少因出汗而导致的穿着不适感。

(2)攀岩服装要能够很好地保暖

如参与户外自然岩壁的攀岩运动，还需要顾及保暖的问题。此时，抓绒材料制成的夹克和背心就是很好的选择。抓绒的材质轻，而且保温性好，同等重量的抓绒和同等重量的羊毛相比，抓绒的保暖性要强于羊毛。此外，这种材质的导汗性也较为理想，只是这种材质的衣服对于大风的抵抗力较差，易被风打透，所以还需要在外面多穿一层防风外套。

(3)全功能外套

全功能外套具备较多的功能和较好的舒适性，这种服饰对那些热衷户外登山和攀岩的人士特别适合。全功能外套的款式有短风衣、束腰夹克等，有些还外带帽子。内里服装的不足都可以靠这一层来弥补，像保温层服装大都耐磨性较差，抓绒夹克的防风性也不好，而全功能外套则完全弥补了这些不足。

2. 攀岩鞋

在攀岩运动中，脚部是非常重要的着力点。因此，一双好的攀岩鞋对于攀岩运动者来说至关重要。一双好的攀岩鞋应达到穿起来舒适且不痛，趾尖部分合脚的要求。攀岩鞋鞋底的磨损是非常严重的，为此就需要对鞋底进行必要的保护，具体方法为使用后将鞋底上的黏土、灰尘、小沙粒清理干净，放在凉爽的地方风干，绝不要暴晒或放在高温处烘干。

3. 头盔

攀岩运动具有一定的风险性，为此就需要佩戴头盔以对头部起到保护作用。这种保护一方面是针对高空可能出现的坠物；另一方面则是针对意外跌落时的撞击。

(二)技术装备

1. 主绳

坠落是攀岩过程中最为常见的危险。为了防止坠落，就必须将一条主绳系在攀岩者的身上。主绳为攀登者与保护者之间建立起一种连接，它的主要作用是当攀登者无论因任何原因坠落时，都能保护好攀登者。为此，在每次开始攀岩前，攀岩者自己和负责保护工作的人员都要对主绳进行细致检查，以确保主绳的使用状态保持在最佳，切不可抱有侥幸心理。

攀登主绳在使用一定时期后就要对其质量和状态进行判断，具体标准为室内攀登训练用绳大约几个星期就需要更换；每个星期攀登数次，使用 2～6 个月就需要更换；一个星期攀登一次，大约使用 2 年需要更换。

2. 绳套

绳套是一种在保护系统中做软性连接的装备。绳套主要有机械缝制和手工打结两种。机械缝制的绳套具有更强的拉力，最大拉力可达 22 千牛，而手工打结的绳套耐拉强度就相对较小，其最大拉力很难达到 20 千牛。

3. 安全带

安全带是穿在攀登者身上的用以承载因攀登者脱落或下降而产生的重量和冲力的装备。这种安全带是一套安全组件，其中腰带是承受较大拉力的部分，其余腿带等则为了舒适、便利而设计。

对安全带的选择要根据使用者的体形和体重进行。不同样式安全带的使用方法也有所差别，常见的安全带有可调式和不可调式两种。为了更加保险，每次在使用新型安全带时都要认真阅读使用说明，严格按照说明书的方法使用，特别是长时间使用安全带。佩戴完成后还要进行检查，如有问题立即明示，安全带保护套起毛或断裂，就应及时更换，确保问题得到解决后再开始攀岩。

4. 镁粉及粉袋

攀岩运动对于手脚的摩擦力有着较高的要求，这些摩擦力有助于攀岩者更好地抓握着力点和稳定身体。为此，就需要配备镁粉及装盛镁粉的粉袋。粉袋系在安全带上，位置通常为左侧或右侧腰部，以方便在攀登难度大的岩壁或线路时使用。

5. 保护器

保护器是在保护和下降过程中，通过它与保护绳之间产生的摩擦力来减少操作者所需要的握力的装备。目前，保护器的种类很多，其中适用于攀岩运动的有“8”字环、管状保护器和自动保护器“GRIGRI”。其中“GRIGRI”是最为理想的保护器，其工作方式类似于套绳器，由旋转凸轮卡住绳子，使用便捷可靠。它的自动工作方式为将绳子猛拉一下，它就会卡在凸轮中间而不会滑动。

当然，这种保护器的价格也相对较高。

6. 铁锁和快挂

(1)铁锁

铁锁是用来连接不同安全带扣环或在保护系统中做刚性连接用的装备。没有了铁锁，其他安全装备之间就不能有很好的刚性连接，就不能整体上保护攀岩者的安全。

(2)快挂

扁带的两端分别连接一个铁锁成为快挂，使用时一端扣入保护点，一端连接人体安全带或主绳，操作便利。不过，如果快挂两端的铁锁不带丝扣的话，则可能会出现不慎打开或收力压开的危险，因此当只有一个快挂时，则不能将其绝对地看作是万无一失的固定保护点。

7. 螺栓

螺栓在攀岩运动中的使用较为广泛。常用于攀登的螺栓为直径 3/8～1/2 英寸的膨胀螺栓。这种螺栓适用于多种岩石表面，具有易于安装、牢固可靠的特点。

8. 岩锥

岩锥是一种用金属制造的钉子。这种装备在自然岩壁的攀登中用途较大，使用时将其敲进岩缝做成一固定点。

9. 绷带

绷带的用途是保护疼痛的手指或关节，保护擦伤或破皮的指尖，此外还可用于固定一些物体。

10. 挂片

挂片的种类较多，使用较为方便，从初级的、手工制作的挂片到光滑而结实的专用挂片都有。几乎每种挂片都有其特别适合使用的情况。铝制的挂片由于材质的原因可能会在反复承受重力时出现弯曲或变形，耗损比较大，因此需要格外注意。而钛或不锈钢材质制作的挂片就相对更为坚固可靠。

11. 保护垫

岩壁的下面普遍会放置一块保护垫，该保护垫可以在攀岩者下降或意外坠落时起到一定的减震和保护作用。当然，不能将太多的保护措施放在这一最后的环节上，保护垫的使用只能是最后的一环。

三、攀岩运动技术指导

（一）手的动作

在攀岩运动中，手部动作是非常关键的技术动作。可以说，没有手部动作，就不存在攀岩这项运动。手在攀岩过程中是抓握支点和维持身体平衡的关键，因此，参与攀岩运动需要有良好的手臂力量，反过来，经常参与攀岩运动可以使人的手臂力量得到提升。

攀岩运动的初学者需要扎实掌握手的动作，在不同情况下，有时尽管是在同一个支点上，手的动作也有可能不同（图 8-10）。

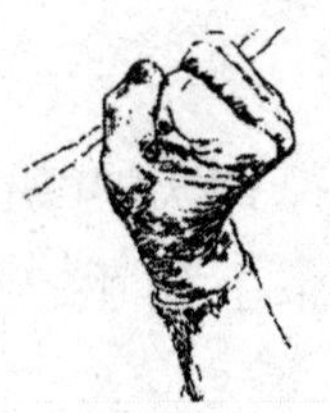

图 8-10

常用的手部动作如下。

1. 开握

如果支点的边缘或某些点的小洞可以支撑住手指的第二关

节，手就可以平坦地靠在岩面上。如此就可以使手张开，手指并拢，让手指与支点充分接触，整个手掌不用紧握支点。在这个动作中，大拇指的作用较小。

2. 抓握

抓握有些类似于开握，不同的是抓握需要拇指协同发力，可以用手掌去握住它。由于这种握法不仅仅依靠手指，所以可以增加抓握的稳定性。

3. 紧握

紧握手法是四指并拢，把拇指搭在食指上，通常只有第一指关节受力，紧扣支点；四指第一指关节弯曲程度超过 90°。大拇指在紧握中提供较大的力量。如果紧握的支点过小，这样紧握时就会感到手指的肌腱被压迫得很疼。整个手掌的紧握可以增加抓点的稳定性，但这会增加手的疲劳感，因此只要找到了另一个合适的抓握位置，就需要更换。

4. 半紧握

半紧握方式与紧握相似，只是拇指并未压在四指上。同样只有第一指关节受力，而且第一指关节弯曲程度超过 90°。

5. 反扣

反扣动作是支点的可抓握方向朝下或与身体移动方向相反的握法。反扣动作更多是靠手与手或手与脚之间的反作用来实现的。

6. 手腕扣点

手腕扣点是在大支点上放松前臂，再弯曲手腕去握支点的动作。手腕的弯曲可以转移力量到骨头上，是较为理想的休息姿势。但实现这种握法的条件有限。在有比较大突出的支点上，这种动作应用很多。

7. 侧抠

有些可捏住的点可以用四指侧向拉住支点，而大拇指压在支点的边上，拇指所压的方向与其余四指成 90°。大拇指在这个动作中起到辅助的作用，使抓握支点更加稳定。

8. 抓点

岩壁上有些支点是向外或向下的柱状点，对于这种支点就可以使用抓点的方法，使整个手掌与支点充分接触。

9. 手掌按点

手掌按点主要用于那些特别大的圆形点支点。手掌按点可以最大化地增加手掌的摩擦力。这个动作的关键点在于要将手掌和手腕弯曲到一定的角度，使整个手掌与支点充分接触，从而增大摩擦力。这种方法在攀登野外自然岩壁的使用更为频繁。

10. 捏握

捏握是由大拇指与其余手指共同完成的手法。一般的捏握中大拇指捏的方向与手指的方向是相对的。有些可捏握的点可以让你的大拇指压在支点的一边，压的方向与四个手指拉的方向成 90°。但如果遇到的支点很小，就只能用拇指和食指的第二关节外侧面去捏握。

11. 侧握

侧握的手法、侧抠和捏握手法较为类似，不同之处在于侧握时拇指几乎不发力。侧握主要用于维持身体平衡，另外在一些需要侧身的动作中也有使用。

12. 前臂勾点

在面对较大支点时可以使用前臂勾点的手法。这种手法是用肘关节夹住支点，利用大臂的力量再与脚部动作配合。这种手法更多也是用于短暂休息时。

13. 拇指扣点

通常情况下，有水平抠槽的支点有时也会使用拇指扣住支点，其余四指辅助发力。此时拇指为主要发力点，另外四指可以稍稍放松，以此获得短暂的休息。

14. 曲握

将手掌弯曲，四指并拢，大拇指压在食指上，用手掌的外部边缘握住支点。大拇指在这个手法中提供较多的力量，并且可以较好地控制手形。

15. 口袋点

口袋点是面对那些可以将手指插入的支点时使用的手法。岩壁上有些支点就属于口袋点，大的口袋点可以将四指的前端全部伸进去，小的口袋点则只能伸入一个或两个手指，故也被称为“指洞点”。

16. 交叉手

交叉手是当一只手抓握一支点时，用另一只手去抓握线路中下一支点，且双臂形成交叉的手法。交叉手动作的关键点在于交叉手的过程中需要注重身体重心的转换，为此就需要提前确定好抓握下一个支点时的手法。此外，还有一种支点交叉手技术为一只手抓握一个比较大的支点时，为另一只手留下一定的抓握空间，使另一只手可以交叉抓握此支点的剩余部分。

17. 扣握

扣握是当遇到较小的支点时，四指并拢后套住支点，用大拇指压住食指的手法。这个手法中大拇指的力量为主要力量，它不仅要锁住手指，还要靠住岩板。

18. 换手

换手在攀岩运动中较为常用，即左右手在同一个支点上的交换抓握。换手动作较为简单，在交换手的过程中要特别注意重心的稳定，同时保证换手动作结束后身体也要保持同一平衡状态。另外，当遇到支点较大的情况时，两手可以同时抓握，实际上这也是一种换手技术。这时可以先用一只手抓住支点，并给另一只手留下可以抓握的空间，以便于另一只手抓握支点，以省去换手的麻烦。

19. 指甲抠点

这是一种较少使用的抓点手法。指甲抠点通常在应对可抓握部分非常薄的支点时使用，方法为手指指尖部分垂直顶住支点，利用手指第一指关节的力量支撑。此时指尖和指甲都要承受较大的力，这会带来较大的痛感并且可能会造成指甲的损伤。因此，这种手法的使用通常只是短暂的调整。

（二）脚的动作

除了攀登岩面大于90°的岩壁外，脚的动作始终是攀岩的主要技术。常用的脚法有蹬、钩、挂、塞、挤等。

1. 踩

在踩点时首先要观察好点的面积，实际上这些点的面积并非越大越好，要尽可能找到有利于发力踩踏的点。具体来说，踩的方法主要有正踩、侧踩和鞋前点踩三种。

（1）正踩

正踩是指使用鞋尖内侧边拇趾处踩点。这个动作的用处在于可以依靠增加攀岩鞋与支点之间的压力来增大摩擦力，那么抬高脚跟就可以将身体的重心最大化地转移到脚尖，以此来实现增大脚尖部位与支点的摩擦力的目的。

(2)侧踩

侧踩是指用攀岩鞋的前脚掌外侧边四趾部位踩点。侧踩的原理与正踩类似,都是以增加压力来获得较大的摩擦力。为此,在侧踩时也要尽量抬高脚跟。

(3)鞋前点踩

鞋前点踩是指使用攀岩鞋的正前方部位踩点。这种踩法更多是面对那些面积较小的或是指洞支点时使用,这时就要使用鞋前点踩法。

2. 摩擦点

尽量让鞋底与支点最大面积地接触,以此获得更大的摩擦力。为此,这种踩点就需要较多地用到攀岩鞋的内外侧边,如果可以还要使用到整个前脚掌,以增加接触面积。踩点时脚跟要适当向下倾,使踩点时更加牢固,同时也正好与正踩和侧踩相反。由此可见,摩擦点动作最适合身体悬空时使用。

3. 脚后跟钩

脚后跟钩就是指用脚钩住支点,这种动作通常出现在屋檐的翻出部位上,一般是把鞋后跟放在一些适合做这种动作的支点上,脚的后跟挂住支点。在钩的过程中,伸腿、屈胸,向上直到脚能钩到支点,腿部发力将身体勾向勾点的方向,以减少手部所承受的力量,达到省力的目的。为了完成这个动作,需要攀岩者具有一定的灵活性和柔韧性,而且需要更多的实践才能运用自如。

4. 交换脚

如果岩壁上的支点较少,就需要经常使用交换脚技术。交换脚技术的动作方法为在移动脚之前确定自己所要踩到的脚点,判断支点的性质,包括点的大小、方向和位置。尽量选择那些落脚点低于落手点的点。然后准确落脚到点的最佳位置,并且保证力量相对集中，然后再将重心平稳过渡到另一个脚点，最后确保脚的绝对平稳，移动时以脚踝为中心减少上身的运动。需要注意的是，移动可能会导致脚滑出支点，为此就需要格外注意保持脚的平稳，特别是发力时的平稳。

5. 交叉脚

交叉脚是当一只脚踩踏支点时，另一只脚从身体内侧或外侧交叉穿过踩踏线路中下一支点的动作。由于交叉脚后要移动身体重心，所以在此之前务必要预判好下一个动作。同支点的交叉也是交叉脚的一种，当遇到一较大的脚点时，可以用脚踩踏支点的一侧，另一只脚交叉踩踏支点的剩余部分，完成交叉脚的动作，这与前面交叉手是同一种方式。交叉脚也分为内交叉和外交叉两种，具体采取哪种方法需要根据实际情况而定。

6. 顶膝动作

顶膝动作多用于想获得短暂休息时。动作方法为用脚部踩住支点的同时用膝盖顶住另一个支点，形成脚部和膝部的互压。这一动作可使身体保持相对静态的平衡，可以腾出双臂以放松休息。

7. 膝盖勾点

膝盖勾点主要用于翻出屋檐地形，当翻屋檐的手点和脚点很近时，可以用膝盖内侧勾住支点，以达到平衡的状态。

8. 挂腿

当一只手抓握比较大的支点时，同侧腿抬起挂在手腕上，然后依靠手腕和手臂的力量将身体抬升，另一只脚做辅助的发力，以控制平衡。该动作难度较大，主要是因为这对攀岩者的手腕力量要求很高。这种脚部动作对于喜欢静态攀登的攀登者最为适宜。

第三节 自行车运动指导

一、自行车运动概述

在我国，自行车虽然是人们最为熟悉的交通工具，但是自行车并不只有这一功能，它在竞技体育领域中也是重要的竞速类项目之一。

20 世纪 30 年代初期，第一个大车轮制造成功，此后在街上见到自行车就是司空见惯的事情了。如今，自行车已发展成为一项单独的赛事。不仅如此，在山地户外挑战赛中也有自行车赛段，铁人三项赛事中也包含自行车骑行竞速的比拼。

现代自行车运动的发展要追溯到 20 世纪 70 年代早期，美国加利福尼亚州的塔马尔帕伊斯被认为是这项运动的发源地，而加里·费歇尔、查里·康宁安、基思·班特杰、汤姆·瑞奇等人被誉为“自行车之父”。这些奠基人在当时给老式的，主要用于游览的自行车配上充气轮胎，如此就使这些自行车可以在更多种路面上行驶。1978 年，汤姆·瑞奇自主设计了一辆自行车，并在次年成立了自己的自行车制造公司。

自从自行车逐渐成为一项运动后，其比赛也得到了国家运动协会的认可。这为自行车这项运动在日后向体育竞赛领域的发展奠定了坚实的基础。

1983 年，美国举办了一场自行车冠军赛。在这次赛事中，女子自行车运动也得到了足够的展示，展现出了女子自行车运动员的风采，这无形之中又给自行车运动增添了一抹亮色。

1987 年，法国举办了一场非正式自行车比赛。次年在欧洲正式开始举办自行车赛事，其中较有代表性的赛事为德国根德电气制造公司组织的全欧“根德挑战杯”赛，这项赛事在 1991 年升级为“根德世界杯”，这在欧洲自行车界产生了重大影响。

1990 年 9 月，在美国科罗拉多州多伦哥市组织了一场由 24 支国家自行车队参加的正式比赛。这次赛事设置了越野和下山两个项目，共 6 枚奖牌。

1996 年，在亚特兰大奥运会上，自行车越野赛成为了正式比赛项目，由此也宣告了自行车这项运动成为了奥运项目大家庭中的一员。观看自行车比赛的观众众多，赛事转播工作也获得了成功。自行车运动进入奥运会，无疑是自行车运动发展中的又一个里程碑。

二、自行车运动技术指导

(一)自行车的基本操作技术

自行车运动包括许多基本操作技术，如热身、身体姿势、手的姿势、踏蹬技巧、变速技术以及刹车技术等。对这些基本操作技术的分析如下。

1. 身体姿势

骑自行车首先要保证正确的骑姿。正确的骑姿为上体压低，头部稍向前下方伸，两手扶车把，双臂自然弯曲，臀部坐稳鞍座。

当骑行在下坡路段时，身体重心要靠后。甚至胸部重心落在鞍座上。

当骑行在上坡路段时，要把重心移到鞍座后部，使双腿获得最大的杠杆作用。上半身要压低，甚至趴在车把上，如此能更好地固定车位。

2. 热身

参与任何运动时热身活动都是非常重要的，自行车运动也不例外。然而很多选手容易对自行车运动前的热身运动有所忽视，或不能保质保量完成。因此，车手的身体就不能很好地适应大负荷运动，这也会大大增加运动伤病发生的概率。骑车对车手的心血管系统、呼吸系统、运动系统等功能都有所考验，只有做好热身活动，调动这些系统功能正常运转，适应运动所需，才能获得良好的运动效果。自行车骑行的常用热身方式为伸展身体各部位，特别是腿部肌肉，然后慢慢地骑行一段时间，以使身体适应骑行状态，然后逐渐加速。如此一来，身体能逐渐地从无氧运动过渡到有氧运动。

3. 手的姿势

车手掌握正确合理的手握车把的姿势，有助于提升骑行时方向控制的稳定性。正确的手的握把姿势应满足以下要求。

(1)轻握车把，两肩放松，肘部自然弯曲，后背伸直。

(2)握持车把的力度不要过大，这会增加手臂乃至整个身体的紧张度，在紧急时刻也不利于采取灵活措施。

(3)骑车过程中，拇指与其他手指成空拳状一起握住车把，如此可以使握把更加稳固，以免遇到复杂路面时因颠簸而使手滑落车把。

4. 踏蹬技术

自行车运动是通过脚蹬传递车手的肌肉力量的，车手的踏蹬技术决定了力量使用的效率。自行车的脚蹬是曲柄绕中轴转动的一种形式，脚蹬在这一过程中做环形运动。为此，车手连贯踩动脚蹬做环形运动才能在最小损耗的情况下将力量传递到自行车的动力系统。这种发力是有技巧的，而不能只是用蛮力上下猛踩。自行车运动的踏蹬方法有自由式、脚尖朝下和脚跟朝下式三种。每种方法都具有其独特的特点。

需要说明的是，在越野比赛中要想维持一种平稳的、规律的踏蹬并不容易。但即便如此，只要车的各方面性能优良，车手依旧可以安稳地坐在座上不动，如此也可以保持较快的节奏。总的来说，选择踏蹬方法需要以实际地形为依据。

5. 变速技术

早期的自行车并没有变速装置，随着科技的发展和人们对自行车骑行舒适度的需求的提升，变速装置被创造出来。采用自行车变速装置，在应对上坡、下坡、路面凹凸不平、逆风以及疲劳等情况时通过改变变速器齿轮可实现最理想的用力效率。适时、合理运用变速技术是评判一名车手水平的标准之一。

6. 刹车技术

刹车是一项给运行中的自行车施加制动力的技术。自行车的刹车主要是通过两只手对车闸的控制实现的，车闸锁住车轮，自行车减速甚至停滞。控制车闸的主要是食指和中指，其他三个手指握住车把。就刹车效果来说，前闸的效果更好。但也得视地形和速度而定，必要时前后两个车闸需要配合使用。例如，车在高处要向短而急的斜坡下骑行，或是在土质疏松的地面上转弯时，一般使用后闸。

(二)应对不同地形的骑行技巧

自行车骑行中遇到多种地形主要是在越野项目中。在越野赛事中对不同地形的应对能力是考验车手综合骑行能力的重要方面。对于常见地形的应对方式主要有如下几种。

1. 多石地形

如果在骑行过程中遇到了多石路面，首先就会对骑行时的平衡造成破坏，会感觉很难控制自行车。此时，车手就要通过运用自身掌握的技能来应对这种路面。具体来说，首先要保持放松的心态，在选择行驶路线时尽量选择石头较少的地方。面对多石路面，难以找到石头较少的地方时，最好方式就是随波逐流、顺势而为。如果是在下坡时遇到多石路面，可放开胆子，借着自行车的重力以较高的速度穿过去。一般车速越快，感到地面的震动越小，然而这还需要车手提前对地形进行初步判断。

在多石路面上骑行时，巨大的颠簸感是对车手的一种困扰，车手会随着自行车左右摇晃，为了更好地控制住车，如果多石路面的距离不是太长的话，则车手可以站在脚蹬上，上身采取俯卧的姿势来控制车。这个动作的优势在于一方面可以灵活地使自行车保持平衡；另一方面双腿还能发挥杠杆作用，使前轮保持平稳。在这个骑行姿势下，改变骑车的方向只需改变身体重心就能实现。

2. 沙地地形

沙地是许多车手的“恶梦”。应对这种路面需要非常高的技巧和强大的信心。总的来看，应对沙地的技巧与应对碎石路面很相近。在沙地上骑行非常容易出现前轮陷入沙里的情况，并且对于骑行方向的控制也并不能随心所欲，无形之中也消耗了车手大量的体能。如果遇到的沙地面积较大、沙子较厚的情形，难以继续骑行，则车手需要下车将车扛在肩上步行。如果面对的沙地面积较小，沙子的厚度较薄，则车手可以凭借较快的速度冲过去。

在即将骑入沙地前，要确保有一定的速度，变速器调到小一号或小两号的飞轮上。进入沙地后，需要减少前轮重量以防止陷入，则身体重心要向后移。用力踩踏，但要保证脚蹬以平稳的节奏转动，以保持自行车前进的速度，此时尽量不要转动车把，以求以最快的速度通过沙地。如果是其他质地路面，只是路的表面被沙土覆盖，沙土较薄，则应沿路边沙土较少的地方骑过去。如果遇到的是比较潮湿的沙地，只要身体的重心不在前轮上，并且用力均匀，一般情况下都能成功穿越。

3. 泥泞、杂草丛生的地形

在户外骑行，特别是在越野地段的骑行还可能会遇到湿滑、坑洼的泥浆路面，或是杂草丛生的路面。遇到这种复杂的地形时，车手要有足够的信心应对，同时还要掌握一定的技巧。

当不可避免地遇到这种路面时，而且还处于下坡或爬坡路段，因车辆失控滑倒的现象也是非常常见的，甚至特别复杂的路段需要车手下车扛着车走步前进。如果坚持在这种泥泞路段骑行，车轮与车架接合的地方就会出现淤泥堆积，粘在轮胎上的泥会大大降低轮胎与地面的摩擦力。为此，可在有水的路段中骑到水里去，以去掉这些泥。遇到大面积的沙地、泥浆和水时，要保持身体的重心离开前轮，落到鞍座的后部。在这种路面上骑行要将变速器调到较为省力的状态，注意减少刹车的次数，以免造成车辆失控，同时也不要挺直后背，否则不利于控制车。

当骑行到植被比较浓密的丛林地带时，特殊且复杂的地形会大大消耗车手的体能。杂草丛生的丛林路面的复杂性在于路面与轮胎的摩擦力时大时小，给车手控制车带来极大挑战。总的来说，车手在这种地形上骑行要像对待泥泞地形一样，且需要运用更多控制车的技巧，甚至是一些随机应变、非常规操作的技巧。另外，在车辆的改装方面也要做一些文章，如更换专门适用于这种路面的轮胎等。

4. 硬地地形

坚硬路面是较为理想的自行车地形，理由在于路面与车轮之间的摩擦力最小，骑行起来最省力。通常自行车公路赛就是这种路面。但如果地面刚刚经历雨水，比较潮湿，或上面覆盖着一层沙砾和树叶，就会变滑，这样路面就变得不那么理想了。应对这种路面需要车手小心谨慎，不能大意，骑行时要注意降低和稳住重心。

5. 坡路

自行车骑行过程中遇到的坡路有上坡路和下坡路两种，应对不同的坡路要采用相应的技巧。

(1)上坡骑行技术。不管是在城市路段的骑行还是在山地路段的骑行，遇到上坡的情况是非常普遍的。因此，掌握正确的上坡骑行技术是非常必要的，这会使车手节约更多的体能，同时还能保证对车的有效控制。

具体来说，驱动自行车在上坡时的向前、向上运动取决于动力传动系统的运转与力量的大小，以及车轮与地面之间的摩擦力两个关键因素。动力传动系统的运转与力量的大小与车手的身体力量素质密切相关，而摩擦力则与骑车技巧、车手身体重心位置以及轮胎的类型、车重还有胎压有关。

在遇到距离较短但坡度较大的坡时，上坡过程对体力的消耗很大。此时车手要保持正确的骑车姿势，如果确定要一股气冲到坡顶，在准备上坡阶段就要加速行驶，让车获得更快的速度，因此可更多借助惯性冲上坡。如果在上坡路段之前有一个转弯，就不能给车手快速蓄力带来有利的条件，车手就要保持住车的牵引力，并且将身体重心适当后移。

在遇到距离较长的上坡时，车手应调整变速器到适当的传动比，以求以更加省力的方式通过。面对这种长距离上坡的路段，切不能等到骑不动车时再改变传动比，要知道重新从较慢的速度加速是最消耗体力的。如果在长距离上坡骑行过程中肌肉出现疲劳，则可以采用站立式骑行的方法，以更多利用身体重量来辅助腿部发力，如此腿部肌肉也能获得休息。

(2)下坡骑行技术。下坡路段是车手最喜欢的路面情况。如果是平坦的硬地路面，下坡时车手要注意控制速度，以免车辆速度过快造成失控。如果是路面复杂的下坡路段，车手应秉承“骑得越快，路面越显平坦”的原则骑行。在骑行过程中，车手要保持高度集中的注意力，时刻观察道路及两侧的情况，即使车手对所骑行的地段较为熟悉，但如果有段时间没有在这里骑行过，亦或是当时天气状况不佳，同样需要仔细地观察地形，不能大意，以防止意外情况发生。下坡中充分利用重力势能，手臂可完全伸直，上体前倾，胸部尽量下压(图 8-11)。

图 8-11

在下坡路段上骑行很可能出现速度过快的情况，为控制速度过快就必然需要用到刹车，面对此种情况应主要使用后闸。而如果刹后闸不能达到理想效果时，可以结合刹前闸，但应注意前闸的按动力量不要太大，避免前轮被锁死而带来一定危险，严重的可能会由于前轮抱死而将车手从车把上向前甩出去。

6. 弯道

骑行转弯前应降低车速，过快的速度不容易过一些角度较大的弯道。以点刹作为降速的方式，前后闸要结合使用，注意前闸不要刹得太紧。身体在转弯时要有所倾斜，倾斜角度与车子保持一致，至于具体的角度要以车速和弯道大小为依据而定，但理论上，身体与地面的倾斜角不能少于 28°，否则会使滑倒的几率大大增加。有些车手习惯在过弯时让外侧脚蹬处于低位，并用脚使劲踩住，这样做的目的在于可以减少车座承受的重量，使身体得到放松，同时又能增加内侧脚蹬与地面之间的距离。

参考文献

[1]黄晓丽,周俣涛.时尚运动与健康[M].杭州:浙江大学出版社,2012.

[2]刘花云.时尚运动与健康[M].长沙:湖南师范大学出版社,2006.

[3]李相如,凌平,卢锋.休闲体育概论(第2版)[M].北京:高等教育出版社,2016.

[4]舒建平,谢卫.基于文化视野中的休闲体育[M].成都:四川大学出版社,2017.

[5]孔祥龙,姚琛.休闲体育科学论及健身方法指导[M].北京:中国纺织出版社,2017.

[6]张启明,俞金英.休闲体育经营与管理(第3版)[M].厦门:厦门大学出版社,2017.

[7]叶小瑜,李海.中国休闲体育研究进展及热点评析[J].上海体育学院学报,2016(06).

[8]许凤,柏慧敏.城市不同社会阶层的休闲体育文化模式[J].上海体育学院学报,2012(06).

[9]赵俊红.城市居民休闲体育参与和休闲体育满意度与生活质量的关系[J].体育与科学,2013(04).

[10]李洪国.制约我国休闲体育发展的困境探析[J].武汉体育学院学报,2013(02).

[11]李亚敬.对东西方休闲体育文化异同的分析[J].电子制作,2013(22).

[12]张森.中美两国体育休闲产业比较分析研究[D].苏州大学,2013.

[13]王广兰,汪学红.运动营养学[M].武汉:华中科技大学出版社,2017.

[14]王拥军,潘华山.运动医学[M].北京:人民卫生出版社,2018.

[15]陈泽刚.体育舞蹈技法概论[M].北京:中国纺织出版社,2018.

[16]韩云.舞蹈基础[M].北京:北京理工大学出版社,2017.

[17]施倍华,章步霄,周兰.瑜伽与体育舞蹈[M].北京:中国书籍出版社,2018.

[18]孙黎曼.瑜伽运动与科学塑形方法研究[M].北京:中国水利水电出版社,2018.

[19]姜兰.舞蹈形体教程[M].重庆:西南师范大学出版社,2017.

[20]人社部教材办公室.形体训练(第4版)[M].北京:中国劳动社会保障出版社,2016.

[21]于光宇.国手教你玩台球[M].长春:吉林科学技术出版社,2014.

[22]王伯龙.台球与休闲球类运动的科学开展研究[M].北京:中国商业出版社,2018.

[23]黄锷.保龄球基础教程[M].哈尔滨:哈尔滨工业大学出版社,2013.

[24]王昆仑.高尔夫球运动教程[M].北京:人民体育出版社,2012.

[25]吴亚初.高尔夫概论[M].北京:人民体育出版社,2011.

[26]陈晨.自由式轮滑教程[M].北京:高等教育出版社,2017.

[27]孙显墀,孙一,蒙猛.速度轮滑运动技术与训练[M].北京:人民体育出版社,2015.

[28]刘作俊等.定向越野 攀岩[M].兰州:兰州大学出版社,2015.

[29]卢兆振.攀岩[M].长春:吉林文史出版社,2015.

[30][英]乔·麦克雷.自行车骑行训练突破[M].李昕亚译.北京:人民邮电出版社,2018.

[31]孟国正,赵俊华,刘东起.大众休闲体育理论与实践指导[M].北京:中国水利水电出版社,2016.

[32]公安部政治部.察查缉战术教程[M].北京:警官教育出版社,2005.

[33]公安部政治部.警察查缉战术教程[M].北京:警官教育出版社,2005.

[34]萨尔曼·可汗.翻转课堂的可汗学院[M].浙江:浙江人民出版社,2015.

[35]郭念锋.心理咨询师 2012 修订版[M].北京:民族出版社,2014.

[36]瓦·阿·苏霍姆林斯基.给教师的建议[M].北京:教育科学出版社,1984.

[37]公安部.公安机关人民警察现场制止违法犯罪行为操作规程[Z].2010-5-20.

[38]公安部.公安机关人民警察训练条令[Z].2014-12-7.

[39]KNAPIK JJ,HAT KG,LANGE JL. Retention in service of recruits assigned to the army physical fitness test enhancement program in basic combat training[J]. *Mil Med*,2003(06).

[40]孙树峰,王明广.基于信息共享的网上办案与公安执法监督研究[J].上海高等专科学校学报,2012(01).

[41]包延桥.对警务实战比武状态训练调控的探讨[J].公安教育,2015(10).

[42]昌远华,夏军,方奇应.公安特警体能训练方式与方法探析[J].上海公安高等专科学校学报,2014(01).

[43]付新河.公安民警执法现场武力手段使用之合法性探讨[J].公安教育,2012(07).

[44]何剑,曲和全,陈百源.北京特警训练的特点分析[J].中

国人民公安大学学报(自然科学版),2014(03).

[45]李慧.我国功能性动作筛查(FMS)应用现状特征的审视与思考[J].体育科技文献通报,2017(11).

[46]李俊明,常乃军,郑旗.中西部地区城市社区全民健身服务体系的发展现状及对策研究[J].山西师大体育学院学报,2009(04).

[47]林宏来,张应立,杨晓磊.信息化背景下基层公安机关视频实战化建设研究——以宁波市公安局北仑分局为例[J].公安学刊(浙江警察学院学报),2016(01).

[48]刘烁.全面深化公安机关DNA数据库建设发展应用 切实提升精确打击犯罪能力和服务实战水平[J].刑事技术,2016(01).

[49]梅强.关于警务实战模拟训练的思考[J].湖北警官学院学报,2011(01).

[50]倪峰.刍议警务实战训练教学方法[J].上海公安高等专科学校学报,2015(06).

[51]钱玉想,吕有魁.警务实战的防卫与控制训练中损伤发生规律与处理研究[J].阜阳师范学院学报(自然科学版),2012(04).

[52]钱玉想.警察防卫与控制技术训练中损伤的调查分析[J].合肥学院学报(自然科学版),2012(04).

[53]乔春华.略论警务技战术训练之意义[J].湖南警察学院学报,2011(03).

[54]佘军奇,李德祥,陈玉敏,白晓勇,高郅雄,戴裕波,马洪,丰雪松,王泽,王泊涵.警务实战训练历史渊源及发展方向[J].云南警官学院学报,2012(02).

[55]师原兵、薛英俊、贾维刚.山西省公安民警依法使用警械和武器现状研究[J].山西警官高等专科学校学报,2015(03).

[56]孙志强.现行警察招录体能测试项目和标准探析——基于公安民警招录体制改革的背景[J].山西警察学院学报,2016(04).

[57]谭如坤.创新警务实战训练方法的多角度探究[J].公安教育,2016(04).

[58]田文学,杨敏,唐瑞民.对我国警务实战训练内容评价的

调查研究[J].净月学刊,2013(05).

[59]王赤.首都公安机关深入推进警务实战化建设的实践与思考[J].北京警察学院学报,2015(05).

[60]周波,刘昱欣,周维方.特警身体素质训练的关键要素分析与实施策略研究——以南京森林警察学院特警培养为例[J].山东体育科技,2015(06).

[61]朱海明,尹军,木志友,孙越颖.功能性动作筛查在特警队员身体训练中的应用研究[J].北京体育大学学报,2013(09).